广视角·全方位·多品种

权威·前沿·原创

皮书系列为
"十二五"国家重点图书出版规划项目

山东蓝皮书

BLUE BOOK OF SHANDONG

山东经济形势分析与预测（2014）

THE ANALYSIS AND FORECAST OF SHANDONG'S ECONOMY (2014)

主　　编／张　华　唐洲雁
执 行 主 编／袁红英　李广杰
执行副主编／袁爱芝　刘晓宁

社会科学文献出版社
SOCIAL SCIENCES ACADEMIC PRESS (CHINA)

图书在版编目(CIP)数据

山东经济形势分析与预测. 2014/张华,唐洲雁主编.
—北京:社会科学文献出版社,2014.6
(山东蓝皮书)
ISBN 978-7-5097-6053-6

Ⅰ.①山… Ⅱ.①张… ②唐… Ⅲ.①区域经济-经济分析-山东省-2014 ②区域经济-经济预测-山东省-2015 Ⅳ.①F127.52

中国版本图书馆 CIP 数据核字(2014)第 106650 号

山东蓝皮书
山东经济形势分析与预测(2014)

主　　编 / 张　华　唐洲雁
执行主编 / 袁红英　李广杰
执行副主编 / 袁爱芝　刘晓宁

出 版 人 / 谢寿光
出 版 者 / 社会科学文献出版社
地　　址 / 北京市西城区北三环中路甲 29 号院 3 号楼华龙大厦
邮政编码 / 100029

责任部门 / 人文分社 (010) 59367215　　责任编辑 / 孙以年
电子信箱 / renwen@ssap.cn　　　　　　　责任校对 / 韩海超
项目统筹 / 宋月华　许　力　　　　　　　责任印制 / 岳　阳
经　　销 / 社会科学文献出版社市场营销中心 (010) 59367081　59367089
读者服务 / 读者服务中心 (010) 59367028

印　　装 / 北京季蜂印刷有限公司
开　　本 / 787mm×1092mm　1/16　　　印　张 / 20.75
版　　次 / 2014 年 6 月第 1 版　　　　　字　数 / 333 千字
印　　次 / 2014 年 6 月第 1 次印刷
书　　号 / ISBN 978-7-5097-6053-6
定　　价 / 89.00 元

本书如有破损、缺页、装订错误,请与本社读者服务中心联系更换

△ 版权所有　翻印必究

《山东经济形势分析与预测》编委会

主　　　编　张　华　唐洲雁

执 行 主 编　袁红英　李广杰

执行副主编　袁爱芝　刘晓宁

编　　　委　（以姓氏笔画为序）

王　侠　王　波　王志东　刘　兵　刘兴慧
刘绍辉　刘晓宁　安文建　孙　健　孙吉亭
李广杰　李然忠　杨金卫　杨渊蘅　张　文
张　华　张卫国　张月锐　张清津　郑贵斌
胡金焱　秦庆武　袁红英　袁爱芝　徐天祥
徐春义　徐厚乾　栾晓平　唐洲雁　崔悦亮
路士勋　鞠增玉

专家咨询委员会

（以姓氏笔画为序）

王希军　王建国　刘　冰　刘险峰　关兆泉
曲永义　孙建生　张体勤　张述存　郑贵斌

主编简介

袁红英 经济学博士,山东社会科学院副院长,研究员。主要研究领域:区域经济、产业经济、财政金融政策等。承担《加入GPA对我国产业发展的影响与对策研究》等国家社科基金、国家自然科学基金等各类课题50余项,获山东省社会科学优秀成果奖10余项,承担山东省委、省政府及相关部门多项规划战略的研究论证,多次参加《山东省政府工作报告》的起草。

李广杰 山东社会科学院国际经济研究所所长,研究员。主要研究领域:区域经济、生态经济、对外经济。专著或合著主要有《黄河三角洲开发》《可持续城市经济发展论》《黄河三角洲高效生态经济区研究》等。多项研究成果获山东省社会科学优秀成果奖,多篇决策建议得到山东省委、省政府领导批示。

袁爱芝 山东社会科学院经济研究所区域经济研究室主任,助理研究员,山东省经济学会理事。主要研究领域:区域经济、生态经济。主持山东省社科规划项目两项,在《生态经济》等学术期刊发表论文10余篇,参编多部著作。

刘晓宁 经济学博士,山东社会科学院国际经济研究所日韩经济研究室主任,助理研究员,山东省对外经济学会理事。主要研究领域:国际经济、跨国投资。主持1项国家社科基金项目、3项山东省社科基金项目,多项成果获山东省对外经济学会优秀成果奖。在《东岳论丛》《山东社会科学》等学术期刊发表论文20余篇。

摘　要

本书以山东社会科学院从事经济研究的专家、学者为主，邀请省内相关政府部门、高等院校的专家、学者参加，经过深入调查研究撰写而成。全书由综合分析与预测篇、产业发展与专题分析篇、区域发展篇、典型分析篇4个部分共17篇报告组成。

本书运用定量分析与定性分析相结合、调查研究与统计分析相结合等研究方法，对2013年山东省经济发展态势及经济运行中存在的问题进行了深入分析，结合国内外经济发展形势，对2014年山东省经济走势进行了预测，提出了对策建议；同时，围绕"打造升级版山东经济"这一主题进行了深入探讨。此外，对山东省农业、工业、服务业、海洋经济、开放型经济、金融、财政等领域进行了专题分析，对山东"两区一圈一带"区域发展战略进行了深入研究，对青岛、日照、潍坊、东营、滨州等市打造升级版经济的路径与举措进行了分析探讨。

2013年，面对复杂严峻的国内外形势，山东深入贯彻落实党的十八大和十八届三中全会精神，坚持稳中有进、稳中有为、稳中提质，在稳增长的同时加快推进经济结构战略性调整，全省经济运行一季度平稳开局、二季度稳中趋缓、三季度企稳向好，经济增长质量有所提升，物价水平总体稳定，民生持续得到改善。初步核算，全省实现地区生产总值（GDP）54684.3亿元，按可比价格计算，比2012年增长9.6%。2013年山东经济呈现稳中有进发展态势，但仍存在一些亟待解决的矛盾和问题，主要表现在经济发展的需求增长动力依然不足，短期问题与长期结构性矛盾相互交织，制约着经济增长潜力的发挥和释放。

展望2014年，世界经济将继续缓慢复苏，国际经济形势总体趋稳，我国经济基本面依然较好，市场化改革将向纵深推进。2014年，山东经济发展面临着稳增长和调结构的双重压力。面对国际国内经济形势的新趋势、新变化，山东应立足当前，着眼长远，围绕"打造升级版山东经济"这一中长期目标，坚持稳中求进、改革创新，全面深化改革，加快经济结构战略性调整，促进经济持续健康发展。预计2014年，山东经济将继续保持平稳发展态势，GDP增长率将有所回落，在9.4%左右，全社会固定资产投资增长率同比小幅下降，社会消费品零售总额增长率同比小幅上升，居民消费价格涨幅在2.4%左右。

Abstract

This book is written by the experts and scholars engaged in economic research in Shandong Academy of Social Sciences, and experts from relevant government departments, universities in Shandong Province. The book consists of comprehensive analysis and forecast part, industrial development and thematic analysis part, regional development part and typical analysis part, including 17 reports.

This book used quantitative analysis, qualitative analysis and the combination of the investigation and statistical analysis to discuss economic development situation and problems of Shandong Province in 2013, combining economic situation at home and abroad, predicted economic trends in 2014 of Shandong Province, and put forward relevant suggestions. Meanwhile, the book also had a thorough discussion on the theme of "Building an upgraded version of Shandong Economy". In addition, we also discussed the topic of agriculture, industry, services, marine economy, open economy, banking, finance and other areas, the regional development strategy, analyzed the path and measures of building an upgraded version of economy in Qingdao, Rizhao, Weifang, Dongying, Binzhou, etc.

In 2013, in a severe and complicated domestic and international situation, Shandong Province thoroughly implemented the spirit of the Eighteenth National Congress of the Communist Party and Eighteen Third Plenary Session, insisted on steady progress, steady action, steady upgrading, accelerate the strategic adjustment of economic structure while the steady growth, Shandong economy had a smooth start in the first quarter, steady slowdown in the second quarter, stabilized to the good in the third quarter, the quality of economic growth had been significantly enhanced, the overall price level remained stable, people's livelihood sustained improved. Preliminary accounting, the GDP of Shandong Province reached 5468.43 billion yuan, it was a growth of 9.6%. In 2013, Shandong economic development showed a steady progress, but there are still some contradictions and problems to be solved, such as the demand engine of economic growth is still insufficient, short-term and long-term structural problems are interwoven, restricting the release of economic growth potential.

In 2014, the world economy will continue to recover slowly, international economic situation will stabilize, China's economic fundamentals remain good, market-oriented reforms will be pushed forward. Shandong's economic development in 2014 is facing the dual pressures of steady growth and structural adjustment. Faced with the new trends and new changes in the international and domestic economic situation, Shandong should be based on current, has a long-term perspective, focuses on the long-term goal of "Building an upgraded version of Shandong Economy", adheres steady progress, reform and innovation, comprehensively deepen reforms, accelerate the strategic adjustment of economic structure, promote sustained and healthy economic development. In 2014, Shandong's economy will continue to maintain steady development trend, GDP growth will be somewhat lower, at around 9.4%, the total fixed asset investment growth rate will declined slightly, the total retail sales of social consumer goods will increased slightly, consumer prices will rise about 2.4%.

目 录

前　言 …………………………………………………………………………… 001

ⅠB　综合分析与预测篇

B.1　2014 年：打造升级版山东经济 ……………………………………… 001
B.2　2013～2014 年山东经济运行的统计分析 …………………………… 040

ⅡB　产业发展与专题分析篇

B.3　2013～2014 年山东农业经济形势分析与对策 ……………………… 055
B.4　2013～2014 年山东工业经济形势分析与对策 ……………………… 079
B.5　2013～2014 年山东服务业经济形势分析与对策 …………………… 093
B.6　2013～2014 年山东海洋经济发展状况分析与对策 ………………… 114
B.7　2013～2014 年山东开放型经济发展状况分析与对策 ……………… 131
B.8　2013～2014 年山东金融形势分析与金融改革创新对策 …………… 153
B.9　2013～2014 年山东财政运行状况分析与财政改革发展对策 ……… 184

ⅢB　区域发展篇

B.10　构建山东"两区一圈一带"区域发展新格局 ……………………… 203

B.11 加快省会城市群经济圈建设 …………………………………… 218
B.12 加快西部经济隆起带发展 ……………………………………… 237

BⅣ 典型分析篇

B.13 青岛：建设自由贸易港区 打造开放型经济升级版 ………… 257
B.14 日照：打造升级版临港经济 加快建设海洋特色新兴城市 … 270
B.15 潍坊：推进工业化与信息化融合发展 ………………………… 275
B.16 东营：坚持改革创新 推进高效生态经济转型升级 ………… 290
B.17 滨州：打造升级版生态经济 …………………………………… 301

CONTENTS

Preface / 001

Ⅎ I Comprehensive Analysis and Forecast

Ⅎ.1 2014: Building an Upgraded Version of Shandong Economy / 001
Ⅎ.2 Statistical Analysis of Shandong Economy in 2013-2014 / 040

Ⅎ II Industrial Development and Thematic Analysis

Ⅎ.3 Situation Analysis and Countermeasures of Shandong Agricultural Economy in 2013-2014 / 055
Ⅎ.4 The State of Shandong Industrial in 2013 / 079
Ⅎ.5 Situation Analysis and Countermeasures of Shandong Services in 2013-2014 / 093
Ⅎ.6 Situation Analysis and Countermeasures of Shandong Marine Economy in 2013-2014 / 114
Ⅎ.7 Situation Analysis and Countermeasures of Shandong Open Economy in 2013-2014 / 131
Ⅎ.8 Situation Analysis and Reform Countermeasures of Shandong Finance in 2013-2014 / 153

B.9 Situation Analysis and Reform Countermeasures of Shandong
      Public Finance in 2013-2014   / 184

B III Regional Development

B.10 Building a New Pattern of Shandong Regional Development of
      "Two Areas, One Circle and One Belt"   / 203
B.11 Accelerating the Construction of Capital Cities Economic Circle / 218
B.12 Accelerating the Development of Western Economic Uplift Belt   / 237

B IV Typical Analysis

B.13 Qingdao: Building the Free Trade Port, Creating an
      Upgraded Version of Open Economy   / 257
B.14 Rizhao: Creating an Upgraded Version of the Port Economy,
      Accelerating the Construction of Marine Features City   / 270
B.15 Weifang: Promoting the Integration Development of Industrialization
      and Informatization   / 275
B.16 Dongying: Adhering to the Reform and Innovation, Upgrading
      the Eco-Efficient Economy   / 290
B.17 Binzhou: Creating an Upgraded Version of Ecological Economy   / 301

前　言

习近平总书记2013年11月视察山东时指出："党的十八届三中全会提出了一系列深化经济体制改革的举措，目的就是要加快形成新的经济发展方式。我们要切实转变观念，不再简单以国内生产总值增长率论英雄，真正把推动经济发展的立足点转到提高质量和效益上来。"习近平总书记视察山东时发表的一系列重要讲话，为山东发展指明了方向。

2014年是落实十八届三中全会关于全面深化改革任务的起步之年，也是完成"十二五"规划任务的关键一年。综观国内外形势，2014年山东经济发展既有许多有利条件，也面临诸多挑战。从国际国内发展环境看，世界经济复苏态势将进一步巩固，我国经济平稳发展的基本面没有改变，国内市场化改革将加快推进，山东经济运行面临的外部环境总体向好。从省内发展环境看，贯彻落实党的十八届三中全会精神，深化重点领域各项改革，以六大传统产业转型升级为抓手，加快推进产业结构优化调整，深入实施"两区一圈一带"区域发展总体战略，都将为山东经济发展注入新的动力和活力。同时也要看到，2014年山东经济发展仍面临许多矛盾和挑战。山东经济发展进入了增长速度转换期、结构调整阵痛期，传统经济发展方式尚未实现根本性转变，结构性失衡、产能过剩等问题突出，而且内需增长存在下行压力，2014年山东经济发展面临着稳增长和调结构的双重压力。应深入贯彻落实党的十八届三中全会精神和中央经济工作会议精神，坚持稳中求进、改革创新，处理好经济增长、结构调整和深化改革之间的关系，把改革创新贯穿于经济社会发展各个领域各个环节，大力推进经济发展方式转变，以结构调整释放经济增长潜力，以改革创新激发市场活力，在保持山东经济平稳较快增长的同时着力实现经济发展质量和效益的进一步提升。

山东是个经济大省，正在向经济强省跨越。习近平总书记要求山东坚持腾笼换鸟、凤凰涅槃的思路，使市场在资源配置中起决定性作用和更好发挥政府作用结合起来，努力在转变经济发展方式、全面提高经济发展质量和效益上起到领头雁作用。为此，我们将2014年山东经济发展报告的主题确定为"打造升级版山东经济"。

打造升级版经济，就是要加快推进经济转型，把改革的红利、内需的潜力、创新的活力叠加起来，形成发展新动力，改变粗放的经济发展方式，调整不合理的经济结构，在经济增长质量和效益、劳动就业和居民收入、环境保护和资源节约等方面实现新的大幅度提升，形成结构合理、活力充足、环境友好、民生幸福的经济发展体系。2013年3月17日，李克强总理在与中外记者的见面会上首次提出"打造中国经济升级版"。在2013年3月29日召开的部分省市经济形势座谈会上，李克强总理进一步强调"要立足当前、着眼长远，用勇气和智慧推动转型发展，打造中国经济升级版"。改革开放以来，我国经济发展取得一系列奇迹般的成就，目前已进入中等收入国家行列，但多年来形成的"高投入、高消耗、低产出、低效益"发展模式仍未改变。在国内外环境已发生显著变化的大背景下，我国经济发展面临的"不平衡、不协调、不可持续"问题进一步显现，加快经济转型升级、形成新的经济发展方式是实现经济持续健康发展的迫切需要。

近年来，山东大力推进经济文化强省建设，在富民强省的道路上迈出了坚实步伐。目前，山东正处在由大到强战略性转变的关键时期。打造升级版山东经济，加快经济转型升级，提高经济发展的全面性、协调性、可持续性，对于促进山东经济文化强省建设意义重大。首先，打造升级版山东经济是应对外部环境变化的重大举措。当前，世界经济仍未从金融危机的阴影中走出来，国际市场需求进入增速减缓、结构调整时期，山东对外贸易难以再现"两位数"的高速增长。面对新的国际市场环境，必须大力实施扩大内需战略，深入挖掘内需潜力，增强经济发展内生动力，使经济增长从主要依靠出口带动、投资拉动转向依靠消费、投资、出口协调拉动，才能拓宽经济发展的回旋余地，保持山东经济平稳较快发展。其次，打造升级版山东经济是适应山东发展阶段新变化的必由之路。山东总体上已进入工业化中后期发展阶段，处于工业化、城市化加速发展时期。按照经济发展的一般规律，这一阶段发展基础更好、动力更强,但产业结构不合理、城乡区域发展不协调、资源环境约束强化、科技创新能力不强等深层次矛盾和问题对经济发展的影响和制约也更加突出。为了适应发展阶段的新变化,必须加快经济转型升级步伐,实施创新驱动战略、产业结构优化升级战略、新型城镇化战略,统筹推进工业化、信息化、城镇化和农业现代化,实现要素投入结构、产业结构、城乡区域结构的转换升级。再次,打造升级版山东经济是争创发展新优势的需要。国际金融危机以来,世界各国加大科技创新和新兴产业发展力度,纷纷把新能源、新材料、生物医药、节能环保、低碳技术、绿色经济作为新一轮产业发展的重点。打造升级版山东经济,在自主创新能力提升和战略性新兴产业培育上尽快实现大的突破,才能创造和形成新的竞争优势,在未来更加激烈的国内外市场竞争中赢得经济发展主动权,为经济长远发展奠定坚实基础。复次,打造升级版山东经济是实现可持续发展的根本途径。山东经济总量位居全国各省市前列,能源消耗、污染物排放量在全国排名也是靠前的,经济发展与资源、环境之间的矛盾突出。同时,随着城乡居民收入水平的提高,对生态环境质量的要求也越来越高。打造升级版山东经济,只有加大结构调整力度,推进资源节约型、环境友好型社会建设,才能有效破解资源环境瓶颈约束,实现经济社会可持续发展。最后,打造升级版山东经济是应对国内区域竞争的必然选择。近年来,全国各地竞相发展的态势迅猛。区域之间的竞争,不仅看总量,更要看经济结构优不优、创新能力强不强、质量效益好不好、体制机制活不活,看核心竞争力、发展潜力和可持续发展能力。在前有标兵、后有追兵的国内区域竞争大格局下,加快打造升级版山东经济,创新创优、求好求强、以强胜出,实现由大到强的战略性转变,才能在国内区域发展竞争中占据更加有利的位置。

打造升级版山东经济是一项中长期任务和一个渐进过程。应立足当前、着眼长远,在发展理念、发展定位、发展动力、发展途径、考核导向等方面实现新的转变,处理好短期经济增长与经济转型升级的关系,以深化改革创新为动力,以加快转变经济发展方式为主线,在重要领域和关键环节上率先突破,扎实推进山东经济转型升级。一是加快推进经济结构战略性调整。调整经济结构是打造升级版山东经济的突出任务,必须着力加快需求结构和产业结构调整。把扩大内需作为需求结构调整的主攻方向,针对山东消费需求增长动力不足的现实，积极建立扩大消费需求的长效机制，促进消费需求加快增长；同时，在优化投资结构的基础上保持投资需求适度增长。产业结构不够合理、产业层次不高已严重制约山东经济竞争力的提升，应切实加快产业结构调整步伐，大力发展服务业，加快推进工业结构调整，淘汰落后产能、消化过剩产能，抓好传统工业产业转型升级和战略性新兴产业培育，着力解决山东第三产业发展滞后、第二产业大而不强问题。二是大力实施创新驱动发展战略。目前，企业创新能力不足、自主知识产权少、自主品牌少仍然是制约山东经济转型发展的瓶颈。打造升级版山东经济，必须把科技创新摆在发展全局核心位置，依靠创新驱动增强发展内生动力。应深入实施创新驱动发展战略，进一步完善以企业为主体、市场为导向、产学研相结合的技术创新体系，提升自主创新能力，促进科技与经济更加紧密结合，增强创新驱动发展新动力。三是统筹推进城乡区域协调发展。山东城乡区域发展不协调问题依然相当突出。应加大统筹城乡发展力度，进一步完善城乡发展一体化体制机制，把推进新型城镇化和现代农业发展、新农村建设更好地结合起来，尽快形成城乡协调互动发展的良好格局。深入实施"两区一圈一带"区域发展总体战略，提升山东半岛蓝色经济区、黄河三角洲高效生态经济区建设水平，发挥好"蓝黄"两区对山东经济发展的龙头带动作用；积极推动各种资源更多地向本省中西部地区倾斜，加快建设省会城市群经济圈和西部经济隆起带，增强山东区域发展活力和动力。四是加强"生态山东"建设。深入实施主体功能区战略，进一步优化国土空间开发布局；积极构建符合可持续发展要求的生产生活方式，走绿色发展、低碳发展之路；建立和完善生态文明制度体系，加强资源节约、节能减排、生态建设和环境污染防治，不断增强可持续发展能力。五是培育开放型经济发展新优势。实行更加积极主动的对外开放战略，加快对外经贸体制创新，培育山东开放型经济发展新优势。深入实施以质取胜和市场多元化战略，巩固和扩大山东产品在国际市场的份额；拓宽对外开放领域，优化利用外资结构，引导外资参与山东产业转型升级和区域发展战略实施；加大"走出去"战略实施力度，支持山东有条件的企业全球布局产业链；推进中日韩地方经济合作示范区建设，申办建设自由贸易港区，积极参与陆海"丝绸之路"建设。六是深化改革增强发展动力和活力。深化改革是解决经济社会发展深层次矛盾和问题、加快经济转型的根本出路。应紧密结合山东实际,抓好中央重大改革措施的细化和落实,切实发挥好经济体制改革的牵引作用,以经济体制改革为重点,全面深化、统筹推进重要领域和关键环节改革,进一步释放改革红利,增强发展动力和活力,为打造升级版山东经济提供体制机制保障。

张 华

2013 年 12 月

综合分析与预测篇

Comprehensive Analysis and Forecast

B.1
2014年：打造升级版山东经济

山东社会科学院"山东经济形势分析与预测"课题组*

摘　要： 2013年，在国际经济缓慢复苏、国内经济增速下滑的背景下，山东省经济呈平稳增长态势，经济增长质量有所提升，全年GDP增长9.6%。但是，山东省经济发展的需求增长动力依然不足，短期问题与长期结构性矛盾相互交织，制约着经济增长潜力的发挥和释放。2014年，山东省面临着稳增长和调结构的双重压力，但随着改革开放和结构调整步伐的进一步加快，经济有望继续保持平稳发展态势。山东省应立足当前、着眼长远，坚持稳中求进、改革创新，努力打造升级版山东经济。

关键词： 山东经济　经济形势　升级版　对策建议

---

* 课题组成员：袁红英，山东社会科学院副院长；李广杰，国际经济研究所所长；袁爱芝，经济研究所区域经济研究室主任；刘晓宁，国际经济研究所日韩经济研究室主任。报告执笔人：李广杰、刘晓宁。

2013年，面对错综复杂的国内外形势，山东省深入贯彻落实党的十八大精神，以科学发展为主题，以加快转变经济发展方式为主线，坚持稳中求进、稳中有为、稳中提质，认真落实积极的财政政策和稳健的货币政策，积极推进体制机制改革，在稳增长的同时加快推进经济结构战略性调整，全省经济运行一季度平稳开局、二季度稳中趋缓、三季度企稳向好，物价水平总体稳定，经济增长质量有所提升，全年GDP同比增长9.6%。

展望2014年，国际经济总体趋稳，我国经济基本面依然较好，但内需增长面临一定下行压力。面对国际国内经济形势的新趋势、新变化，山东应立足当前，着眼长远，围绕"打造升级版山东经济"这一中长期目标，坚持稳中求进、改革创新，着力释放改革红利，激发市场活力，努力提高经济发展质量和效益，促进经济持续健康发展。

一 2013年山东经济运行的基本态势及存在问题

（一）2013年山东经济运行基本态势

2013年，山东省经济企稳向好，经济增速、投资、消费、外贸、物价等主要经济指标保持在合理区间，经济运行质量稳中有进。

1. 经济增速小幅回落，呈现平稳增长态势

2013年，面对经济运行外部环境的复杂多变，山东省积极创新宏观调控方式，坚持稳增长、控通胀、防风险，着力推动经济转型升级，经济走势总体平稳。2013年，山东省实现地区生产总值54684.3亿元，居全国第三位（见表1），按可比价格计算，同比增长9.6%，增速比2012年下降0.2个百分点。虽然经济增速有所放缓，但仍处于缓中趋稳区间（见图1），特别是7月之后经济运行呈现景气回升态势。

（1）从三次产业增长态势看，第二、第三产业增长较快。2013年，第一产业增加值4742.6亿元，同比增长3.8%。农业形势总体稳定，千亿斤粮食产能规划顺利实施，全省粮食总产量4528.2万吨，同比增长0.4%，连续11年实现增产。2013年，第二产业实现增加值27422.5亿元，同比增长10.7%。

2014年：打造升级版山东经济

表1 2006年以来鲁苏浙粤GDP总量与增速比较

年份	山东		江苏		浙江		广东	
	总量（亿元）	增速（%）	总量（亿元）	增速（%）	总量（亿元）	增速（%）	总量（亿元）	增速（%）
2006	22077.36	14.8	21645.08	14.9	15742.51	13.9	26159.52	14.6
2007	25965.91	14.3	25741.15	14.9	18780.44	14.7	31084.40	14.7
2008	30933.28	12.0	30981.98	12.7	21462.69	10.1	36796.71	10.4
2009	33896.65	12.2	34457.30	12.4	22990.35	8.9	39482.56	9.7
2010	39169.92	12.3	41425.48	12.7	27722.31	11.9	46013.06	12.4
2011	45361.85	10.9	49110.27	11.0	32318.85	9.0	53210.28	10.0
2012	50013.24	9.8	54058.22	10.1	34665.33	8.0	57067.92	8.2
2013	54684.30	9.6	59161.80	9.6	37568.00	8.2	62163.97	8.5

注：按照统计惯例，地区生产总值公布名义值，即按当年价格计算出的值；而GDP增速是实际值，即按不变价格计算得出的值。因此，本表中的总量和增速在数值上并不对应。

资料来源：《中国统计年鉴2013》、各省《2013年国民经济和社会发展统计公报》。

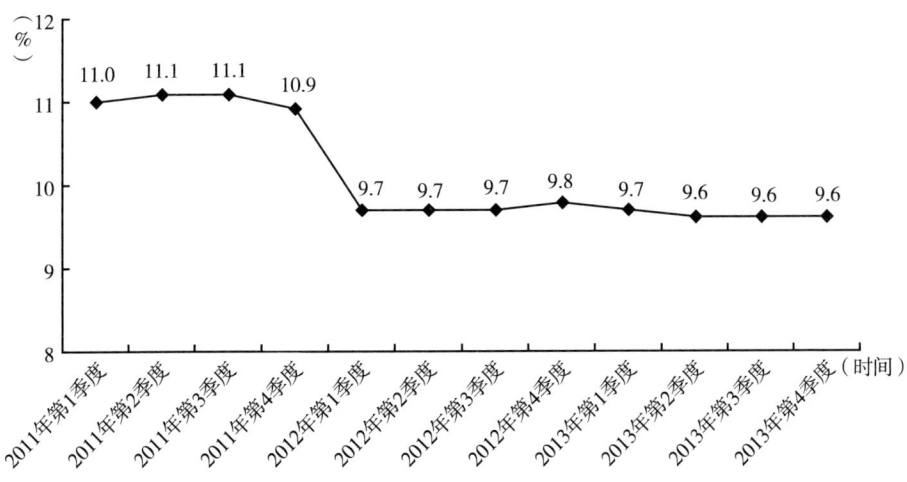

图1 2011年以来山东省地区生产总值增速情况（季度累计）

工业生产缓中趋稳，全年实现工业增加值24222.2亿元，同比增长10.9%；工业企业效益平稳增长，全省规模以上工业实现营业收入132319亿元，同比增长12.5%；实现利税13690亿元、利润8507.7亿元，分别比上年增长11.6%和12.4%；亏损企业亏损额264.9亿元，同比下降21.4%。2013年，第三产业增加值22519.2亿元，同比增长9.2%。金融等服务业行业和领域发展势头强劲,年末全省金融机构本外币存款余额63357.9亿元,比2012年增加7916.8亿元;本外币贷款余额47952.1亿元,比2012年增加5023.0亿元。

(2)从经济增长的动力结构看,投资和消费的拉动作用明显。投资保持较快增长(见图2)。2013年,山东省固定资产投资35875.9亿元,同比增长19.6%。新开工项目28682个,同比增长3.7%。其中,亿元以上新开工项目5720个,同比增长35.2%。分三次产业看,2013年前三季度,第一产业投资531.5亿元,同比增长53.7%;第二产业投资12147.6亿元,同比增长18.7%;第三产业投资12413.0亿元,同比增长20.3%。三次产业投资比重为2.1∶48.4∶49.5,第三产业投资所占比重进一步提升。

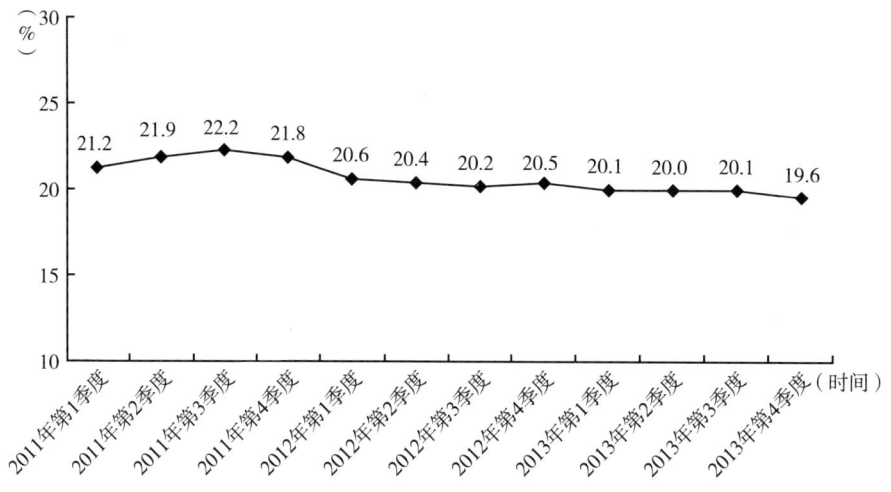

图2 2011年以来山东省固定资产投资增速情况(季度累计)

消费增速略有下降(见图3)。2013年,山东省社会消费品零售总额21744.8亿元,同比增长13.4%,略高于全国13.1%的平均水平,低于山东省2012年15%的增速。从城乡市场看,城镇市场零售额17453.6亿元,同比增长13.3%,比2012年回落1.9个百分点;乡村市场零售额4291.2亿元,同比增长13.8%,比2012年回落0.5个百分点。从消费形态看,商品零售额19506.6亿元,同比增长13.7%,比2012年回落1.2个百分点;餐饮收入2238.2亿元,同比增长10.7%,比2012年回落4.9个百分点。

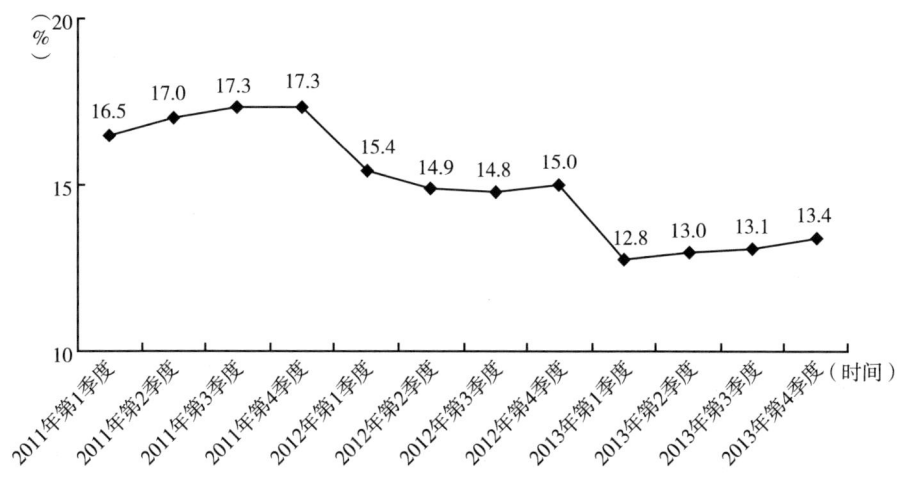

图3　2011年以来山东省社会消费品零售总额增速情况（季度累计）

外贸形势有所回暖（见图4）。2013年，山东省外贸形势比2012年整体向好，全年实现进出口总额2671.6亿美元，同比增长8.8%，比2012年提高4.7个百分点。其中，出口1345.1亿美元，同比增长4.5%；进口1326.5亿美元，同比增长13.5%。从季度走势看，一、二、三、四季度全省进出口分别增长5%、5.8%、8.3%和15.5%，其中12月出口和进口规模均创新高。

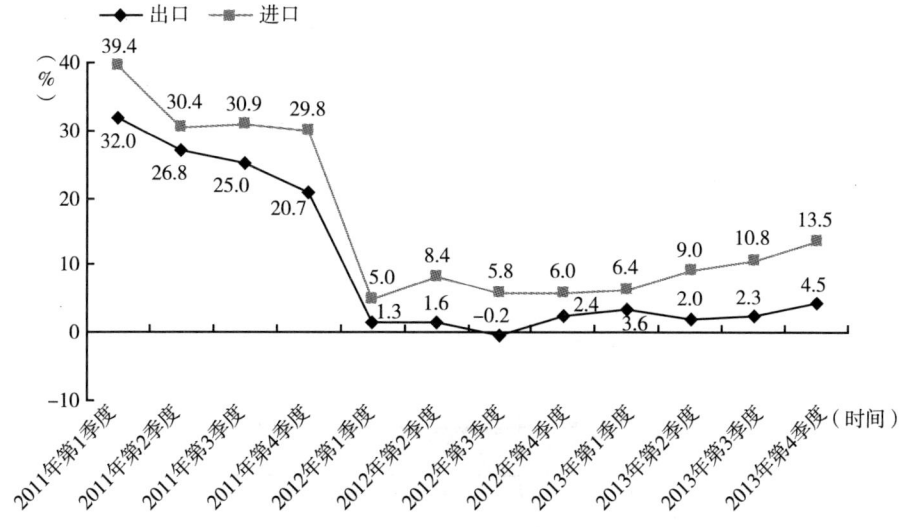

图4　2011年以来山东省进出口额增速情况（季度累计）

从主要出口商品看,2013年,纺织服装和农产品分别出口216亿美元和152.1亿美元,同比分别增长9.3%和1.2%;机电产品和高新技术产品分别出口509亿美元和173.9亿美元,同比分别增长1%和20.4%。

2. 经济结构进一步优化,经济运行质量有所提升

2013年,山东省三次产业结构、投资结构、财政收支结构、出口市场结构等不断优化,节能降耗进展顺利,创新驱动持续加强,经济运行的质量明显提升。

(1)产业结构持续优化。山东省已经步入工业化中后期,产业结构呈现出服务业比重持续提高的优化趋势。总体来看,2001~2012年山东三次产业增加值比重由14.8:49.5:35.7变为8.6:51.4:40.0,2013年为8.7:50.1:41.2,服务业增加值所占比重进一步提高(见图5)。分产业来看,现代农业发展加快,新型农业经营体系不断完善,家庭农场发展到4000余个,农作物生产综合机械化水平达到79%;工业调整积极推进,立足拉长产业链、价值链和财税链,大力推进传统产业改造升级和战略性新兴产业培育,继续推进过剩产能消化、淘汰;服务业发展势头良好,研究提出了加快服务业发展若干政策意见,着力改善服务业短板,推动传统服务业转型升级,培育电子商务、连锁经营等新型业态,服务业重点行业和新兴领域发展势头强劲,2013年软件业务收入同比增长30.2%,离岸服务外包执行金额同比增长82%,旅游总收入同比增长14.7%。

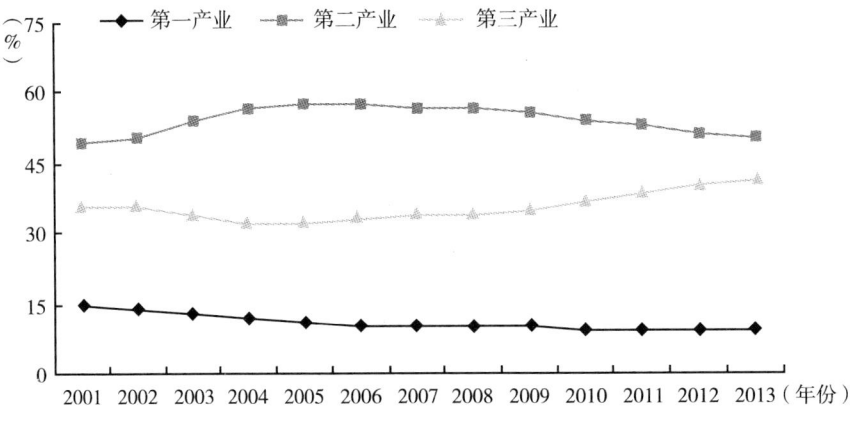

图5　2001年以来山东省三次产业结构变动情况

（2）投资结构继续优化。内涵效益型投资增长较快，2013年，改建和技术改造投资11223.2亿元，同比增长29.1%；高新技术产业投资5687亿元，同比增长24%。民间投资继续保持主体地位，完成投资28998.5亿元，同比增长20.8%，高于全省投资增速1.2个百分点，占全部固定资产投资的80.8%，高于2012年80.1%的水平。由于民间投资相对来说更适合涉足投资少、见效快的生产和生活服务业领域，所以这种投资结构的变动有助于强化三次产业结构优化的态势。

（3）财政收支结构优化。2013年，山东省公共财政预算收入4560亿元，同比增长12.3%。其中，税收收入3533.3亿元，同比增长15.8%，占地方公共财政预算收入的77.5%，比2012年提高2.4个百分点。全省公共财政预算支出6692.9亿元，同比增长13.4%。财政支出结构进一步优化，民生支出3826.8亿元，同比增长15.4%，占全省财政支出的57.2%，比2012年提高1个百分点。

（4）出口市场结构进一步多元化，利用外资稳步增长。2013年，山东省出口市场遍布225个国家和地区。与2012年相比，对美国和欧盟出口分别增长5.9%和3.3%，占出口总额的比重分别为16%和15.8%；对日本、韩国出口分别下降6.1%和4.6%，占比分别为12%和9.4%；对东盟、中东、俄罗斯、澳大利亚等新兴市场出口分别增长13.9%、14.1%、8.1%和15.7%。总体来看，山东省出口市场的多元格局进一步巩固（见图6）。利用外资稳步增长，2013年，全省累计批准外商投资项目1405个，实际到账外资140.5亿美元，同比分别增长5.4%和13.8%；外资大项目支撑作用明显，新批总投资过亿美元的项目49个，同比增长16.7%；服务业利用外资增势强劲，新批服务业投资项目734个，实际到账外资67.9亿美元，同比增长52%，占全省总量的48.3%。

（5）节能降耗进展顺利。2009~2012年，山东省已累计淘汰落后炼铁、炼钢产能1484万吨和374万吨。2013年，全省关停小火电机组51.7万千瓦，淘汰炼铁落后产能28万吨、炼钢落后产能300万吨。风力、光伏等新能源发电加快，2013年，全省风电装机容量累计500万千瓦，同比增长30.9%，风力发电89亿千瓦时，同比增长40.8%；光伏发电装机容量累计11.8万千瓦，同比增长77.8%，光伏发电1.0亿千瓦时，同比增长40.5%。初步核算，2013年万元GDP能耗降低率超额完成年度和进度目标任务。

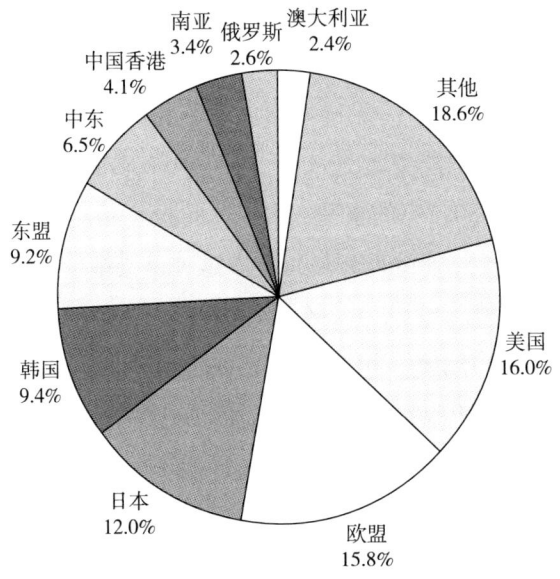

图6　2013年山东省主要出口市场份额情况

（6）创新驱动持续加强。2013年，山东省各项专利授权量7.7万件，同比增长1.9%，其中，发明专利授权量8913件，同比增长19.6%。新增国家火炬计划特色产业基地3家，国家级科技企业孵化器7家；拥有国家级可持续发展实验区14家，新增3家；国家级工程技术研究中心和重点实验室分别达到34家和3个。2013年前三季度，山东规模以上高新技术产业实现产值28800亿元，同比增长17.5%，高新技术产业累计完成技改投资2815.1亿元，同比增长27.8%；全省研发经费支出924.4亿元，同比增长20.8%。

3. 区域发展战略优化，区域发展协调性增强

2013年以来，山东省坚持完善区域发展布局，整合优化推进机制，"两区一圈一带"协调互动发展格局初步形成。一是"蓝黄"两大国家战略扎实推进。产业集群和特色园区培育、未利用地开发、科技创新、人才引进取得较大进展，现代海洋产业和高效生态产业体系不断完善，"蓝黄"两区的引擎作用进一步增强。2013年，山东半岛蓝色经济区实现地区生产总值25728.8亿元，对全省经济增长的贡献率为46.4%；黄河三角洲高效生态经济区实现地区生产总值7985.2亿元，增速超过全省1.3个百分点。"蓝黄"两区规模以上工业增加值、公共财政预算收入增速等主要经济指标已连续多年领跑全省。二是"一圈一带"发展战略正式启动。2013年8月，山东省编制出台了《省会城市群经济圈发展规划》和《西部经济隆起带发展规划》，启动了一批重点产业和基础设施项目。2013年，省会城市群经济圈实现地区生产总值19459.8亿元，对全省经济增长的贡献率为33.9%；西部经济隆起带实现地区生产总值16173.2亿元，增速超过全省平均水平。

表2 2012年山东省各大区域板块主要指标

	全省	山东半岛蓝色经济区		黄河三角洲高效生态经济区		省会城市群经济圈		西部经济隆起带	
		总量	占比(%)	总量	占比(%)	总量	占比(%)	总量	占比(%)
面积（万平方公里）	15.7	6.4	40.8	2.65	16.9	5.2	33.1	6.7	42.7
人口（万人）	9684.87	3343.6	34.5	1016	10.5	3368.4	34.8	4481.2	46.3
地区生产总值（亿元）	50013.2	23645.8	47.3	7274	14.5	17912	35.8	14620	29.2
人均地区生产总值（元）	51768	70720	136.6	71596	138.3	53338	103	32627	63.0
公共财政收入（亿元）	4059.4	1750.7	43.1	463	11.4	1193.2	29.4	913.7	22.5
人均公共财政收入（元）	4191	5236	124.9	4557	108.7	3542	84.5	2039	48.7
固定资产投资（亿元）	30319.8	15028.8	49.6	4650.6	15.3	10070	33.2	8625.9	28.4
进出口总额（亿美元）	2455.4	1909.9	77.8	251.9	10.3	375.3	15.3	258.4	10.5
农民人均纯收入（元）	9446	12484	132.2	11030	116.8	10301	109.1	9151	96.9

资料来源：山东省人民政府：《省会城市群经济圈发展规划》，2013。

4. "富民优先"成效明显，民生状况进一步改善

（1）就业形势整体良好。2013年，山东省城镇新增就业119.98万人，新增农村劳动力转移就业133.3万人。失业人员再就业55.5万人，其中，困难群体再就业11.7万人，零就业家庭全部消除。城镇登记失业率为3.24%，低于4%的调控目标。

（2）居民收入水平稳步提升。2013年，山东省城镇居民人均可支配收入28264元，同比增长9.7%。其中，工资性收入、经营净收入、财产性收入和转移性收入分别同比增长8.6%、14.3%、10.8%和9.6%。农村居民人均纯收入10620元，同比增长12.4%。其中，工资性收入、家庭经营纯收入、财产性收入和转移性收入分别增长17%、6.9%、10.4%和19.6%。

（3）物价水平保持基本稳定。2013年，山东省居民消费价格涨势减弱，累计上涨2.2%。其中，城市上涨2.1%，农村上涨2.5%；服务项目价格上涨1.8%，消费品价格上涨2.4%；农业生产资料价格上涨1.2%；工业生产者出厂、购进价格均下降1.6%；固定资产投资价格上涨0.4%。

（4）财政民生支出持续增长。2013年，山东省财政用于教育、社保就业、医疗卫生等民生领域的支出大幅增长，社会保障、职业教育、住房保障、文化体育等事业得到全面加强。其中，社会保障和就业支出同比增长14.1%，医疗卫生支出同比增长15.1%，城乡社区事务支出同比增长32.9%。

（二）2013年山东经济运行中存在的主要问题

尽管2013年山东省经济运行稳中向好，但经济企稳回升的基础仍不够牢固，需求增长动力依然不足。同时，短期问题与长期结构性矛盾相互纠结、交织，制约着经济增长潜力的发挥和释放。

1. 经济增长仍主要依赖投资拉动，消费需求增长乏力

近几年，消费对山东省经济增长的贡献率波动较大。尤其是2009年以来加大投资保增长的举措，投资对经济增长的贡献率明显反弹，投资作为山东省经济增长第一大拉动力的地位进一步强化（见表3）。与此同时，消费需求增速呈现逐年放缓势头。2010～2012年山东省社会消费品零售总额增长幅度分别为18.6%、17.3%和15%，2013年增长13.4%，全年15%的预期增长目标没有实现。目前影响和制约山东消费需求增长的因素仍然较多，经济增长放缓，企业效益下滑，居民收入增速回落，居民即期消费趋于谨慎；城乡消费结构处于调整之中，家电、汽车等大宗高值商品市场容量相对缩小，新的消费热点尚未形成；餐饮消费特别是中高端餐饮消费下滑明显。与全国平均水平相比

(见表3)，山东省最终消费对经济增长的贡献率偏低，投资贡献率偏高，这种经济增长动力结构的不协调，既不利于经济的短期平稳运行，更不利于经济的长期稳定增长。

表3 2006年以来三大需求对山东省经济增量和经济增速的贡献

年份	对经济增量的贡献率(%)			对经济增速的贡献(个百分点)		
	最终消费	资本形成总额	货物和服务净流出	最终消费	资本形成总额	货物和服务净流出
2006	46.0	49.1	4.9	6.8	7.2	0.7
2007	45.2	49.4	5.4	6.4	7.0	0.8
2008	49.2	48.6	2.2	5.9	5.8	0.3
2009	45.2	66.5	-11.7	5.5	8.1	-1.4
2010	41.5	62.3	-3.8	5.2	7.6	-0.5
2011	41.2	65.2	-6.4	4.5	7.1	-0.7
2012	47.7	64.2	-11.9	4.7	6.3	-1.2
2012年全国	55.0	47.1	-2.1	4.2	3.6	-0.1

资料来源：《山东统计年鉴2013》。

2. 出口竞争力呈现下降趋势，外资来源过于集中

近年来，受人民币对美元升值、综合生产成本上升、国际市场竞争加剧等因素影响，山东省出口竞争力有所下降。特别是2009年以来，全球金融危机和欧洲主权债务危机导致国际市场需求不振，山东省货物出口增速大幅下降，加上服务贸易一直处于逆差状态，导致货物和服务净出口对经济增长的贡献率始终为负值（见表3）。从2013年的情况来看，山东省货物出口增速较慢且货物进口增速远高于出口增速（见图4），货物和服务净出口对经济增长的贡献率仍为负值。利用外资方面，2013年，山东省实际到账境外投资140.5亿美元，同比增长13.8%。其中，来自中国香港的实际到账资金79.7亿美元，增长30.5%，占比达到56.7%，比2012年提升7.3个百分点。其他重点外资来源地中，来自韩国实际到账外资12亿美元，增长7.7%；来自投资性公司实际到账外资9.1亿美元，增长14.7%（见图7）。整体来看，山东省外商直接投资来源地仍然过于集中，制约着利用外资质量的提升，而且不利于分散风险。

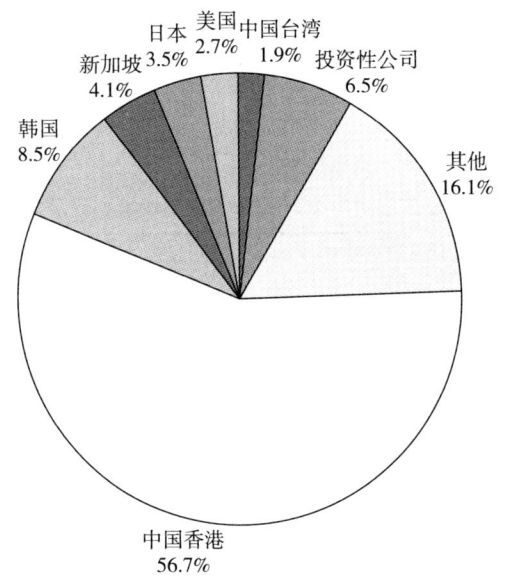

图7 2013年山东省实际利用境外投资来源地结构

3. 产能过剩仍然突出,亟待加快化解步伐

目前,山东省多数工业产品依然供大于求,工业品价格整体处于下降的状况。从山东工业生产者出厂价格指数看,2013年1~12月均为同比下降,全年下降1.6%。山东省的钢铁、盐化工、煤化工、水泥、平板玻璃、石油炼化、工程机械等行业产能利用率不足,钢铁行业产能利用率在85%左右,水泥、平板玻璃、工程机械企业在80%左右,纯碱和烧碱企业在70%左右,炼化企业在60%左右,造船行业产能利用率在52%左右,电解铝的产能利用率甚至不足50%。这些行业的产能利用率明显低于国际公认的正常水平(82%左右),产能过剩问题突出。值得注意的是,这些产能过剩行业仍有一批在建、拟建项目,产能过剩问题短期内难以缓解。[①] 同时,这些产能过剩行业大多是能源高消耗行业,是山东节能减排形势依然严峻的重要根源。因此,加快工业过剩产能的消化、淘汰,是山东经济发展和节能减排面临的一个突出

[①] 山东宏观经济研究院:《加快我省经济社会转型发展的对策建议》,《宏观经济动态》2013年第7期。

问题。

4. 财政收支矛盾显现，基层政府偿债能力受到制约

2013年，山东全省公共财政收入增长平稳，同比增长12.3%，但比2012年降低5.2个百分点。受经济增长放缓、房地产税收持续下降等因素影响，全省公共财政收入增幅进一步减缓。一方面公共财政收入减收因素增多，另一方面刚性增支因素有增无减，财政收支矛盾十分突出。此外，近年来山东地方债大幅增加，地方债主要来自银行贷款，而举借的主体主要是融资平台公司和地方政府。虽然山东政府性债务规模总体来说是适度的，基本上与山东经济大省地位和经济发展速度相匹配，市、县两级地方政府负有偿还责任的债务率（即债务余额与地方政府综合财力的比例）也明显低于全国平均水平，但不少市、县债务偿还对土地出让收入依赖较大，在经济增长放缓、房地产投资持续回落的背景下，债务风险不容忽视。

5. 产业结构需要进一步优化，产业发展层次有待提高

虽然近年来山东省三次产业结构逐步优化，第三产业比重持续提高，但是同先进省份相比，产业结构的变动速度和贡献度不足，资源依赖型和"双高"工业行业比重偏高，服务业整体规模偏小、发展层次偏低。

（1）产业结构的整体优化速度及其对经济增长的贡献不足。用产业结构变动系数K值来考察山东省一段时期内三次产业结构的变动速度，2001~2012年，山东省的K值为12.4，与苏浙粤三省相比仅高于广东，表明三次产业结构的变化还不够快（见表4）。用偏离-份额分析来考察山东省近几年产业结构对经济增长的贡献度，2010~2012年，鲁苏浙粤四省产业结构份额（PS）均为负或为零，表明四省产业结构以缓慢增长型产业为主，总体上不利于经济的快速增长。其中，山东省的产业结构份额所占比重（PS/G）最小（见表5），表明近几年山东省的产业结构变动对经济增长的贡献最小。

（2）服务业整体规模偏小、发展层次偏低。一是服务业增加值占比偏低。2013年，山东省服务业增加值虽然总量居全国第三位，但占GDP比重（41.2%）仍低于全国平均水平（46.1%）4.9个百分点，分别比广东（47.8%）、江苏（44.7%）、浙江（46.1%）低6.6、3.5和4.9个百分点。二是现代服务业发展滞后。2012年，山东省信息传输、计算机服务和软件、

表4　2001~2012年鲁苏浙粤三次产业结构变化指数比较

	q_{i0}			q_{it}			K
	$i=1$	$i=2$	$i=3$	$i=1$	$i=2$	$i=3$	
山东	14.8	49.5	35.7	8.6	51.4	40.0	12.4
江苏	11.6	51.9	36.5	6.3	50.2	43.5	14.0
浙江	9.6	51.8	38.6	4.8	50.0	45.2	13.2
广东	8.2	45.7	46.1	5.0	48.5	46.5	6.4

注：K值是用来动态考察某一时期内某一地区三次产业结构变动速度的指标，用报告期产业构成比与基期产业构成比差额绝对值的总和来度量，其计算公式为：$K = \sum_{i=1}^{n} |q_{it} - q_{i0}|$。式中，$q_{it}$表示$i$产业$t$期的GDP比重，$q_{i0}$表示$i$产业基期的GDP比重。

资料来源：笔者整理计算。

表5　2010~2012年鲁苏浙粤产业结构对经济增长的贡献比较

		山东	江苏	浙江	广东
y_{i0}	$i=1$	3588.28	2540.1	1360.56	2286.98
	$i=2$	21238.49	21753.93	14297.93	23014.53
	$i=3$	14343.14	17131.45	12063.82	20711.55
$R(\%)$		29.2			
$R_i(\%)$	$i=1$	29.2			
	$i=2$	25.5			
	$i=3$	33.3			
$r_i(\%)$	$i=1$	19.3	34.6	22.6	24.5
	$i=2$	21.2	24.7	21.1	20.4
	$i=3$	39.4	37.3	30.0	28.0
G		10843.32	12632.74	6943.02	11054.86
RS		11437.62	12096.24	8094.91	13435.81
PS		-197.76	-102.51	-34.41	-2.36
DS		-396.54	639.01	-1117.48	-2378.59
$PS/G(\%)$		-1.8	-0.8	-0.5	0.0

注：偏离-份额分析法将经济增长额（G）分解为地区增长份额（RS）、产业结构偏离份额（PS）和竞争力份额（DS）三个部分，即$G = RS + PS + DS$。其中，地区增长份额是假定该地区各产业部门均按全国GDP增长率增长所应实现的增长额，其计算公式为：$RS = \sum_{i=1}^{n} y_{i0} R$，$y_{i0}$表示该地区第$i$产业的基期增加值，$R$表示考察期内全国GDP总的增长率，$n$表示产业部门数。产业结构偏离份额是指地区各产业部门按全国同一产业部门平均增长率计算的增长额与按全国GDP总增长率计算的增长额之差，反映地区产业结构对地区经济增长的作用，其计算公式为：$PS = \sum_{i=1}^{n} y_{i0} R_i - \sum_{i=1}^{n} y_{i0} R = \sum_{i=1}^{n} y_{i0} (R_i - R)$，$R_i$表示考察期内全国第$i$产业部门的增长率。竞争力份额是指该地区各产业部门按实际增长率所计算的增长额与按全国同一产业部门平均增长率计算的增长额之差，反映区位条件或地区竞争力对地区经济增长的作用，其计算公式为：$DS = \sum_{i=1}^{n} y_{i0} r_i - \sum_{i=1}^{n} y_{i0} R_i = \sum_{i=1}^{n} y_{i0} (r_i - R_i)$，$r_i$表示考察期内该地区第$i$产业的实际增长率。

资料来源：笔者整理计算。

金融、房地产、租赁和商务服务、科学研究、技术服务、文化和娱乐业占服务业产值的比重为29%，分别比广东、江苏、浙江低40、10和15个百分点。三是服务业新兴业态发展较慢。虽然山东省是较早建立第三方支付平台的省份，但目前平台数量较少、整体规模偏小。截至2012年，国家批准的250多个第三方支付牌照中，山东省仅8个；山东省电子商务企业数量仅为广东、浙江的1/3，本地企业B2C和C2C网上交易平台的全国市场占有率不到1%。①

（3）资源依赖型和"双高"工业行业比重偏高。山东省工业总量中，重工业比重由2002年的51.1%提高到2012年的68.9%。2012年，全省能源和原材料类行业主营业务收入占工业总量的44.3%。其中，石油加工、化工、建材、钢铁、有色、电力等六大高耗能行业占全部规模以上工业的34.2%。

6. 科技整体发展水平不高，自主创新能力亟待增强

目前，山东省科技的整体发展水平和自主创新能力与经济大省的地位极不相称，还存在创新人才缺乏、研发投入不足、成果转化率低等问题。2012年，科技进步对山东省经济增长的贡献率仅为40%左右，低于江苏55%的水平，更低于美国、德国80%的水平；全省发明专利占授权专利的比重不到10%，低于全国12.4%的平均水平；全省R&D经费支出占GDP的比重为2.04%，虽然较往年有较大提高，但低于江苏的2.38%和广东的2.17%；规模以上工业企业研发经费内部支出仅占主营业务收入的0.77%；发明专利申请量和授权量，分别仅占全国的7.5%和5.2%；科技创新与经济发展"两张皮"问题依然突出，重要科技成果实现产业化的比例仅为20%左右。② 科技部发布的2012年全国及各地区科技进步统计监测结果显示，山东省2012年综合科技进步水平指数远低于广东、江苏、浙江等省份，甚至低于全国平均水平（见图8）。

---

① 山东宏观经济研究院：《加快山东服务业科学跨越发展研究》，《宏观经济动态》2013年第17期。
② 国家统计局、科技部：《中国科技统计年鉴2013》。

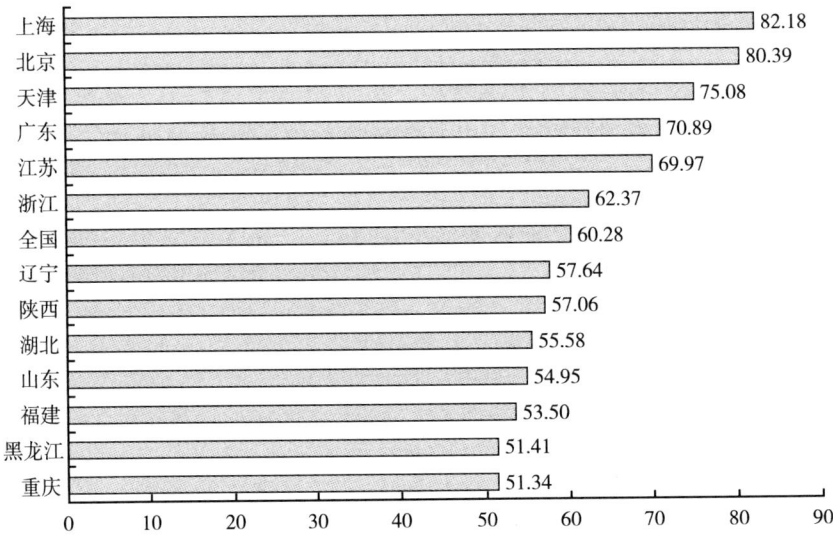

图8 2012年全国及各地区综合科技进步水平指数

二 2014年山东经济形势展望及政策建议

（一）2014年国内外经济走势判断

世界经济仍处于危机后的恢复期，复苏进程仍然缓慢，但总体态势趋于稳定。自2013年以来发达经济体逐步回升、新兴经济体相对减速的增长格局将继续延续，预计2014年世界经济增速将略高于2013年，我国外需状况将有所改善。2014年我国内需增长面临一定的下行压力，在深化市场化改革的推动下我国经济有望延续平稳增长态势。

1. 世界经济继续缓慢复苏，新兴经济体增长面临挑战

2014年世界经济将延续不均衡的复苏趋势。2014年1月，摩根大通全球综合采购经理人指数（PMI）达到53.9，连续16个月高于荣枯分界线，创出33个月以来新高。根据国际货币基金组织（IMF）《世界经济展望》2014年1月的最新预测，2014年全球经济增长率将达到3.7%（见表6）。

2014年：打造升级版山东经济

表6 2014年世界经济增长预测

单位：%

	2012年	2013年	2014年预测
世界	3.1	3.0	3.7
发达经济体	1.4	1.3	2.2
美国	2.8	1.9	2.8
欧元区	-0.7	-0.4	1.0
日本	1.4	1.7	1.7
新兴和发展中经济体	4.9	4.7	5.1
俄罗斯	3.4	1.5	2.0
巴西	1.0	2.3	2.3
印度	3.2	4.4	5.4
东盟五国	6.2	5.0	5.1

资料来源：IMF《世界经济展望》2014年1月。

世界经济增长的格局正在发生明显转变，亚洲等新兴经济体增速放缓，美国等发达经济体复苏态势逐步增强。并且，这种增长格局可能延续到2014年，发达经济体将在世界经济增长中贡献更大的动力。受益于私人消费增加、投资结构优化和新能源、新技术的推动，美国经济可能进入新一轮增长阶段。2013年第四季度美国GDP同比增长3.2%，高于第一季度的1.1%、第二季度的2.5%和第三季度的2.8%，全年增长1.9%，2014年有望继续稳步复苏。欧元区主权债务危机总体有所缓解，商业信心指数显示其边缘经济体的经济活动正趋于稳定，核心经济体的活动已经开始恢复。2013年第四季度欧元区GDP环比增长0.3%，自第二季度结束之前连续6个季度衰退局面后继续实现正增长。但是，欧元区国家就业和工资并没有实际增长，同时其内部的结构性失衡等问题仍然存在，预计2014年欧元区经济可能维持当前的弱复苏态势。"安倍经济学"促进了日本经济的复苏，但要实现持久复苏并减弱2014年提高消费税的影响，需要实施一套可信的结构改革措施。经济合作与发展组织（OECD）公布的综合领先指标显示，2013年以来日本经济呈现持续上升态势，但其积极财政政策和宽松货币政策的边际效应正在递减，未来增长态势仍然预期向好但会逐渐减速。

新兴经济体发展面临增长减缓和全球金融收紧的双重挑战。与欧美发达经济体稳步复苏的态势相比，亚洲等新兴经济体虽然仍能保持较高的增长率，但其增长势头明显放缓，并且面临资本外流、股市动荡等多重风险。美欧经济复苏，将拉动新兴经济体特别是制成品出口国和资源出口国的经济增长，但新兴经济体相对减速的格局将继续延续。如印度2013年第四季度GDP同比增速放缓至4.7%，低于2012年的5%。国际货币基金组织认为，新兴经济体增速下降既有周期性因素，也有潜在增长率下降的因素。例如，能源、电信等部门的监管框架存在的问题、由此导致的许可证和项目审批的拖延，以及企业资产负债表过度扩张造成的供应瓶颈都削弱了印度的潜在增长。IMF《世界经济展望》2014年1月将2014年发展中国家经济增速预期由此前的5.5%下调至5.1%（见表6）。此外，新兴经济体还面临美国货币政策拐点带来的金融市场动荡风险。美国退出QE3的预期不断增强，对全球金融市场特别是对新兴经济体的冲击需要高度关注。一方面，QE退出时间预期的混乱和敏感性增强，将进一步增加全球金融市场的波动性，特别是对新兴经济体资本短期流动的冲击加大，容易引发金融市场危机；另一方面，预期的不确定性导致新兴经济体的货币政策更加被动。

2. 我国经济将延续平稳增长态势，市场化改革将向纵深推进

综合判断，2014年我国经济仍将延续中高速平稳增长态势。我国目前仍处在工业化、城镇化、信息化和农业现代化快速推进的阶段，这是保持经济平稳增长的最大基本面。在宏观政策效果显现和发达经济体经济持续复苏的双重影响下，2013年7月以来我国经济呈现稳中向好走势，全年GDP增长7.7%；前三季度工业用电量同比增长7.2%，增速比上年同期提高2.4个百分点，预示工业发展稳步向好；10月和11月制造业PMI均为51.4%，继续位于临界线以上，并且达到18个月以来新高（见图9）。2013年以来，我国投资、消费、出口三大需求表现均有所改善，虽然2014年内需增长面临一定的下行压力，但经济有望继续保持平稳增长。投资方面，2014年固定资产投资增速将呈现稳中略降趋势，受2013年土地购置面积和房屋新开工面积增速放缓、资金成本较高等因素影响，预计2014年房地产投资增长将呈回落态势；受地方政府投融资能力下降等因素影响，基础设施投资增速将有所下降；在终端需求不振、产能过剩等因素影响下，制造业投资将出现行业分化局面。消费方面，2013年以来增长表现平稳，随着电子商务、信息网络、小额贷款等方面的持续完善，新的消费热点的逐渐涌现，2014年消费增长有望保持基本稳定，对经济增长的贡献将略有上升。① 出口方面，随着发达经济体的持续复苏，中国面临的国际贸易环境总体向好，但国内要素成本提升、人民币持续升值以及贸易摩擦增多等问题仍是重要制约因素，预计2014年出口贸易将小幅改善。

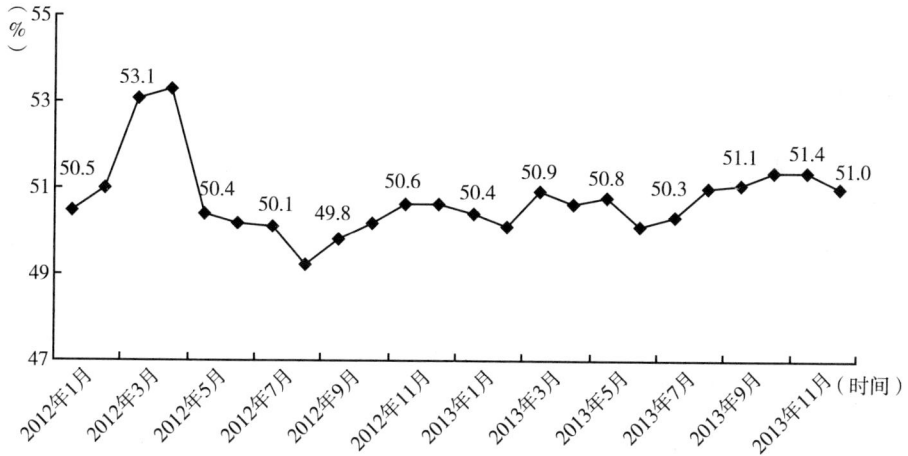

图9 2012年1月以来中国制造业采购经理指数（PMI）情况

2014年，我国市场化改革将向纵深推进，有利于进一步增强经济发展动力和活力。十八届三中全会是我国启动新一轮改革的重要标志。新一届政府推进改革的决心明显，其中最根本的目标是推动市场在资源配置中发挥决定性作用，实现效益最大化和效率最优化。2014年，更多深化改革的措施将陆续出台。各级政府将努力清除各种行政壁垒，进一步放开市场准入和管制，为企业生存发展营造良好的竞争环境。具体的改革领域将主要包括：金融改革，例如推进利率和汇率市场化、鼓励民间资本进入、逐步实现人民币资本项目可兑换等；投融资体制改革和财税体制改革，例如"营改增"范围扩大、个税和资源税改革等，注重防范地方债务风险；医疗、电信等服务业的深化改革，加快

---

① 刘世锦等：《2013年经济形势分析与2014年展望》，《中国经济时报》2013年11月5日。

向服务业放权和自由化发展。市场化改革的加快推进，将增强各类市场主体的信心，进一步激发经济发展活力。

（二）2014年山东经济形势预测及政策建议

1. 2014年山东经济形势预测分析

2014年，世界经济复苏态势将进一步巩固，我国经济平稳发展的基本面没有改变，国内市场化改革将加快推进，山东经济运行面临的外部环境总体向好。从省内看，贯彻落实党的十八届三中全会精神深化重点领域的各项改革，以六大传统产业转型升级为抓手，加快推进产业结构优化调整，深入实施"两区一圈一带"区域发展总体战略，都将为2014年山东经济发展注入新的动力和活力。同时也要看到，山东经济长期潜在增长率在下移，而且传统经济发展方式尚未实现根本性转变，结构性失衡、产能过剩等问题突出，2014年山东经济发展面临着稳增长和调结构的双重压力。

从山东经济增长的"三驾马车"来看，投资仍将是经济增长的第一大动力，但投资增幅将稳中趋缓；消费将保持稳中有升的态势，实现消费大幅度增长的可能性不大；外需形势有所好转，出口增速或有所提升。

投资仍将是经济增长的第一大动力，但投资增幅将稳中趋缓。随着十八届三中全会各项改革措施的有序推进，以及"两区一圈一带"区域发展总体战略的深入推进，鼓励民间投资、促进产业结构优化、稳步推进城镇化等政策的进一步落实，有利于促进投资的持续增长，2014年投资仍将是山东经济增长的第一大动力。同时，2014年山东投资增长也面临着一些不利因素，受地方融资平台监管收紧、地方财政收入增速放缓的影响，基础设施投资后劲不足；受产能过剩矛盾短期内难以缓解的影响，制造业投资将维持低速增长的格局；土地购置面积和房屋新开工面积等先行指标持续处于低位，房地产投资增长将相对平缓。总体来看，2014年山东投资增幅将稳中趋缓。

消费将保持稳中有升的态势，实现消费大幅度增长的可能性不大。近年来，山东省居民就业、收入情况总体较好，政府不断加大在教育、医疗、住房等领域的投入力度，基本公共服务水平逐步提高。同时，2013年出台的一系列促进文化、信息、养老、健康等产业发展的政策措施有利于带动相关消费增长。但是，2013年第三季度以来支撑消费增速回升的动力多为短期因素，随着预期作用的消退，未来要形成持续回升势头仍需寻求更为持久的动力。① 从山东当前的情况来看，汽车、住房等大宗消费持续活跃但拉动作用有所减弱，新的消费热点还没有完全形成，实现消费大幅增长的动力不足。总体来看，2014年山东消费增长将保持基本平稳或稳中略升。

外部需求有所回暖，但出口实现高速增长的概率不大。当前，山东主要贸易伙伴总体经济形势趋好。山东前三位的出口市场美国、欧盟、日本都处于稳定复苏或缓慢复苏的道路上；第四位的出口市场韩国2014年的预期增长也好于2013年，IMF和韩国央行的最新预测认为2014年韩国经济增长率将比2013年提高约一个百分点；第五位的东盟经济增长同样也预期向好，IMF和亚洲开发银行均预测其2014年整体增长率将比2013年有所提升。但是，省内劳动力等要素价格上涨导致外贸企业生产成本不断提高，人民币升值导致企业出口利润减少，以及国际贸易保护主义重新抬头导致贸易摩擦增多，使得山东很多劳动密集型产品的出口竞争力明显减弱，部分外贸订单向中西部省份和周边国家转移的态势明显，因此，出口增速或有所提升，但实现出口高速增长的概率较小。

综上所述，2014年山东经济有望继续保持平稳发展态势，经济增长运行处于合理区间之内，同时改革开放和结构调整的步伐将进一步加快。综合考虑各方面因素，并结合数量模型分析，对2013~2014年山东经济发展主要指标预测如表7所示。

2. 关于2014年山东经济发展的政策建议

2014年山东经济发展应以党的十八届三中全会精神和中央经济工作会议精神为指引，坚持稳中求进、改革创新，处理好经济增长、结构调整和深化改革之间的关系，把改革创新贯穿于经济社会发展各个领域各个环节，大力推进经济发展方式的转变，以结构调整释放经济增长潜力，以改革创新激发市场活力，在保持经济平稳较快增长的同时着力实现经济发展质量和效益的进一步提升。

---

① 李扬：《2014年中国经济形势分析与预测》，社会科学文献出版社，2013。

表7 2012年、2013年山东省主要经济指标及2014年预测值

单位：%

指　标	2012年	2013年	2014年预测值
GDP增长率	9.8	9.6	9.4
第一产业增加值增长率	4.7	3.8	4.6
第二产业增加值增长率	10.5	10.7	10.2
第三产业增加值增长率	9.8	9.2	9.5
全社会固定资产投资增长率	20.2	19.6	19.2
社会消费品零售总额增长率	14.5	13.4	13.7
进出口总额增长率	4.1	8.8	9.3
出口总额增长率	2.3	4.5	5.1
进口总额增长率	6.0	13.5	14.0
居民消费价格上涨率	2.1	2.2	2.4

资料来源：《山东统计年鉴2013》、《2013年山东国民经济和社会发展统计公报》，预测值为笔者测算。

（1）继续实施积极的财政政策。积极的财政政策在稳定经济增长、调整经济结构、促进深化改革中的作用至关重要。2014年山东应继续实施积极的财政政策，注重短期和中长期效果的结合，在稳定当前经济增长的同时努力培育未来的经济增长点。要进一步优化公共财政支出结构，加大财政政策对实体经济的支持力度。积极落实支持经济发展的各项财政政策，在推进营改增扩围的同时，以税收优惠、加速折旧和贴息补贴等方式支持企业研发、设备投资和小微企业发展；落实技术改造项目进口设备免税、固定资产增值税进项税额抵扣、研究开发费用加计扣除、股权激励、符合规定的小微企业增值税和营业税暂免征收等税收政策，加强对六大传统产业转型升级的引导和扶持；落实高附加值产品出口退税政策，维护山东外贸企业、出口产品的市场竞争力。增加教育、文化、医疗卫生、社会保障和就业、环境保护、城镇化建设等方面的公共财政支出，进一步提升民生支出比重，努力解决民生领域的问题。在实施积极财政政策的同时，完善政府债务管理制度，严格政府举债程序，合理控制政府举债规模，防范和化解政府债务风险。

（2）促进投资和消费稳定增长。促进投资和消费稳定增长是实现山东经济平稳较快增长的必然选择。针对2014年投资增长动力不足、消费难以明显

提振的基本态势，山东应积极采取应对措施，确保投资和消费的稳定增长。

投资方面，要在优化投资结构的基础上保持投资合理增长。把保持投资合理增长建立在优化投资结构的基础上，注重提高投资的质量和效益，同时防止出现新的过剩产能。一是充分发挥政府性资金的引导示范作用，引导社会资金更多投向现代农业、高新技术、现代服务业、社会民生等重点领域，同时坚决控制"两高"行业的盲目投资和无序扩张。二是顺应制造业梯度转移趋势，结合"一圈一带"发展战略实施，加大对山东中西部地区的投资。积极推进"十二五"规划中西部地区重大项目按期实施，启动重大项目并梳理在建、续建项目。三是以推进新型城镇化为契机，加大对城乡基础设施建设的投资，对基础设施建设和公共服务体系的投资要与构建科学合理的城镇布局相衔接。四是优化投资主体，充分挖掘民间投资潜力。进一步消除民间投资准入壁垒，推动民间资本进入基础设施建设、医疗、教育等领域，增强经济的内生动力。

消费方面，要着力扩大居民消费需求。通过优化调整国民收入分配结构，促进山东城乡居民收入加快增长，增强城乡居民消费能力。完善相关政策措施，积极培育养老、家政服务、医疗保健、休闲文化以及节能产品、新能源汽车、信息服务等新的消费增长点。创新消费模式，积极发展网络购物等新型消费业态。着力改善消费环境，推进流通环节仓储、物流等基础设施建设，降低消费品流通成本，加大消费品质量监督管理，确保商品品质安全。

（3）加大产业结构调整力度。坚持创新驱动，加快发展现代农业，改造提升传统工业，有效化解产能过剩，积极发展新兴产业，提升服务业发展水平，推动产业转型升级。

一是加快发展现代农业。以发展现代农业为导向，推进农业发展方式转变和农业经营方式创新，加强综合生产能力建设，保持主要农产品生产稳定发展，积极发展生态友好型农业，提高农产品质量和食品安全水平，巩固山东农业大省、农产品出口大省地位。二是坚持工业"双轮驱动"战略，改造提升传统工业，积极发展新兴产业。抓好《山东省六大传统产业转型升级指导计划》的落实，从"技术突破、产品升级、企业培育、链条配套、产业集聚、淘汰落后"六个方面，加快轻工、纺织、机械、化工、冶金、建材等优势传统产业的转型升级步伐。制定山东化解过剩产能实施方案,充分运用技术改造、资产重组、布局调整、链条整合等措施,优化传统工业产业产能结构,有效化解过剩产能,加快淘汰落后产能。加强新一代信息技术、生物医药、高端装备制造、新材料、新能源汽车、节能环保等战略性新兴产业重点领域的技术创新和产业集群培育,推动山东战略性新兴产业发展取得新进展。三是提升服务业发展水平。引导更多的社会资本和外商投资投向服务业,加快发展金融保险、现代物流、信息服务、科技服务、商务会展等生产性服务业,大力发展健康养老、社区服务、教育培训、文化旅游等生活性服务业,促进山东产业转型升级。

(4) 推进城乡区域协调发展。把推进新型城镇化作为促进山东城乡协调发展的重要举措。推进以人为核心的城镇化,既有利于扩大投资和消费需求,又有利于破解城乡二元结构、促进城乡协调发展。要认真贯彻落实中央城镇化工作会议精神,紧密结合山东实际,积极稳妥地推进山东新型城镇化进程。把推进本省农业转移人口市民化作为首要任务,制定和完善户籍、土地、资金、住房、基本公共服务等方面的配套政策;加强大中小城市优势产业培育和基础设施建设,提升产业支撑能力和基础设施承载能力;加快小城镇和农村新型社区建设,统筹城乡公共基础设施建设,促进城乡一体化发展。

大力实施"两区一圈一带"区域发展总体战略,推进山东区域协调发展。提升"蓝黄"两区发展水平,以加快"四区三园"和四大临港产业区建设为重点,突出抓好特色园区建设和优势产业集群培育,更好地发挥"蓝黄"两区对全省经济发展的引领和带动作用。加快"省会城市群经济圈"和"西部经济隆起带"发展规划的实施,抓好相关政策措施的落实,促进山东中西部地区加快发展。积极借鉴江苏振兴苏北的经验,完善省内区域间经济合作机制,把山东东部地区的资本、技术、人才和管理等优势与本省西部地区的资源、成本等优势结合起来,促进区域间优势互补、共同发展。

(5) 提升开放型经济发展水平。加快转变对外经济发展方式,提升对外经贸发展质量。一是优化商品出口结构。着力扩大高技术含量、高附加值产品出口,积极推进出口市场多元化,稳定和扩大国际市场份额。同时,大力发展国际服务外包,加快服务贸易发展。二是优化利用外资结构。从注重引进外资数量向更加注重利用外资质量转变,引导外资投向现代服务业、高新技术、节能环保、现代农业等领域,引导更多的外资项目到山东中西部地区落户,更好地发挥外资在推动技术创新、产业升级、区域协调发展等方面的作用。三是支持山东有条件的企业全球布局产业链。创新对外投资和合作方式,推动境外资源开发、优势产能转移、对外工程承包、高端劳务输出。积极培育源自山东的跨国公司和国际知名品牌,在全球范围内配置整合资源,更好地分享经济全球化利益。四是积极争取建立青岛自由贸易园区,推进中日韩地方经济合作示范区建设。

(6)加强节能减排和环境保护。山东是能源消耗第一大省,节能减排任务艰巨。要把节能减排与化解产能过剩结合起来,加快淘汰火电、钢铁、水泥、造纸、化工、印染等重点行业落后产能,大力推进建筑、交通和公共机构节能,确保主要污染物排放量年度削减目标的实现。把改善大气环境质量作为当前全省环保工作的突出重点,按照"调结构、促管理、搞绿化"的综合治理思路,推进大气污染防治。加强地表水污染防治,进一步巩固流域污染治理成果。加强生态修复和保护,积极发展绿色经济、循环经济、低碳经济。

(7)有序推进体制机制改革。全面深化改革是一项长期艰巨复杂的系统工程。2014年,要按照中央的决策部署,有序推进重点领域改革,增强山东经济发展活力。加大政府自身改革力度,加快政府职能转变,进一步简政放权,让市场在资源配置中发挥决定性作用,强化政府的社会管理和公共服务职能,提高政府服务水平。加快国有企业改革,积极调整优化国有资本布局结构。推进要素市场改革、资源性产品价格改革,促进现代市场体系建设。积极推进财税、金融改革,发挥财税、金融政策对转方式调结构的促进作用。深化农村改革,拓宽农民财产性增收渠道。加强民生领域改革,优化国民收入分配结构、健全社会保障体系。

三 打造升级版山东经济是建设经济文化强省的客观要求

2013年3月17日,李克强总理在与中外记者的见面会上首次提出"打造中国经济升级版"。在2013年3月29日召开的部分省市经济形势座谈会上，李克强总理进一步强调"要立足当前、着眼长远，用勇气和智慧推动转型发展，打造中国经济升级版"。打造中国经济升级版，是在新形势下加快推进我国现代化进程、实现中国梦的重要战略构想。作为一个人口大省和经济大省，山东经济是我国经济的经典缩影。打造升级版山东经济，加快经济转型升级，在转变经济发展方式、全面提高经济发展质量和效益上起到领头雁作用，是山东经济文化强省建设的客观要求。

（一）打造升级版经济的基本内涵

打造升级版经济，就是要加快推进经济转型，把改革的红利、内需的潜力、创新的活力叠加起来，形成发展新动力，改变粗放的经济发展方式，调整不合理的经济结构，在经济增长质量和效益、劳动就业和居民收入、环境保护和资源节约等方面实现新的大幅度提升，形成结构合理、活力充足、环境友好、民生幸福的经济发展体系。改革开放以来，我国经济发展取得一系列奇迹般的成就，目前已进入中等收入国家行列，但多年来形成的"高投入、高消耗、低产出、低效益"发展模式仍未改变。在国内外环境已发生显著变化的大背景下，我国经济发展面临的不平衡、不协调、不可持续问题进一步显现，加快经济转型升级是实现经济持续健康发展的迫切需要。

打造升级版经济具有丰富的内涵，主要体现在以下方面：一是以实现经济持续健康发展为目标。经过30多年的持续高速增长，我国经济正由以往的高速增长期进入潜在增长率下移的增长阶段转换期。同时，经济发展方式粗放导致的一系列问题以及国际金融危机以来世界经济格局的显著变化，使我国经济运行的稳定性受到明显影响。打造升级版经济，就是要适应发展阶段的转换、发展环境的变化，着力解决经济发展中的不平衡、不协调、不可持续问题，着力提高经济发展的质量和效益，实现经济的长期持续健康发展。二是以深化体制改革为前提。我国社会主义市场经济体制还不完善，特别是政府与市场的边界没有完全厘清，制约科学发展的体制机制障碍依然较多，经济创新发展的动力不足。深化体制改革，处理好政府和市场的关系，使市场在资源配置中起决定性作用并更好地发挥政府作用，进一步释放改革红利，增强经济发展的动力和活力,是打造升级版经济的基础和前提。必须从广度和深度上推进市场化改革,坚持和完善基本经济制度,加快完善现代市场体系,深化财税体制改革,健全城乡发展一体化体制机制,构建开放型经济新体制;切实加快行政管理体制改革、政府职能转变,从全能型政府转向有限型政府、从发展型政府转向服务型政府。三是以加快转变经济发展方式为核心。随着外需市场的持续低迷、国内生产要素成本的快速攀升、资源环境约束的日趋强化,粗放型经济发展方式已难以为继。打造升级版经济,重点在于加快经济发展方式转变,促进经济增长拉动力的转换升级、经济增长投入结构的转换升级、产业结构的转换升级。着力推进经济结构战略性调整,优化需求结构,促进经济增长向依靠消费、投资、出口协调拉动转变;优化产业结构,促进经济增长向依靠第一、第二、第三产业协同带动转变;优化要素投入结构,促进经济增长向依靠创新驱动转变、向绿色低碳发展方向转变;优化城乡区域结构,促进经济增长向依靠城乡区域协调发展转变。四是以提升人民福祉为宗旨。经济发展的根本目的在于提升人民福祉。目前,我国就业不充分、公共服务不均等、收入分配差距过大、社会保障体系不健全等问题依然突出。打造升级版经济必须坚持以提升人民福祉为宗旨,进一步完善保障和改善民生的制度安排,突出解决好就业、收入分配、公共服务、社会保障、环境保护等问题,在提高就业率和就业质量、增加居民收入、推进基本公共服务均等化、生态文明建设等方面取得新突破,实现人民生活水平的显著提升,使发展成果惠及全体人民。

(二)打造升级版山东经济的必要性

党的十七大以来,山东省委、省政府深入贯彻落实科学发展观,立足山东实际,做出建设经济文化强省的重大决策,团结带领全省人民,加快推进由经济大省向经济强省、由文化资源大省向文化强省跨越,山东要在富民强省的道路上迈出坚实步伐。山东经济社会发展在取得显著成就的同时,也积累了一系列深层次的矛盾和问题,日益制约着山东经济社会可持续发展和经济文化强省建设。目前,山东正处在由大到强战略性转变的关键时期。打造升级版山东经济,加快经济转型升级,提高经济发展的全面性、协调性、可持续性,对于促进山东经济文化强省建设意义重大。

（1）打造升级版山东经济是应对外部环境变化的重大举措。改革开放以来，山东积极开拓国际市场，对外贸易规模不断扩大，有力地促进了经济发展。随着对外需依赖程度的逐步提高，山东经济发展日益受到国际市场需求变化的制约。2008年以来，受国际金融危机的影响，国际市场需求下降、贸易壁垒增多，山东对外贸易受到很大影响，增长速度由过去的20%以上转为个位数增长。虽然2013年世界主要国家（地区）的经济均有不同程度的好转，世界经济有望逐步走出国际金融危机阴影，但全球经济复苏总体缓慢，国际市场需求仍处于增速减缓、结构调整时期。同时，我国传统出口优势受劳动力成本不断攀升等因素影响面临来自新兴国家的激烈竞争，新兴产业领域与发达国家之间正在形成同质竞争态势，因此，山东对外贸易高速增长的"风光"难以再现。面对新的国际环境，山东只有在积极培育外贸竞争新优势的同时，大力实施扩大内需战略，深入挖掘内需潜力，不断增强内需对经济增长的拉动作用，才能拓宽经济发展的回旋余地，保持经济平稳较快发展。

（2）打造升级版山东经济是适应山东发展阶段新变化的必由之路。山东总体上已进入工业化中后期发展阶段，处于工业化、城市化加速发展时期。这个阶段既是一个发展机遇期，也是一个矛盾凸显期；既具备加快发展的基础条件，也面临许多"两难"问题。按照经济发展的一般规律，这一阶段发展基础更好、动力更强，但产业结构不合理、城乡区域发展不协调、资源环境约束强化、科技创新能力不强等深层次矛盾和问题对经济发展的影响和制约也更加突出。为了适应发展阶段的新变化，必须加快经济转型升级步伐，大力推进结构调整、创新驱动，促进工业化、信息化、城镇化、农业现代化同步发展，实现产业结构、要素投入结构、城乡区域结构的转换升级。

（3）打造升级版山东经济是抢占发展制高点、争创发展新优势的需要。国际金融危机以来，世界各国加大科技创新和新兴产业发展力度，纷纷把新能源、新材料、生物医药、节能环保、低碳技术、绿色经济作为新一轮产业发展的重点。国内各省份也都在积极实施创新驱动战略，加快推进产业结构调整，大力培育发展战略性新兴产业，力图抢占未来发展的制高点。山东规模以上工业主营业务收入位居全国前列，但是，工业结构不合理，传统产业比重大，产业层次偏低，企业自主创新能力不够强，产品结构以初加工产品和低附加值产品为主；高新技术产业所占比重不高，而且大多处于国际产业链的加工制造环节，不掌握核心技术，对外资企业的依赖度较高，尚未形成较强产业竞争力。加快打造升级版山东经济，在自主创新能力提升和战略性新兴产业培育上尽快实现大的突破，才能创造和形成新的竞争优势，在未来更加激烈的国内外市场竞争中赢得经济发展主动权，为经济长远发展奠定坚实基础。

（4）打造升级版山东经济是突破资源环境约束、提升可持续发展能力的根本途径。虽然近年来山东在资源节约和环境保护方面取得较大成效，但是，由于经济增长过度依赖工业发展、重化工业比重大、资源利用效率偏低，资源消耗量持续增长、污染物产生量和排放量巨大，经济发展与资源、环境之间的矛盾日益突出，面临着日趋严峻的资源环境约束。山东单位GDP能耗和单位工业增加值能耗近年来有了较大幅度下降，但仍明显高于国内一些先进省市。从能源消耗总量看，山东一次能源消费量占全国一次能源消费总量的比重超过10%。而且，山东经济发展对省外、国外能源矿产等资源的依赖程度不断提高。资源消耗量大带来污染物的高排放，在山东经济总量跃居全国前列的同时，二氧化硫等主要污染物的产生量和排放量同样位居全国前列。可以说，带有明显重型化特色的山东经济面临着巨大的节能降耗减排压力。同时，随着发展进入新阶段和居民收入水平的提高，城乡居民对生态环境质量的要求也越来越高。打造升级版山东经济，加大结构调整力度，加快形成资源节约、环境友好的产业体系和发展方式，才能有效破解资源环境瓶颈约束，实现经济社会可持续发展。

（5）打造升级版山东经济是提升综合竞争力、应对国内区域竞争的必然选择。改革开放以来，山东经济总量跃居全国第三位，综合竞争力显著提升。但是，山东经济发展的整体质量和效益不高，与一些先进省市相比，在人均经济指标、财政收入指标、居民收入指标、对外开放水平、科技创新能力、人才支撑能力、可持续发展能力等方面存在明显差距。人均经济总量、人均财政收入、城乡居民人均收入明显低于广东、江苏、浙江、上海、北京等省市，经济发展的结构竞争力落后于广东、江苏、上海等省市，科技创新能力排在江苏、广东、北京、上海、浙江等省市之后，单位GDP能耗和单位工业增加值能耗明显高于广东、江苏、浙江等省。根据中国社会科学院发布的《"十一五"期间中国省域经济综合竞争力发展报告》，山东在全国省域经济综合竞争力排名中的位次，2006年以来没有明显变化，一直居第六位或第七位，位列江苏、广东、上海、北京、浙江等省市之后。近年来，全国各地竞相发展的态势迅猛。区域之间的竞争，不仅看总量，更要看经济结构优不优、创新能力强不强、质量效益好不好、体制机制活不活，看核心竞争力、发展潜力和可持续发展能力。在前有标兵、后有追兵的国内区域竞争大格局下，加快打造升级版山东经济，创新创优、求好求强、以强胜出，实现由大到强的战略性转变，才能在国内区域发展竞争中占据更加有利的位置。

四 打造升级版山东经济的战略选择

经过多年的经济文化强省建设，山东经济社会发展站到了一个新的历史起点上，打造升级版山东经济已具备良好基础。同时应充分认识到，打造升级版山东经济是一项长期任务和一个渐进过程。当前，山东经济发展正处于增长速度换挡期、结构调整深化期，面临的发展环境错综复杂。打造升级版山东经济，应认真贯彻落实党的十八届三中全会精神和习近平总书记视察山东时的重要讲话精神，立足当前、着眼长远，处理好短期经济增长与经济转型升级的关系，以深化改革创新为动力，以加快转变经济发展方式为主线，以经济结构战略性调整为重点，抓住重要领域和关键环节率先突破，激发市场主体活力，提升发展质量和效益，扎实推进经济转型升级。

（一）在积极扩大内需的同时着力优化内需结构

挖掘内需潜力，促进内需可持续增长，是实现经济长期持续健康发展的重要保证。当前，山东经济结构失衡突出表现在需求结构、产业结构和要素结构的失衡，而需求结构失衡又是制约和导致产业结构和要素结构失衡的关键环节。作为一个人口大省、经济大省，山东应把扩大内需作为打造升级版经济的基本立足点，把经济增长建立在内需持续扩大的基础之上。新型城镇化是山东扩大内需的最大潜力所在，在以新型城镇化释放内需潜力的同时，应着力优化内需结构，解决投资与消费失衡问题，增强投资和消费拉动经济增长的协调性。

以新型城镇化释放内需潜力。城镇化过程的一个突出特点是农民转为市民的过程，这意味着消费观念的更新和消费结构的升级，意味着巨大消费潜力的释放。同时，城镇化必然带动基础设施和公共服务设施建设、住房开发以及教育、医疗、社会保障等多方面投资的扩大。因此，加快城镇化进程是拉动投资需求和消费需求增长、释放内需潜力的重要路径。2013年，山东城镇化率达到53.75%，略高于全国53.73%的平均水平，但与广东67.76%、江苏64.1%的水平相比差距明显。同时，山东城镇化发展存在土地城镇化快于人口城镇化等问题，城镇化质量有待提高。山东正处在城镇化快速发展阶段，应坚持以人的城镇化为核心，积极推进土地制度、户籍制度、就业制度和社会保障制度改革，构建有利于促进农业转移人口转为城镇居民的体制机制，加快人口城镇化进程，提升城镇化发展质量和水平，不断释放内需潜力。

把扩大消费需求作为扩大内需的战略重点。山东投资与消费失衡问题突出。山东的投资率，1980年为32.6%，1990年为42.3%，1995年以来一直保持在45%以上，2012年为55.1%。与此相对应的是，山东消费率长期偏低，2012年为41.1%，消费对经济增长的拉动能力和贡献明显不足。山东消费率偏低的根本原因在于国民收入分配结构不合理，劳动报酬占GDP的比重低，城乡居民收入水平不高、消费能力不强。从经济发展的一般规律看，投资与消费长期失衡，既不利于人民生活水平提高，也不利于经济持续健康发展。必须下决心调整内需结构，把扩大消费需求作为扩大内需的战略重点，积极建立扩大消费需求的长效机制，通过增强居民消费能力、促进消费结构升级、优化消费环境、完善消费政策，进一步释放山东城乡居民的消费潜力，促进消费需求持续较快地增长。

在优化投资结构的基础上保持投资需求适度增长。山东正处于工业化、城镇化快速发展阶段，今后一个时期投资需求仍将是拉动山东经济增长的重要动力。应积极引导投资方向和领域，把扩大投资与推进产业结构调整、增加就业、改善民生更好地结合起来，在优化投资结构的基础上保持投资合理增长。把激活民间投资作为重点，落实好鼓励民间投资发展的各项政策，扩大市场准入，优化投资环境，引导和释放民间投资潜力，使民间投资的重要作用得到充分发挥。

（二）大力推进产业结构优化升级

近年来，山东积极实施高端高质高效产业发展战略，产业转型升级取得明显进展。但是，产业结构不合理仍是山东经济发展面临的一个突出问题。应进一步加大产业结构调整力度，加快建立结构优化、技术先进、清洁安全、附加值高、吸纳就业能力强的现代产业体系，全面提升山东产业竞争力。

加快推进山东产业结构优化升级，应着力抓好以下几个方面：一是加快发展服务业，促进产业结构由以工业经济为主向以服务经济为主转变。服务业一直是山东产业发展的"短板"，服务业增加值占GDP的比重明显偏低。2013年，山东服务业增加值占GDP的比重为41.2%，比全国平均水平低4.9个百分点。同时，山东服务业内部结构不合理，生产性服务业、新兴服务业比重低。应把推动服务业跨越发展作为山东产业结构优化升级的中心环节来抓，全面落实关于加快服务业发展的相关政策措施，着力加快发展信息、物流、金融、教育、研发、文化、旅游、养老、医疗以及各种新型商务服务业，推动山东服务业发展提速、比重提高、结构提升，促进山东三次产业结构由"二三一"向"三二一"转变。二是坚持改造提升传统优势产业和培育发展战略性新兴产业"双轮驱动"，加快推进工业结构调整。"大而不强"是山东工业发展面临的一个突出问题。20世纪90年代以来，山东进入重化工业快速发展阶段，逐步形成了以传统重化工业为主体的工业结构，产业层次不高，产品结构以初加工产品和低附加值产品为主，市场竞争力不强。同时，山东工业发展与资源环境之间的矛盾突出。加快工业结构调整，提升制造业竞争优势，是山东产业结构调整的突出任务。应坚持传统工业改造升级和战略性新兴产业培育"双轮驱动"，一方面，以提升产业层次和产品技术含量、培育名牌产品为导向，通过引导企业兼并重组和加强企业技术改造，加快轻工、纺织、机械、化工、冶金、建材等优势传统产业的转型升级，巩固扩大传统产业竞争优势；另一方面，以打造新的产业竞争优势为导向，加快培育发展新能源、新材料、新一代信息技术、生物技术、高端装备制造、海洋资源综合利用等战略性新兴产业，使其尽早成为山东制造业的先导性、支柱性产业。三是加快发展现代农业。山东农业在全国占有举足轻重的地位，农产品出口连续多年位居全国第一。人多地少、水资源短缺是山东农业发展面临的一个突出问题，应切实加快农业科技进步与创新，深入推进农业发展方式转变，在土地产出率、资源利用率、劳动生产率等方面实现新的突破，进一步提升山东主要农产品综合生产能力和农业可持续发展能力。加快构建新型农业经营体系，积极创新农业经营方式，培育农民合作社、家庭农场、专业大户等新型生产经营主体，提升农业规模化、产业化水平，增强山东农业发展活力。以绿色安全为导向，严格农产品质量安全标准，完善农产品质量安全监管体系，发展优质安全农产品，培育和打造绿色农产品品牌，提升山东农产品的市场竞争力。

（三）深入实施创新驱动发展战略

能否实现从资源要素投入驱动转向创新驱动是经济转型升级成败的重要标志。打造升级版山东经济，必须把科技创新摆在发展全局的核心位置，依靠创新驱动增强发展内生动力。近年来，山东积极实施创新驱动发展战略，不断提升科技创新能力。2012年，全省研究与发展（R&D）经费支出占GDP的比重提升到2.04%，居全国第四位，发明专利申请量和授权量分列全国第四位和第六位，高新技术产业产值占规模以上工业产值的比重达到29.11%。但是，总体来说山东自主创新能力仍然不够强，企业创新能力不足、自主知识产权少、自主品牌少仍然是制约山东经济转型发展的瓶颈。

必须深入实施创新驱动发展战略，推动科技与经济紧密结合，进一步完善以企业为主体、市场为导向、产学研相结合的技术创新体系，增强自主创新能力，引领和推动山东产业转型向纵深发展，加快实现由"山东制造"向"山东创造""山东设计""山东标准"的转变。一是强化企业创新的主体地位，提升企业科技创新能力。目前，山东企业创新活力仍然相对不足，2012年开展R&D活动的规模以上工业企业仅占总数的8.7%。应进一步强化企业在技术决策、研发投入、科研组织和成果转化中的主体地位，引导和鼓励企业建立技术研发机构，增加研发投入，提升技术创新能力，真正成为创新活动的主体和成果应用的主体。应加大对企业自主创新的政策扶持力度，加快培育一批集研发、设计、制造于一体的科技型骨干企业。二是深化产学研合作。加强省内科技创新资源的整合，积极发展形式多样的产学研合作技术创新和成果转化战略联盟,加快产业技术创新和科技成果向现实生产力转化。三是着力突破制约山东产业发展的重大关键技术。围绕山东传统产业改造升级的技术需求,加强共性技术研发与应用推广,强化节能减排科技支撑,提升产业研发设计能力、生产集约化水平和管理现代化水平。围绕山东战略性新兴产业发展的技术需求,集中力量攻克新信息、新材料、新能源、新药创制、高端装备、海洋新兴技术等重点领域的重大关键技术,提升山东战略性新兴产业发展的技术优势和核心竞争力。四是加强科技创新平台建设。依托本省有实力的重点企业、高等院校和科研机构,强化外引内联、合作共建、整合提升,在重要行业和关键领域建设一批省级创新平台。五是营造有利于创新能力提升的政策环境。完善和落实激励企业创新的优惠政策,加大企业研发费用加计扣除、高新技术企业税收优惠、固定资产加速折旧等政策的实施力度;积极发展风险投资、技术交易、信息服务、人才服务等创新服务业,充分发挥资本市场对创新创业的支持作用;加强知识产权保护,形成激励创新的良好法治环境;完善人才培养、引进、使用机制,加强高层次创新人才和高技能人才的引进和培养,打造高素质的创新创业人才队伍。

(四)加大统筹城乡协调发展力度

山东城乡发展不协调问题依然相当突出,进一步加大统筹城乡发展的力度,构建城乡一体化发展新格局,是打造升级版山东经济面临的一项重要任务。

统筹城乡发展的实质是使城乡居民拥有平等的发展机会,享受均等的基本公共服务,促进城乡关系由城乡分割的传统二元经济社会结构向城乡一体化的一元经济社会结构转变。加大统筹山东城乡发展力度,就是要进一步完善城乡发展一体化体制机制,把推进新型城镇化和新农村建设有机地结合起来,形成城乡互动、协调发展的良好格局。一是进一步完善城乡发展一体化体制机制。坚持"五个统筹",统筹城乡发展规划、统筹城乡产业发展、统筹城乡生产要素市场发展、统筹城乡公共服务、统筹城乡社会管理,构建"以工促农、以城带乡"的体制和机制,促进城市与乡村一体化发展、共同繁荣。二是着力提升城镇化发展质量和水平。城镇化是推进城乡统筹发展的重大战略,要坚持以"人的城镇化"为核心,以提升产业支撑能力和城镇承载能力为重点,转变城镇化发展方式，完善城镇化发展格局，促进人口、产业及各类要素资源合理集聚；坚持大中小城市和小城镇协调发展，巩固提升济南、青岛两大省域核心城市的产业竞争力、综合服务功能和辐射带动力，加快培育一批区域性中心城市，积极推动县域中小城市和小城镇建设；深化户籍制度改革，有序地放开设区城市市域范围户口迁移限制，全面放开县域城镇落户限制，有序推进农业转移人口市民化。三是加强社会主义新农村建设。加快社会主义新农村建设是解决"三农"问题、缩小城乡发展差距的重大举措，是统筹城乡发展的关键环节。作为一个农业大省，山东"三农"问题突出，在新阶段应坚持工业反哺农业、城市支持农村的方针，通过加强农村发展体制机制创新、建立城乡要素平等交换机制、统筹推进城乡基础设施建设和基本公共服务均等化、加快农村新型社区建设等举措，改善农村生产生活条件、促进农村产业发展、拓展农民增收渠道，使山东新农村建设不断迈上新台阶。

（五）构建"两区一圈一带"区域协调发展新格局

近年来，山东大力实施重点区域带动战略，区域协调发展取得积极进展。但是区域发展不平衡、不协调问题尚未得到根本解决，统筹区域发展的任务仍很艰巨。2013年8月《省会城市群经济圈发展规划》和《西部经济隆起带发展规划》发布实施，山东区域发展总体战略得到进一步优化和完善。应以深入实施"蓝黄"两大国家级区域发展规划为引领，着力加快省会城市群经济圈和西部经济隆起带建设，推进从行政区经济向经济区经济的转变，加快构建山东"两区一圈一带"区域协调发展新格局。

按照"面上推开、点上突破、融合互动"的思路，统筹推进"两区一圈一带"区域发展，引导全省生产力合理布局，逐步实现各区域分工协作、优势互补、协调发展。一是推进"蓝黄"两区一体化发展。山东半岛蓝色经济区和黄河三角洲高效生态经济区两大国家级区域规划实施以来，已经成为山东经济发展的重要战略引擎，对于全省经济发展发挥了重要引领带动作用。但是，"蓝黄"两区在地理空间上存在11个县（市、区）的重叠，发展主题也存在相近之处，两区建设实践中存在多头管理、重复建设、同构竞争等问题，因此，推进"蓝黄"两区一体化发展已成为一个重要现实问题。应在继续加快推进"蓝黄"两区建设的同时,积极探索两区一体化发展路径,更好地发挥"蓝黄"两区对全省经济发展的引领带动作用。二是强化省会济南的核心地位,加快省会城市群经济圈建设。省会城市群经济圈承东启西,在山东区域发展总体格局中作用突出。省会城市群经济圈是典型的核心带动、圈层推进、效应扩散的城市群发展模式,增强核心城市济南的龙头带动作用是加快省会城市群经济圈发展的关键所在。应着力加快省会济南的发展,构建以现代服务业和高端制造业为主体的产业结构,完善城市综合功能,使济南尽快成为具有较强国内竞争力和国际影响力的区域性经济中心、现代化省会城市。同时,加强圈内各市之间的对接融合、合作发展,深入实施发展规划、基础设施、要素市场、生态建设、公共服务"五个一体化",逐步实现圈内各市之间高度融合协调发展。三是加快西部经济隆起带建设,培育山东经济发展新引擎。西部经济隆起带自然资源和文化资源丰富,产业体系相对完备,后发优势明显。西部经济隆起带建设,应着力增强区域性中心城市和重点城镇功能,促进城乡融合、产城融合、经济文化融合,培育一批区域经济发展"增长极",以"点"的突破带动区域整体的跨越发展。在产业发展、基础设施建设、科技创新、人力资源开发等方面加大对西部经济隆起带的政策扶持力度,使地处鲁苏豫皖冀五省交界的山东西部地区加快崛起,成为山东经济发展的新引擎。

(六)加强"生态山东"建设

建设"生态山东""美丽山东",需要进行长期的艰苦努力。应加快建立完善生态文明制度体系,积极构建符合可持续发展要求的生产生活方式,加强资源节约、节能减排、生态建设和环境污染防治,走出一条绿色发展之路。

一是实施主体功能区战略,优化国土空间开发布局。主体功能区战略侧重于处理国土资源开发与保护的关系,主要目的在于通过控制国土开发强度,增强可持续发展能力。山东省主体功能区规划已于2013年发布实施。应进一步完善不同主体功能区发展绩效考核办法和利益补偿机制,引导全省各地区严格按照主体功能定位推进发展。二是着力推进山东产业发展向绿色、循环、低碳方向转型。在加快产业结构调整升级的同时,扎实推进全国循环经济试点省建设,健全完善支持循环经济发展的政策体系,大力开展企业清洁生产和生态工业园区建设。三是加强节能减排和环境污染防治。围绕"调结构、控新增、减存量",扎实推进污染物总量减排。进一步严格污染物排放标准,加强工业污染防治、重点流域水污染防治、土壤污染防治和城乡环境综合整治。建立区域大气污染联防联控机制,实行区域煤炭消费总量控制,突出抓好大气污染治理。严格控制海域污染和陆源污染源,保护好海洋生态环境。四是加强生态建设与保护。划定和严守耕地、森林、湿地生态和海洋生态红线,维持和恢复重要生态系统的生态服务功能。深入开展城乡造林绿化,进一步提高山东森林覆盖率,建设"绿色山东"。五是完善有利于资源节约和环境保护的制度体系。结合山东实际,建立健全节约能源、保护生态环境、发展循环经济等重点领域的法规制度,为生态文明建设提供可靠的制度保障。建立和完善多元化环保投融资机制,引导和促进各类社会资本参与"生态山东"建设。健全和完善环境经济政策体系,利用经济手段促进资源节约利用、生态环境保护、绿色产品开发和消费。探索建立生态补偿机制,明确生态补偿重点领域,完善生态补偿政策和方式。

(七)培育开放型经济发展新优势

进一步深化山东对外开放,既是促进经济发展的需要,也是促改革促转型的需要。贯彻落实党的十八届三中全会精神,把改革的攻坚领域与开放的重要环节紧密结合起来,加快涉外经济体制改革、创新,构建开放型经济新体制,培育山东开放型经济发展新优势,切实提高开放型经济发展水平和质量,是推进山东经济转型升级的必然选择。

培育山东开放型经济发展新优势,需要着力在以下方面实现新突破:一是进一步扩大对外开放领域。改革开放以来,山东很好地抓住了国际制造业跨国转移的机遇,推动了制造业的结构升级和竞争力提升。但是,山东服务业开放程度不高,竞争力弱,成为经济发展中明显的"短板"。服务业大规模跨国转移已成为经济全球化的新特征,国际直接投资向服务业转移的趋势越来越明显。山东应积极抢抓服务全球化、服务贸易自由化的机遇,在提升制造业利用外资水平的同时,把扩大服务业开放作为新阶段深化对外开放的战略重点,进一步放开服务业领域外资准入限制,扩大服务业利用外资领域,提升服务业利用外资的数量和水平。二是培育外贸发展新优势。在国际竞争日趋激烈、国内生产要素成本不断上升、资源环境约束日益强化的背景下，传统的规模扩张型外贸发展模式已经不可持续。山东应着力推进企业自主创新和产业结构优化升级，培育产业竞争新优势，提高在国际产业分工中的地位，促进外贸结构优化，尽快实现外贸发展从依靠成本优势向以人才、资本、技术、服务、品牌为核心的综合竞争优势转变。三是创新对外投资管理体制，积极扩大对外投资。扩大对外投资是开放型经济转型升级的必由之路。近年来，山东对外投资增长迅速，对外投资额位居全国前列。应积极推进对外投资管理体制改革，加快实施"走出去"战略，推动更多的企业和个人到境外开展投资合作，支持有条件的企业全球布局产业链，增强企业国际化经营能力。四是积极争取设立自由贸易园（港）区。我国在推进中国上海自由贸易试验区建设的基础上，将选择若干具备条件的地方发展自由贸易园（港）区，作为构建开放型经济新体制的重要试验窗口。山东作为国家确定的中日韩地方经济合作示范区，应积极争取在一个较小的地域范围内设立重点面向日韩的自由贸易园（港）区，在外商投资管理体制与模式创新、推进投资贸易便利化等方面先行先试，辐射带动更大地域范围的对外开放。五是深度参与国际区域合作。近年来，我国加快实施自由贸易区战略，积极构建以周边为基础、面向全球的自由贸易区网络，拓展改革开放和国民经济发展空间。目前，我国已签署12个自由贸易协定。山东应抓住我国加快自贸区建设的有利机遇，深度参与国际区域合作。特别是要充分发挥毗邻日韩的区位优势，争取尽快在中日韩地方经济合作示范区建设上实现突破，深化与日韩的合作。此外，山东作为新亚欧大陆桥的"东桥头堡"省份，应积极依托新亚欧大陆桥拓展与中亚、欧洲之间的经贸合作。

（八）以深化改革激发经济发展活力

深化改革是解决经济社会发展深层次矛盾和问题、加快经济转型的根本出路。要紧密结合山东实际，抓好中央重大改革措施的细化和落实，发挥经济体制改革的牵引作用，全面深化、统筹推进重要领域和关键环节的改革，进一步释放改革红利，为打造升级版山东经济提供体制机制保障。一是深化行政管理体制改革。按照政企分开、政资分开、政事分开、政社分开原则，加快政府职能转变,使政府的经济职能转向提供良好的基本公共服务和创造良好的市场环境上来。进一步推进行政审批制度改革,清理压减行政审批事项,加大向市场放权的力度,为企业松绑,用政府权力的"减法",换取市场活力的"加法",搞活微观经济基础,增强市场主体的活力和创造力。二是深化国有企业改革。深化国有企业改革和国有经济战略性调整,支持和鼓励非公有制企业参与国有企业改革,积极发展混合所有制经济。三是加快完善现代市场体系。深化资源要素配置市场化改革,充分发挥市场在资源配置中的决定性作用,引导要素资源优化配置和集约利用。积极推进财税体制和金融体制改革,加大财政、金融对经济转型升级的支持力度。建立城乡要素平等交换机制,促进城乡协调发展。四是着力构建各类市场主体公平竞争的市场环境。坚持公有制经济和非公有制经济共同发展、共同繁荣,加快完善市场机制,形成公平竞争的市场环境,使各类市场主体的发展活力和创新潜能充分释放出来。五是加快推进社会事业改革。深化收入分配制度改革,优化国民收入分配格局,规范收入分配秩序;加大对个人收入的调节力度,防止贫富差距的继续扩大。推动社会保障制度改革,扩大各类社会保险覆盖范围,逐步提高统筹层次和保障水平。健全促进就业创业的体制机制,促进劳动力充分就业。六是加快构建推动科学发展的政绩考核机制。正确的政绩导向,对于加快经济转型、推动科学发展至关重要。干部政绩考核,既要重视经济发展速度和规模,更要重视经济增长质量和效益。要进一步完善政绩考核机制,把结构优化、自主创新、资源节约、环境保护、就业和民生改善等指标纳入干部政绩考核指标体系,对广大干部形成合理有效的激励约束机制,使积极推进经济发展方式转变成为山东各级党委和政府的自觉行动。

B.2
2013~2014年山东经济运行的统计分析

杨渊蘅 董晓青*

摘　要：

2013年，山东省围绕"稳增长、调结构"的经济发展主线，积极应对世界经济低迷的不利影响，全省经济运行平稳，主要指标保持在合理区间。2014年，山东省面临的国内外形势依然复杂多变，经济发展的挑战与机遇并存。全省应坚持稳中求进的工作总基调，把改革创新贯穿于经济发展各个领域、各个环节，着力激发市场活力，加快转方式、调结构，不断增强经济发展内生动力，扎实推进"十二五"规划，努力实现经济平稳健康发展。

关键词：

山东经济　运行态势　走势展望　对策建议

一　2013年以来山东经济运行态势

2013年，面对复杂严峻的国内外形势，山东省深入贯彻落实党的十八大和十八届二中、三中全会精神，以科学发展观为统领，坚持稳中有进、稳中有为、稳中提质，紧紧围绕主题主线，稳增长、控通胀，着力推动经济转型升级，全省经济运行稳定，没有出现大的波动，生产比较平稳，需求逐步回暖，经济效益提高。初步核算，2013年前三季度全省实现地区生产总值39601.7亿元，按可比价格计算，同比增长9.6%。其中，第一产业增加值3197.7亿

---

* 杨渊蘅、董晓青，山东省统计局。

元,同比增长3.0%;第二产业增加值20255.8亿元,增长10.9%;第三产业增加值16148.2亿元,增长9.1%。

(一)农业形势总体稳定

2013年,全省各级认真贯彻落实中央1号文件和全省农村工作会议精神,加大农业投入,落实各项惠农政策,切实提高农民生产积极性。全年粮食生产再获丰收,畜牧业扭降转升,渔业生产平稳发展。前三季度,全省农林牧渔业增加值3197.7亿元,比上年同期增长3.0%,增速比上半年提高0.1个百分点。粮食生产实现"十一连增"。尽管秋粮受气候因素影响有所减产,但由于夏粮丰收,全年粮食总产量仍比上年略有增长,达到905.64亿斤,比上年增长0.4%。其中,夏粮产量443.88亿斤,同比增长1.8%;秋粮产量461.76亿斤,同比下降1.0%。畜牧业生产走出低谷。7月以来,随着畜产品价格持续上涨,养殖户开始持续盈利,畜牧业生产逐步走出困境,呈现出稳步向好的发展态势。前三季度,生猪存栏同比增长2.5%,出栏同比增长2.4%,猪粮比价达到6.51∶1,连续12周位于6∶1的盈亏线之上。禽类生产随着疫情的消退和需求的提振逐渐回暖,肉鸡价格比全年最低时上涨16.7%,鸡蛋价格达到近三年来的最高点,养殖户补栏意愿较强。渔业生产保持稳定,水产品产量507.6万吨,同比增长2.9%。

(二)工业生产呈现企稳回升态势

2013年,全省工业积极化解需求低迷、产能过剩、成本上升等不利因素影响,规模以上工业生产实现平稳增长。特别是第三季度以来,工业增加值月度增速稳健上行。前三季度,全省规模以上工业增加值增长11.2%,增速同比提高0.2个百分点。其中,第三季度增加值同比增长11.0%,比第二季度提高0.2个百分点,月度增速由6月的9.8%逐月提升至9月的11.4%,呈现出较为明显的企稳回升态势。前三季度重工业生产明显加快,增加值同比增长11.9%,快于规模以上工业增速0.7个百分点,同比提高1.0个百分点,与上半年增速持平。行业增长面扩大。在41个工业行业大类中,有38个行业增加值实现增长,增长面达到92.7%,比上半年提高2.5个百分点。其中,19个

行业增速超过全省平均水平，10个行业实现15%以上的较快增长。骨干企业增势转好。全省5349家规模以上大中型企业增加值增长9.5%，同比提高2.0个百分点，比上半年提高0.7个百分点。部分重点骨干企业逐步摆脱困境，中国重汽、西王集团、潍柴动力、北汽福田产值增速由降转增，胜利油田、兖矿集团、莱钢集团、枣庄矿业产值降幅明显收窄。

（三）投资保持平稳较快增长

2013年，全省按照转型升级的总体要求，强化投资调控和引导，加快推进结构调整，积极破解要素制约，增强投资增长的内生动力，投资运行态势平稳。前三季度，完成固定资产投资25092.1亿元，同比增长20.1%，增幅比上半年提高0.1个百分点，继续保持在平稳较快增长区间。一是新开工项目强力支撑投资增长。新开工项目23508个，同比增长34.9%，增幅比上半年提高10.9个百分点。二是投资资金较为充裕，为投资增长提供了有力保障。资金合计31035.5亿元，同比增长23.0%，快于投资增速2.9个百分点。三是基础设施投资力度加大。完成投资2998.7亿元，同比增长34.2%，占全部投资的比重为12.0%，同比提高1.3个百分点。四是改建和技术改造投资快速增长。完成投资6137.8亿元，同比增长31.8%，占全部投资的比重为24.5%，同比提高1.7个百分点。五是民间投资贡献率提高。完成投资20246.8亿元，同比增长21.5%，对全部投资增长的贡献率为85.3%，同比提高0.6个百分点，比上半年提高4.5个百分点。

（四）国内外贸易稳中趋好

2013年，全省积极应对外需不振、内需减弱等挑战，着力稳定外需扩大内需，对外巩固传统市场、拓展新兴市场，对内引导消费、保障消费，内外贸易均呈现稳中向好发展态势。从国内贸易看，前三季度，全省社会消费品零售总额15543.7亿元，同比增长13.1%，增速比上半年提高0.1个百分点。其中，第三季度增长13.3%，比第二季度提高0.1个百分点，运行态势较为平稳。一是乡村市场发展加快。乡村市场零售额3068.8亿元，同比增长13.6%；城镇市场零售额12475.0亿元，同比增长13.0%。二是批零业增势稳定，住餐业低位增长。批发和零售业零售额13874.6亿元，同比增长13.5%。住宿和餐饮业零售额1669.2亿元，同比增长10.1%，增速同比回落5.3个百分点。三是刚性需求增势平稳。限额以上粮油、食品、饮料、烟酒类商品零售额同比增长16.3%，服装、鞋帽、针纺织品类商品同比增长14.9%。金银珠宝类商品同比增长40.9%，建筑及装潢材料类商品同比增长20.9%，家用电器和音像器材类商品同比增长17.7%，汽车类商品同比增长13.4%。从对外贸易看，前三季度实现进出口总额1920.8亿美元，同比增长6.4%，增速比上半年提高1.0个百分点。其中，出口955.0亿美元，同比增长2.3%，比上半年提高0.3个百分点；进口965.8亿美元，同比增长10.8%，比上半年提高1.8个百分点。从月度情况看，出口增速连续三个月回升。

（五）物价总水平保持平稳

2013年，全省各类价格总体保持稳定。前三季度，居民消费价格同比上涨2.2%，涨幅比上半年略高0.1个百分点。八大类消费品及服务项目价格七涨一跌，食品、衣着、居住、医疗保健和个人用品、娱乐教育文化用品及服务、烟酒及用品、家庭设备用品及维修服务价格类分别上涨4.5%、3.5%、1.4%、1.0%、0.9%、0.4%和0.3%，交通和通信价格下降0.7%。从月度变化看，7、8、9月居民消费价格环比分别上涨0.2%、0.4%和0.4%，呈现小幅上涨的态势。其中，食品价格环比分别上涨0.3%、1.2%和0.8%，是拉动总指数上涨的主要原因。工业生产者价格降幅继续收窄。前三季度，出厂价格和购进价格均同比下降1.8%，降幅分别比上半年收窄0.1和0.3个百分点。从月度变化看，8月、9月两类价格环比均持平略增，终止了4月以来的下降势头，工业价格形势逐渐回暖。

（六）财政金融形势基本稳定

2013年，随着全省经济稳中有进的向好发展，财政收支保持平稳增长，收入质量稳步提高，支出继续向重点领域和民生保障方面倾斜。前三季度，全省公共财政预算收入3481.8亿元，同比增长11.0%。其中，税收收入2608.3亿元，同比增长15.7%，占财政收入的74.9%，比上半年提高0.9个百分点。

公共财政预算支出4375.5亿元,增长13.4%。其中,支持经济发展和环境改善的相关支出,以及部分民生支出增幅较高。科学技术、节能环保、城乡社区事务、国土资源气象等事务支出同比分别增长17.8%、42.8%、25.2%、36.4%;社会保障和就业、医疗卫生支出分别增长16.4%、16.5%,高于全省支出平均增幅。金融市场运行稳健。9月末,全省金融机构本外币存款余额62803.5亿元,同比增长17.2%;比年初增加7362.4亿元,多增761.6亿元。9月末,金融机构本外币贷款余额46872.8亿元,同比增长11.5%;比年初增加3846.1亿元,少增637.6亿元。

(七)收入就业状况稳中有升

2013年,全省切实以提高经济增长质量和效益为中心,从增强实体经济竞争力入手,努力稳定就业、增加收入。一是工业经济效益逐步缓升。前三季度,规模以上工业实现利润6018.7亿元,同比增长12.1%,增幅同比提高6.1个百分点,比上半年提高2.0个百分点;实现利税9596.5亿元,增长10.6%,增幅同比提高2.7个百分点,比上半年提高1.2个百分点。二是居民收入水平稳步提高。前三季度,城镇居民人均可支配收入20780元,同比增长9.7%,去除价格因素实际增长7.5%。农民人均现金收入10372元,增长12.5%;扣除价格因素实际增长9.8%,比上半年提高0.3个百分点。三是就业形势良好。前三季度,全省城镇新增就业100.8万人,同比增长1.6%;农村劳动力转移就业119.8万人,增长0.1%,完成年度计划的99.8%。城镇登记失业率3.28%,同比下降0.05个百分点。

总体来看,2013年山东省经济保持平稳较快增长态势,但影响经济发展的不稳定、不确定因素依然较多,经济企稳回升的基础尚不稳固,在发展中也出现了一些不容忽视的问题。

1. 农业生产面临的问题

一是秋粮及棉油产量全面减产。2013年尽管秋粮播种面积略有扩大,但受降雨分布不均衡、光照不足等气候因素影响,秋粮单产、总产均比上年减少。棉花受价格持续低迷以及洪涝和高温干旱影响,面积、单产、总产均有减少。油料作物生产同样也受到气候条件差的不利影响,总产有所下降。这对后期居民消费价格产生不利影响。二是畜牧业生产波动周期缩短。近一两年，受供求关系、食品安全和疫病等因素影响，畜牧业波动周期明显缩短，半年时间就可能出现一次大的波动，严重损害了养殖户的利益，影响了畜牧业的平稳健康发展。

2. 工业生产面临的问题

一是轻工业生产持续回落，增速跌至两年来新低。前三季度，全省规模以上轻工业增加值增长9.8%，增速低于规模以上工业1.4个百分点，比上半年和一季度分别回落0.2和0.7个百分点。二是重点产品产量增长面偏低。自2012年工业经济放缓以来，山东省重点产品产量增长面一直处于较低水平。2013年前三季度，全省重点调度的120种工业产品中，有74种产量实现增长，增长面为61.7%，比上半年回落4.1个百分点，远远低于80%的正常水平。三是部分高耗能行业产品增速加快，给节能降耗带来较大压力。前三季度重点统计的17种主要高耗能产品中，生铁、粗钢、发电量、焦炭、原油加工量、水泥、平板玻璃产量增速均比上半年有不同程度的加快。四是生产经营成本不断攀升，挤压了企业盈利空间。受资金、用工等生产要素成本上升影响，全省规模以上工业企业生产经营成本居高不下，严重挤占了企业的盈利空间。前三季度，全省规模以上工业主营业务成本84150.1亿元，同比增长13.6%，增幅高于主营业务收入1.4个百分点。从单位成本看，前三季度，全省规模以上工业企业每百元主营业务收入中的成本为86.8元，高于2012年同期水平1.1元。

3. 服务业发展面临的问题

一是交通运输业增速持续回落。公路客货周转量增速逐季走低，由一季度、二季度的6.4%、5.6%降至三季度的2.5%；水路客货周转量由增转降，从一季度、二季度增长9.6%、3.7%，转为三季度下降3.8%；铁路客货周转量仍处于下降区间，三季度下降2.4%；港口货物吞吐量缓慢下行，前三季度增长10.6%，比一季度、上半年分别回落2.1和0.3个百分点。二是房地产投资增速持续回落。前三季度增长13.8%，比一季度、上半年分别回落1.4和0.3个百分点，房地产投资占固定资产投资的比重由一季度17.3%降至15.3%。三是住宿餐饮业仍处于低速运行态势。前三季度住宿餐饮业零售额同比增长10.1%，增速回落5.3个百分点，低于批零业3.4个百分点。其中，以中高档为主的限额以上住餐业仍处于向大众消费转型的过程中，基本在3%左右的区间低速运行。

4. 需求方面面临的问题

一是生产与消费价格持续走低,市场活跃度不足。从生产领域看,前三季度工业生产者购进、出厂价格均下降1.8%,仍处于下降空间,显示当前工业品市场需求不足的状况尚未有实质性改善。从消费领域看,非食品价格月度同比涨幅缓慢下行,由年初上涨1.2%回落到8月份的0.9%,显示居民除食品外的消费需求仍不足。二是外贸出口增长缓慢。进入三季度以来,以欧美日韩为主的出口市场出现一定恢复,但仍处于低迷状态,前三季度对美国出口仅增长2.8%,对欧盟、日本、韩国出口分别下降3.7%、5.7%和6.8%。外贸出口低速增长,前三季度增长2.3%,均略好于上半年,但比一季度仍低1.3个百分点,低于全国平均增速5.7个百分点,与全年预期增长7%的目标差距较大。

总之,2013年是全面贯彻落实党的十八大精神的开局之年,也是在增长阶段转换背景下加快发展方式转变的关键之年。面对错综复杂的国内外形势,山东认真学习、贯彻、落实党中央和国务院一系列决策部署,坚持稳中求进、稳中有为、稳中提质,实施一系列既利当前、更益长远的政策措施,统筹做好调结构、稳增长、促改革、惠民生各项工作,不断创新宏观调控方式,更加注重以调整结构、深化改革增强经济增长内生动力,全省经济继续保持平稳增长态势,结构调整加快推进,转型升级步伐加快,质量效益逐步提升,城乡区域统筹发展,为今后经济的持续发展打下了比较好的基础。

二 2014年山东经济走势展望

展望2014年,从国际上看,全球经济复苏势头将进一步强化,我国经济发展的外部环境趋于改善,但不稳定、不确定因素依然存在;从国内看,支撑经济发展的基本面没有发生根本变化,保持经济稳定增长的动力依然较强,特别是在党的十八届三中全会、中央经济工作会议和中央城镇化工作会议等精神的指引下,存在着政策效应释放、改革深入推进等利好因素。但我国经济仍将处于调整期,周期性、阶段性调整仍未完全到位,特别是工业经济面临需求与供给双重约束重叠交织的复杂局面,一些结构性矛盾和潜在风险进一步凸显。

在这样的国内外经济发展大环境下，可以说，2014年全省的经济发展，不利因素和有利因素并存，挑战与机遇同在。

（一）全球经济温和回暖，外需状况将小幅改善

从世界银行等诸多机构的预测来看，2014年全球经济可能好于2013年。2014年，发达经济体有可能继续缓慢复苏，成为全球经济回暖的主要动力，经济发展的总体态势将逐渐趋稳。总体来看，2014年我国出口有望略好于2013年。目前，美国就业状况逐步改善，房地产和汽车消费逐渐回暖，经济复苏明显，据IMF预测，2014年美国经济增长有望达到2%左右。欧盟正逐步走出债务危机引发的经济衰退，除核心国德国经济回升态势明显外，第二大经济体法国也在逐渐好转。欧盟统计局发布的初步统计数据显示，2013年第三季度欧盟经济实现正增长，经济持续复苏。有关专家预测，欧盟2014年将延续这一态势，并推动全球市场信心改善。美欧经济复苏，有助于通过出口渠道促进我国经济企稳，有利于我国出口的继续回升。有关专家预计2014年我国出口增速为8%~9%，外需状况将小幅改善。据"环球资源"一项针对529家中国出口商所做的调查显示，超过65%的受访供应商预计2014年上半年的出口收益将比2013年同期有所增长。该项调查涵盖电子产品、服装及时尚配件、家居用品、五金及DIY产品、汽车零配件及礼品等多个行业。从2013年的统计数据来看，我国临近年末出口形势继续向好，出口仍保持较好的增长态势。从山东省的统计数据看，自2013年下半年开始，外贸形势也明显向好，主要出口市场陆续转暖。1~11月，全省进出口总额2397.4亿美元，增长7.4%，增速比1~10月加快1.0个百分点；全省对美国出口增长4.8%，比1~10月回升0.3个百分点；对欧盟出口由1~10月下降1.1%转为增长1.6%。2014年外围经济的持续好转，将为我国及山东省的出口继续回升创造良好环境，出口增长态势有望继续延续下去。

（二）改革正在加码，将助推经济稳定增长

党的十八届三中全会，除了在很多技术层面上进行了广泛的改革设计之外，在思想认识和原则层面上也有了两个重要的突破：一是，第一次明确提出

市场在资源配置中起决定性的作用。十八大以前的表述是起基础性作用,从基础性作用上升到决定性作用,在认识上是一个很大的飞跃。二是,非公有制经济被提到了更为重要的地位。全会提出要激发非公有制经济的活力和创造力,首次强调,公有制经济和非公有制经济都是社会主义市场经济的重要组成部分,把两者放到了同等重要的位置上,等量齐观、并列对待,强调的是共同发展,让国有经济和非公有制经济各自发挥自己不同的作用。三中全会使得整个经济体制改革继续向着市场化、更加开放、更加自由的方向发展。这种转变,特别是2013年以来已经推出的简化和下放行政审批权等多项改革措施,对于刺激私人投资信心的增强、私人投资活动的增加等,必将产生积极的作用和影响。

2013年12月13日闭幕的中央经济工作会议和中央城镇化工作会议,为我国2014年的宏观经济政策明确了稳中求进、改革创新的核心基调。分析人士认为,2014年改革将从容易获得社会广泛共识、步骤明确、阻力较小的领域着手,以尽快产生改革红利,增强进一步改革的动力。预计我国2014年改革进度较快的领域有金融、社会保障体制、生态体制等。受益于改革红利的持续释放,2014年经济增长质量将继续提高,经济增速依然可以适度乐观。特别是关系到新型城镇化建设和农村改革的土地改革,将赋予农民更多财产权,有利于推进城乡要素平等交换、促进农业规模化经营、提升农业生产效率及引导工商资本向农业输入现代生产要素和经营模式,同时也会逐步消除农村经济发展的制度障碍。

按照中央对2014年经济工作的部署,结合山东省实际,2014年山东省经济"转方式、调结构",将在农业的增创发展、工业的转型升级、金融的改革发展、区域的协调发展等方面凸显"四大"新的增长空间,经济增速将出现积极变化。

(三)市场预期转好,企业家信心普遍回升

2013年以来,我国通货膨胀压力得到缓解,居民消费价格指数(CPI)始终控制在3.5%以内。在这种背景下,我国有空间继续实施积极的财政政策和稳健的货币政策。2013年以来,中央进一步明确了经济增长的目标范围,并出台了对应的政策,有力地增强了市场信心,提高了企业的投资意愿。中国人民银行发布的《2013年第四季度企业家问卷调查报告》显示,2013年第四季度,企业家信心指数达到65.9%,较第三季度上升了3.1个百分点,较2012年同期上升了5.5个百分点。同时,企业经营景气指数为58.1%,较第三季度上升了1.8个百分点。

(四)经济基本面依然较好,内需增长仍有广阔空间

如前所述,2013年在"稳增长、调结构、促改革"的主基调下,国家及山东省陆续推出各种稳定经济增长的政策措施,全省经济总体上保持了平稳运行的良好态势,经济基本面依然较好。总体来看,目前山东省仍处于工业化、城市化进程中,消费结构不断升级,居民收入持续增长,内需增长仍有广阔空间。从消费方面看,近几年,山东省居民消费不断升级换代,消费结构处于向更高层次转化中。一是住房消费高速增长,需求持续强劲。二是汽车消费逐渐取代家用电器成为新一代领航消费品。三是教育、文化娱乐等消费规模和层次不断提高。四是旅游休闲消费成为新的消费增长点。五是绿色、健康导向的消费成为人们的新型消费要求。六是年轻人口、特别是具有较新消费观念和模式的"80后""90后"数量的迅速增加助推了消费结构升级。从投资看,山东省在轨道交通、环境治理、保障房建设和公共设施建设等方面都存在着较强的投资需求,投资将继续为稳增长提供重要支撑。

(五)外部环境的不确定性仍然存在,可能拖累山东省经济发展

多种迹象表明,虽然2014年的世界经济仍将延续缓慢复苏态势,但仍然存在多种不稳定和不确定的因素。一是新兴经济体增长势头明显放缓。2013年金砖国家中的巴西、印度和南非GDP增长均达到近年来的低点。近年来,山东省不断加快出口商品结构的适应性调整和战略性调整,国际市场更加多元化,新兴经济体在其中已占据重要地位,其经济减速对山东出口也有较大影响。二是发达国家政策调整带来的不确定性。2013年12月18日,美联储宣布,从2014年起将每月购债规模从850亿美元削减至750亿美元。市场普遍

认为,这标志着实施了 5 年的量化宽松(QE)政策将逐步退出。美国是山东省最大的贸易伙伴,QE 缩量会通过贸易渠道对山东省产生间接性的影响,外贸行业有可能面临更大的困难。有关专家认为:一方面,QE 缩量导致债券收益率上升、信贷收紧,进而使得主要新兴经济体如印度、俄罗斯、南非、巴西和墨西哥等内需放缓,中国对这些国家的出口可能会受到影响;另一方面,部分新兴经济体的汇率大幅贬值,会增强其出口产品的国际竞争力,导致山东省出口竞争力相对下降。三是日本经济刺激效应缩减。受益于积极的财政和货币政策,2013 年日本经济逐步走出通货紧缩,但"安倍经济学"中最重要的措施——结构性改革却难见成效,加上 2014 年提高消费税的负面影响,导致 2014 年日本的预期经济增速有所下降。因此,2014 年山东省对日贸易难有明显改观。

(六)结构调整仍未到位,经济依然存在着下行压力

从长期趋势来看,目前我国经济仍处于调整期,山东省的经济结构调整也远未到位,经济回升基础尚不稳固,依然存在着下行压力。一是企业生产经营面临一些困难,且短期内难以缓解。劳动力成本持续上升,税负水平较高,融资难、融资贵问题凸显,产能过剩矛盾难解等,这些困难和问题,短期内难以有效化解,2014 年企业总体经营效益仍会受到影响。二是投资保持稳定较快增长仍面临一些制约因素。土地、资金、环境等要素制约依然存在,特别是房地产市场运行的不确定性增加。随着房产税的试点范围扩大和一些三、四线城市房地产市场的泡沫遭到挤压,房市面临一定下行压力。三是城乡居民收入增速减慢。与同处沿海地区的广东、浙江、江苏三省相比,山东省城乡居民收入水平相对偏低,从而造成山东省的消费水平较低,成为制约山东省经济持续良性发展的因素。

综合分析 2014 年国内外经济形势大环境,影响山东省经济发展的宏观环境依然错综复杂,既面对严峻挑战,又面临新的机遇。我们认为,2014 年只要坚持"稳中求进、改革创新"的总基调,巩固 2013 年以来稳中向好的发展态势,全省经济运行有望延续平稳发展势头。

三 2014年山东经济发展的对策建议

2014年，山东省应坚持稳中求进的工作总基调，综合分析、科学研判山东省经济发展所面临的机遇和挑战，着力激发市场活力，加快转方式调结构，不断增强经济发展内生动力，扎实推进"十二五"规划，努力实现经济平稳健康发展。

（一）坚持"三个导向"，确保农业的基础地位不动摇

山东是农业大省，也是我国第三产粮大省，农业发展基础好、规模大、产业化水平高。2013年山东省实现了历史性的粮食总产"十一连增"，总产量达到905.64亿斤。整体上看，山东省以占全国1.08%的水资源，灌溉了占全国5.48%的耕地，生产了占全国7.7%的粮食。现阶段，山东省农业面临由大到强转变的严峻任务，在扩大粮食种植面积、提高单产水平、耕地保护等方面的难度越来越大。习近平总书记在视察山东时提出的要求为山东省农业发展指明了方向。今后，山东省要更加重视"三农"问题，采取有效措施促进农业发展方式转变，大力鼓励家庭经营、集体经营、合作经营、企业经营等农业经营方式创新；更加注重农产品质量和食品安全，抓好粮食安全保障能力建设，确保农业的基础地位不动摇。

（二）进一步调整产业结构，促进三次产业优化升级

经济结构战略性调整仍然是今后较长的一个时期内山东经济工作的主线，要继续打好结构调整优化升级攻坚战，坚持腾笼换鸟，努力在调整优化经济结构上取得新突破，进一步加大保增长与调结构的结合力度，把产业结构的优化调整作为转变经济发展方式的重中之重，着力构建以高新技术产业为先导、以基础产业和制造业为支撑、服务业全面发展的现代产业体系。大力提升服务业发展水平，重点发展现代服务业，壮大发展新兴服务业，特别是要促进生产性服务业的稳健快速发展，促进现代制造业与服务业有机融合、互动发展。要坚持创新驱动发展战略，使经济发展更多依靠科技进步和管理创新驱动。要营造

有利于科技创新和人才聚集的良好环境，加大科技投入力度，构建多元化的科研经费保障体系；制定相关政策，引导有条件的企事业单位开展科研活动，充分发挥企业在技术创新中的主体作用，有力地促进战略性新兴产业的发展，尽快形成一批产业链完善、创新能力强、特色鲜明的战略性新兴产业集聚区；不断发展壮大先进制造业，提升装备制造业比重，增强创税能力，提高制造业的核心竞争力，加快实现由"山东制造"向"山东创造""山东设计""山东标准"转变。要努力挖掘经济增长的潜力点，全面推动产业向高端化、高质化、高新化方向发展，通过调结构、促转变，最终实现增实力、上水平的发展目标。

（三）加强区域统筹协调，积极拓展发展空间

2013年中央经济工作会议提出，要继续深入实施区域发展总体战略，完善并创新区域政策，缩小政策单元，重视跨区域、次区域规划，提高区域政策精准性，按照市场经济一般规律制定政策。这些要求表明中央高度重视区域统筹协调发展。

2009年11月23日，国务院正式批复《黄河三角洲高效生态经济区发展规划》。2011年1月4日，《山东半岛蓝色经济区发展规划》获国务院批复。以此为起点，黄河三角洲高效生态经济区和山东半岛蓝色经济区（合并简称"蓝黄两区"）上升为国家战略，成为国家宏观协调发展战略的重要组成部分。2013年8月，省委、省政府又研究通过了《省会城市群经济圈发展规划》和《西部经济隆起带发展规划》，标志着山东省"一圈一带"区域发展战略正式启动。至此，山东省17市被划分成4个经济发展战略区，形成"两区一圈一带"的区域布局。为此，山东省要统筹"两区一圈一带"区域协调发展，按照"面上推开、点上突破、融合互动"的工作思路，坚持区域内外统筹谋划、合理分工、相互协作，努力实现区域经济的融合发展；优化产业分工和布局，打造产业集群，努力实现区域经济的集聚发展；坚持立足实际、发挥地方优势，努力实现区域经济的特色发展。着力打造一批特色优势产业高地，形成区域联动协同效应，加快形成"蓝黄两区"与"一圈""一带"遥相呼应、紧密衔接，与京津冀和中原经济区联动融合的战略发展态势，促进山东省科学发

展,尽快改变东西部发展的不平衡状态,实现建设经济文化强省的新跨越。

要努力搞好顶层设计,使各地的行政体制突破狭隘的本地利益,统筹协调好各地区之间的发展利益,冲破单一的行政区管理,由以行政区管理为主向经济区管理为主过渡,形成一体化发展。山东半岛蓝色经济区要着力建设成为具有较强国际竞争力的现代海洋产业集聚区、具有世界先进水平的海洋科技教育核心区、国家海洋经济改革开放先行区、全国重要的海洋生态文明示范区。黄河三角洲高效生态经济区,要积极创新高效生态经济发展模式,力争成为全国重要的高效生态经济示范区、特色产业基地、后备土地资源开发区,以及环渤海地区重要的增长极。省会城市群经济圈要以突破济南为着力点,在交通、通信、信息等方面加大投入,重点建设和完善一体化交通网络,壮大优势产业集群,放大产业集聚效应,扩大经济总体规模。西部经济隆起带的产业优势主要体现在农业上,要创新体制机制,加速推进农业现代化,努力打造具有较强竞争力的特色产业,形成若干竞相发展、各具特色、富有生机、加快隆起的邻边高地,打造新的经济增长极。

(四)深入挖掘投资与消费增长潜力,努力扩大内需

一方面,要继续强化投资对经济增长的支撑作用。积极推进战略性新兴产业、重点基础设施和关键民生领域的重大项目投资,进一步改善和优化投资发展环境,打造新的投资增长点。积极发挥民间资本的良性效应,通过具有针对性的政策措施支持和引导民间投资,特别是鼓励其进入基础设施和公共服务领域,激发投资领域的活力。另一方面,要采取行之有效的措施,促进消费增长及消费结构升级。一是努力提高城乡居民收入水平。在着力推进改革与发展的过程中,要更加自觉地坚持以人为本,把关注和解决民生问题放在首位,更加重视城乡居民收入的增加,使居民收入增长与经济发展水平相适应,以更好地发挥消费对经济的拉动作用,增强经济增长内生动力。要加大鼓励措施,支持民营经济加快发展;大力发展就业容量大的第三产业,努力增加更多的就业岗位;积极开拓国际劳务市场,扩大劳务输出规模;完善就业服务体系,促进城乡劳动力的合理有序流动,以扩大就业,进一步拓宽城乡居民的收入来源。二是不断提高城镇化水平。要坚持大中小城市和小城镇协调发展,走中国特色的

城镇化道路。积极发挥城镇的集聚效应，拓展消费需求空间。山东省作为一个农业大省，加快小城镇建设，不失为加快城镇化进程的一项有效措施。小城镇建设要与产业结构调整相结合，通过发展农村二、三产业，增加农民的非农业收入，减少其对土地的依赖性，使农民自然而然地融入城镇生活，自觉自愿地到城镇安家落户，充分发挥农民"创镇"与"建镇"的重要作用。三是优化消费软环境，维护和增强消费者信心。要加快开展诚信体系建设，培养企业的社会责任感和道德意识。继续完善消费者权益保护法规，切实加强市场秩序监管力度。

（五）实施多元化战略，大力提高开放型经济水平

进一步贯彻落实国家和山东省出台的一系列扶持外贸的政策措施，实施多元化战略，坚持外贸、外资和"走出去"协同发展。加大对重点出口企业的支持，落实国家外贸出口政策。要深入实施科技兴贸、出口品牌带动战略；加快外贸出口转型基地建设，促进产业聚集发展。要突出创新方式，不断提高综合效益；要保持传统出口优势，创造新的比较优势和竞争优势。要不断加强对外贸转型升级示范基地的培育，大力引进和培养海外高层次人才和本土高端人才，加快园区转型升级步伐。优化外贸结构，增加机电产品、高新技术产品等出口品种。不断培育源自山东的跨国公司，提升国际竞争力。鼓励企业加强修炼内功，从提高产品竞争力入手，提高研发、工艺等水平，提升企业管理水平与服务体系建设，努力减少交易与运营过程中的成本。

产业发展与专题分析篇

Industrial Development and Thematic Analysis

B.3
2013~2014年山东农业经济形势分析与对策

许英梅 樊祥成 王新志*

摘　要： 2013年，山东农业经济发展绩效显著，农业综合生产能力持续增强，新型农业经营体系和新型农业社会化服务体系日益健全，农民人均纯收入快速增长。但是，与打造升级版农业经济的要求相比，山东农业发展还面临着一些问题，如工业化、城镇化与农业现代化还不够协调，农业经营主体、农业经营客体、农业社会化服务体系与农业经济转型升级的形势还不相适应等。2014年，山东省应着力从升级农业综合生产能力、升级现代农业技术体系、提升农业竞争力、升级农业微观经营主体、升级农业发展方式转型、打造职业农民等六个方面打造山东农业经济升级版。

---

* 许英梅、樊祥成、王新志，山东社会科学院农村发展研究所。

关键词: 农业经济 发展态势 面临问题 对策建议

一 2013年山东农业经济发展态势

(一)农业粮食综合生产能力持续增强

2013年山东省狠抓高产创建和产能建设,全省共建设粮棉油"高产创建万亩示范片"970个,建成粮食整建制推进市1个、整建制县6个、整建制乡镇36个。从山东省农业厅统计数据看,小麦、玉米、棉花、花生"高产创建万亩示范片"平均亩产分别达到1200.8斤、1212斤、204斤和781.6斤,比2012年全省平均亩产分别高出399.4斤、330.8斤、69.2斤和191.2斤。2013年全省夏粮总产达到443.88亿斤,比2012年增加7.9亿斤;秋粮生产由于遭受了洪涝灾害,总产461.76亿斤,比上年减少4.54亿斤。综合来看,粮食总产达905.64亿斤,在全国率先实现粮食总产"十一连增",为粮食安全和经济社会平稳健康发展提供了有力支撑。[①] 但是,由于种植效益和自然灾害影响,全省棉花、油料面积均比2012年有所减少。从山东省农业厅统计数据看,全省棉花2013年播种面积970万亩,总产64.6万吨,比2012年面积减少64.8万亩,总产减少5.29万吨;油料2013年播种面积1188万亩,总产338.3万吨,比2012年面积减少6万亩,总产减少12.6万吨。

(二)新型农业经营体系逐步完善,现代农业发展步伐进一步加快

2012年11月十八大提出"坚持和完善农村基本经营制度,发展农民专业合作和股份合作,培育新型经营主体,发展多种形式规模经营,构建集约化、专业化、组织化、社会化相结合的新型农业经营体系"[②]。2013年11月十八届

---

① 齐鲁网-山东新闻,http://news.iqilu.com/shandong/yuanchuang/2013/1214/1786431.shtml。
② 中国网,http://news.china.com.cn/politics/2012-11/20/content_27165856_4.htm。

三中全会提出"加快构建新型农业经营体系,赋予农民更多财产权利,推进城乡要素平等交换和公共资源均衡配置,完善城镇化健康发展体制机制"①。可以看出,党和国家十分重视新型农业经营体系建设。山东省新型农业经营体系建设主要表现为以下几个方面:

1. 新型农业经营主体逐步升级

近几年来,随着山东省农业农村结构的积极调整、农村基本经营制度的变革、农村富余劳动力转移和工业化与城镇化进程的加快,山东省农业经营主体已经开始分化,除了一般的小农经营主体外,以农业龙头企业、农民专业合作社、家庭农场为代表的新型农业经营主体逐步发展壮大。到2013年底,全省规模以上龙头企业有望达到9100家,农民专业合作社发展到9.5万家,家庭农场达到4000家,较大规模农产品市场达到567家。②作为当前现代农业发展的中坚力量,农业龙头企业、农民专业合作社、家庭农场等新型农业经营主体体现了改造传统农业的历史规律性,引领着现代农业的发展方向,符合提升农业现代化的基本要求。

2. 新型农业经营客体适度规模化

土地和各种动植物资源是农业经营的客体,其中土地是最重要的农业经营客体。我国自20世纪70年代末开始的农村改革把集体统一经营的人民公社制度转变成了家庭联产承包责任制③,该制度实际执行的结果是绝大部分农民选择了"按人分配"土地(杜润生,2005)。实行"按人分配"④的做法就是把土地分等级后再分块,好坏土地搭配,再按人数进行平均分配,这样就导致了土地细碎化。山东省近两年开展了农村土地承包经营权确权登记颁证工作,在全省共安排试点县(市、区)145个,试点乡镇(街道)1123个,试点村(社区)15648个;为了解决土地细碎化,实现土地适度规模化经营,全省土地流转面积1321.6万亩,占家庭承包经营耕地面积的14.3%。⑤在新形势下,

---

① 新华网,http://news.xinhuanet.com/politics/2013-11/12/c_118113455.htm。
② 数据来源于山东省农业厅。
③ 家庭联产承包责任制是一种所有权与使用权分离的公有私营的土地制度。
④ "按人分配"土地正是我国家庭联产承包责任制的直接体现。
⑤ 数据来源于山东省农业厅。

新型农业经营主体（农民专业合作社）与新型农业经营客体（土地）相结合形成一种新的经营模式——土地托管合作社。如今山东济南、临沂、潍坊、日照等地都在逐渐推广此种模式。土地托管合作社是新型农民适应农村经济社会发展新形势，为改变现有的"小农经济"、扩大土地经营规模的有益探索，为解决"今后谁来种地、怎样种地"的问题提供了有效的经营模式。

除去已经开发的土地，山东黄河三角洲地区还拥有未利用地近800万亩，黄河冲积自然造地和防潮体系建设造地每年仍在持续增加。山东省统筹考虑未利用地实际状况，按照经济社会生态等发展需求，计划2011~2015年开发110万亩，其中新增农用地66万亩（其中耕地46万亩），建设用地44万亩；2016~2020年开发90万亩，其中新增农用地36万亩（有耕地25万亩），建设用地54万亩。①

3. 现代农业发展步伐进一步加快

近年来，在农业集约化、规模化、产业化等价值观念取向的指引下，很多地方都在大力推动农村土地流转和农业适度规模化经营，兴办各种现代农业示范区，或者采用"公司+农户""公司+基地+农户"等形式将单个的农户家庭生产和大市场相连接。如今，山东省首批19个现代农业示范区建设正在扎实推进，第二批省级现代农业示范区认定工作已于2013年12月底完成，山东省"以国家级为龙头、省级为骨干、市级为补充"的升级版现代农业示范体系正逐步形成。

山东省现代农业产业技术体系继续扩大，现代农业产业技术体系创新团队总数达到15个，初步形成了"立足产业需求、突出科研创新、研发试验示范、支撑产业发展"的新型农业科技资源组合模式，有效解决了现行体制下产、学、研脱节的问题。农技推广体系建设更加扎实，2013年省农业厅组织实施新型农民科技培训、农村劳动力培训阳光工程和新型农民创业培训"三大农民培训工程"，开展了新型职业农民培育试点，全年大约培训农民150万人次。生态循环农业发展水平进一步提高，截至2013年年底，全省已建成59个生态农业与农村新能源示范县，带动全省发展生态循环农业示范基地128万亩；截至2013年9月，全省新建户用沼气4.7万户，大中型沼气工程36处，

---

① 中国山东网，http://www2.shandong.gov.cn/art/2011/9/30/art_3883_2622.html。

全省农村沼气用户累计达到256.6万户，大中型沼气工程达到542处，年处理畜禽粪便和农业废弃物4000多万吨。①

（三）新型农业社会化服务体系日益健全

2013年中央"一号文件"提出建设中国特色现代农业，必须建立完善的农业社会化服务体系。近年来，山东省农业社会化服务体系不断完善，公益性服务体系和经营性服务体系相结合，在促进由传统农业向现代农业的转变过程中发挥了重要作用。

1. 公益性社会化服务体系不断强化

山东省公益性社会化服务体系从基层抓起，省、市、县三级为2.5万多个贫困村派出"第一书记"，共吸引社会各界投入49.4亿元，帮助贫困村发展致富项目4.06万个，帮助贫困农户解决实际困难和问题11.88万个。② 目前全省所有行政村都配备了1~2名农产品质量安全监管员。围绕提高农产品质量安全水平，各级部门完善了高毒农药定点经营和农药经营登记备案两项制度，在全省范围内开展了"农资打假专项治理活动"和"农资打假夏季百日行动"，集中治理农业生产过程中违规使用禁限用农药行为。这些公益性社会化服务多层次、多形式、多样化，为打造升级版山东农业经济提供有力支撑。

2. 经营性服务主体呈现多元化竞争格局

近年来以农业龙头企业、农民专业合作社、家庭农场为代表的新型农业经营主体逐步发展壮大，形成一个多方参与、多元竞争的发展格局。农民专业合作社迅速发展，以农机专业合作社为例：2008年全省农机专业合作社只有150个，2009年达到1250个，比上年增长7倍多，2010年达到2546个，同比翻了一番多，2011年达到3492个，增长近千个，2012年年底，全省农机专业合作社已发展到4313个。③ 家庭农场自2013年"一号文件"提出，近一年时间注册登记数量达到4000户，通过对"一号文件"的解读，中央发展家庭农场的目的就是试图通过土地经营规模的扩大，让部分农民全心全意从事农业生产，最大限度发挥土地规模效益。

---

① 数据来源于山东省农业厅相关资料。
② 《山东150万农民今年"摘穷帽"》，《大众日报》2013年12月20日。
③ 数据来源于山东省农业机械管理局。

（四）农民人均纯收入快速增长，农民生活日益宽裕

近年来，在工业化、城镇化和农业现代化加快推进的大背景下，山东省逐步完善农资综合补贴动态调整机制，强化惠农富农政策。2010~2012年，全省各级财政累计投入资金5584亿元，年均增幅超过25%，2013年省级财政预算安排支持"三农"资金389.5亿元，比上年增长20.4%；2013年粮食直补和农资综合补贴标准每亩达到125元，比2012年增加5元。① 实现小麦、玉米、水稻、棉花良种补贴全覆盖，实行花生良种补贴试点。政策性农业保险覆盖面正逐步提高，参保县（市、区）由2012年的108个扩大到136个，其中小麦、玉米和棉花的签约面积扩大到8036万亩，比2012年增长46.5%。② 山东省还稳步扩大互助资金试点范围，解决一些贫困农户产业发展资金短缺问题。目前全省共成立互助组织995个，入社农户20.21万户，互助资金总额29405.5万元，资金周转率达到近300%，借款农户年均实现增收2000元以上。为了保护农民利益、保障粮食市场供应，山东省实施了粮食最低收购价政策。通过一系列政策措施的实施，全省农民收入逐年增长。统计显示，2013年前三个季度，山东省农民人均收入已经突破万元大关，同比增长12.5%，实现"十一连快"③。

二 山东农业经济发展面临的主要问题④

山东农业发展基础相对较好，产业门类齐全均衡，产业组织规范有序，发展绩效优良显著。但是，良好的发展基础和发展态势并不意味着山东农业经济未来发展之路就能一帆风顺。事实上，在新型工业化、信息化、城镇化和农业现代化"四化同步"的道路上，在打造升级版山东农业经济的过程中，山东农业发展还面临着一些问题。

---

① 山东农业信息网，http://www.sdny.gov.cn/art/2013/12/16/art_4801_355576.html。
② 数据来源于山东省农业厅相关资料。
③ 《山东150万农民今年"摘穷帽"》，《大众日报》2013年12月20日。
④ 本部分数据如无特殊说明均来自《山东统计年鉴2013》《广东统计年鉴2013》和《江苏统计年鉴2013》。

（一）山东省工业化、城镇化与农业现代化还不够协调

山东是一个经济大省，经济总量在全国仅次于广东和江苏，其中一产总量冠绝天下，二产、三产总量（包括工业总量）皆稍逊于粤苏两地。根据山东统计年鉴的数据，2012年，山东第二、三产业分别以就业总量的34.2%和32.7%创造了经济总量的51.4%和40%，而第一产业则以就业总量的33.1%创造了经济总量的8.6%。很明显，山东省第一产业的劳动生产率远远低于第二、三产业，从这层意义上讲，农业领域的劳动力仍然过剩。横向来看，一方面，山东第一、第二产业的产值比重均高于广东和江苏，而第三产业产值比重却是三省当中最低的，这表明与先进地区相比山东的产业结构还有待于优化升级；另一方面，山东第一产业从业人员比重远高于上述两个省份，而第二、三产业从业人员比重在三省中却都是最低的，这从一个侧面也反映出山东第二、三产业吸纳劳动力的能力与先进地区相比还有一定差距（见表1）。

表1　2012年鲁粤苏三省三次产业产值和从业人员比重情况

单位：%

省份	第一产业		第二产业		第三产业	
	产值	从业人员	产值	从业人员	产值	从业人员
山东	8.6	33.1	51.4	34.2	40	32.7
广东	5.0	23.7	48.5	42.1	46.5	34.2
江苏	6.3	20.8	50.2	42.7	43.5	36.5

资料来源：山东省统计局、国家统计局山东调查总队：《山东统计年鉴2013》，2013年；广东省统计局、国家统计局广东调查总队：《广东统计年鉴2013》，2013年；江苏省统计局、国家统计局江苏调查总队：《江苏统计年鉴2013》，2013年。

从工业发展的情况看①，与广东、江苏的情况类似，山东的重工业比重明显偏大，重工业总产值占规模以上工业企业总产值的68%，广东的数据是62.5%，江苏的数据则是74.2%。但山东规模以上工业企业个数与广东差距

---

① 《中国统计年鉴》只列明了规模以上工业企业分地区发展情况，而并未列明全部工业的分地区发展情况，再加上鲁粤苏三省《统计年鉴》统计指标设计的差异，本研究仅从规模以上工业企业发展情况说明三省工业化发展的差别。

较小，与江苏差距十分明显，比江苏少8234家。而从规模以上工业企业的企业规模看，山东小微型企业比重达到85.8%，与江苏的84%旗鼓相当，而广东只有72.3%，山东小微型企业明显偏多。与广东、江苏两省相比，山东规模以上工业发展的质量还有一定差距。而从参与经济活动的企业法人数量来看，山东远远少于广东和江苏（见图1）。企业法人，是推动经济发展最重要的原动力，其数量的多少，反映了一个地区经济增长的活力。从这个角度讲，山东经济发展的活力还没有完全迸发出来。

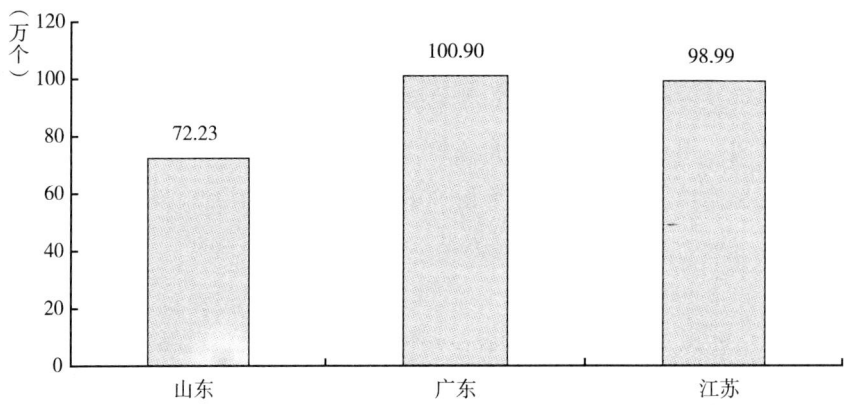

图1　2012年鲁粤苏三省企业法人数量情况

资料来源：山东省统计局、国家统计局山东调查总队：《山东统计年鉴2013》，2013年；广东省统计局、国家统计局广东调查总队：《广东统计年鉴2013》，2013年；江苏省统计局、国家统计局江苏调查总队：《江苏统计年鉴2013》，2013年。

从城镇化的情况看，根据国家统计局2012年的数据①，山东城镇常住人口占年末常住总人口的比例达到52.43%，人口城镇化率比上年提高1.48个百分点，山东城镇化进程进一步加快。但是，也应该看到山东的城镇化仍显滞后，甚至低于全国平均水平②，与本省经济社会发展要求也不相适应。与先进地区相比，山东城镇化水平差距更大，同一时期，江苏城镇化率达到63.01%，广东更是达到67.40%（见图2）。

---

① 数据来源于国家统计局网站，http：//data.stats.gov.cn/workspace/index?m=fsnd。
② 2011年全国城镇化率已经达到52.57%。

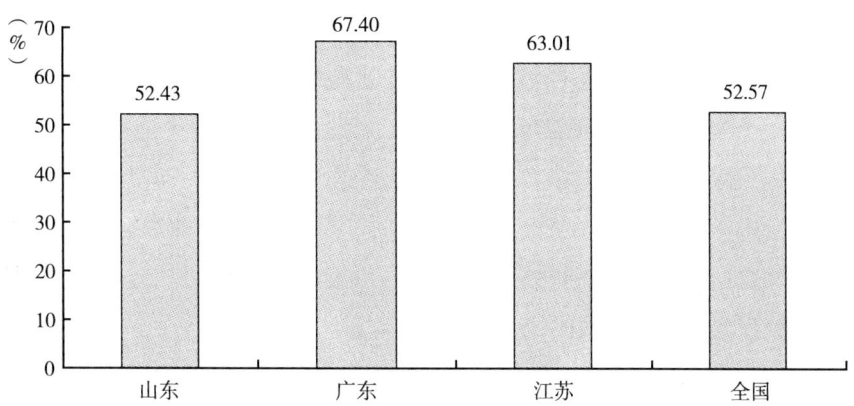

图 2　2012 年山东与全国主要地区城镇化发展情况对比

资料来源：根据国家统计局网站数据计算，http://data.stats.gov.cn/workspace/index?m=hgnd。

综上所述，虽然山东经济总量在全国位于前列，但是第一产业从业人员过剩，第二、三产业吸纳劳动力能力不强，重工业比重过大，经济发展活力不足，城镇化进程滞后等问题比较突出，难以对农业现代化发展形成强有力的引领和支撑。

（二）山东农业经营主体与农业经济转型升级的形势还不相适应

农业经营主体包括普通农户、规模农户（专业大户、家庭农场等）以及各类农业产业化经营组织（专业合作社、农业企业等）。山东农业发展历史悠久，农民生产经验丰富，劳动力资源充足，农民专业合作组织数量在全国领先，农业产业化经营水平较高，这对山东农业经济发展十分有利。但是，现实中还存在以下问题制约着山东打造升级版农业经济目标的实现。

1. 思想保守，土地情结深厚，土地流转受到抑制

山东深受孔孟文化、农耕文化影响，小农意识浓厚，重农轻商的思想依然盛行，推动土地流转、实现规模经营的难度较大。特别是随着农业机械化水平的不断提高以及化肥农药生物技术等农业新科技的广泛应用，农业生产需要投入的劳动时间大量减少，这样就为农村劳动力非农就业创造了更加有利的条件。由于农村人口市民化的通道还不通畅，农民倾向于把土地留作最后的生活保障，借助越来越精良的物质技术装备经营自己的土地，而不是把土地流转出去。在调研中我们就发现这样的情况，在农机服务组织现有的进行土地规模经营的尝试中土地托管比土地流转更容易让老百姓接受，因为土地托管只是意味着农户花钱买服务，而土地的各项权益还是在自己控制之下。

在调研中还发现，目前无论是农业企业（比如一些育种企业）还是有意进行规模经营的农户，对土地特别是成方连片土地的需求十分旺盛，但是符合要求的土地供给却相对有限。这种情况催生了一种新的中介——"土地经纪人"，他们利用自身在当地的社会资本整合有意流转出去的土地，专门为土地需求方提供成方连片的土地，在这过程中他们从土地需求方手中得到一定管理费用或者服务费用。然而，在更多的地方，有意进行规模经营的农户苦于不能流转到土地，只能把依靠规模经营发家致富的梦想止于计划和设想。

根据省农业厅的统计数据[①]，2012年全省农村固定观察点1720.9亩耕地中，涉及流转（此处主要指转包，包括新增转入和转出以及存量转包田）的土地面积达到222亩，占全部承包地面积的12.9%，其中当年新增流转土地（包括转入和转出）152.6亩，占全部承包地面积的8.9%。[②] 但是，与全国的情况相比，山东土地流转的脚步就显得落后很多。据统计，截至2012年年底，全国家庭承包耕地流转比例已达21.2%。[③] 有研究表明（郜亮亮、黄季焜等，2011），一些经济发达地区，比如浙江，其农地流转市场发展要远远高于全国平均水平，2008年浙江41.5%的耕地发生流转，几乎是全国同期平均水平的2.5倍。

2. 农业从业人员人力资本下降

农村劳动力外出就业是一个不可逆转的趋势，但这一过程在客观上削弱了农村人力资本存量。人们把农村留守人员称为"386199"部队，此言虽然有

[①] 数据来源于山东农业信息网，http://www.sdny.gov.cn/art/2013/7/12/art_6921_343886.html。

[②] 与上一年的数据相比，2012年山东农村土地流转速度明显加快。根据山东省农业厅的统计数据，2011年全省农村固定观察点当年新增流转土地面积占全部承包地面积的6.6%。另外，随着全省新型农村社区建设的推进，农村土地流转的速度可能会进一步加快。

[③] 董峻：《方向要明确方针要明确主体要明确——部长韩长赋谈土地流转和适度规模经营》，新华网，http://news.xinhuanet.com/fortune/2013-07/24/c_125059427.htm。

些戏谑,却说出了当前农业从业人员在年龄、性别等方面的真实状况。山东省第二次农业普查的数据表明,当年第一产业从业人员中妇女占55.1%,40岁以上的占58.4%,而小学及小学以下文化程度的占44.6%。① 第二次农业普查虽然反映的是2006年的情况,但是现在的情况绝不会比当时有所改观。

目前这种小规模、细碎化的土地经营现状很难获得社会平均收入。在这种情况下,农民不去兼业、不去务工,等待他们的只能是低收入。然而,没有人的城镇化的协调推进,单纯把农业的就业比重降下来,即使再把更多的农村劳动力转移出去,结果只能是低人力资本农业从业人员的循环再造:一代又一代精壮农村劳动力为城市发展做出贡献,如果不能顺利融入城市,等他们由于年龄或者健康原因无法继续留在城里工作时,其中的一部分人只能退回农村,从事农业生产。没有人的城镇化,建立在自愿基础上的土地流转和规模经营的愿景就不会顺利实现,低人力资本的劳动力从事农业生产的状况就不会改变。

3. 新型农业经营主体的发展有待规范

山东的农民专业合作组织、家庭农场等新型农业经营主体在各项政策的扶持推动下发展较快,特别是农民专业合作组织的数量在全国领先,诸城等地还率先制定了家庭农场的认定管理办法,对家庭农场的发展做出了有益的探索。但同时也应该看到,很多农民专业合作组织比较松散,运作不规范,辐射带动能力不强,甚至有些只是打着合作社的招牌,套取政策和补贴。有的合作社为了享有更好的扶持政策而在家庭农场和合作社之间摇摆不定。在调研中,当问到家庭农场与合作社哪种组织形式更好的时候,一些合作社负责人直言哪种组织形式的政策更优惠,哪个就更好一些。有的村干部弄虚作假,以自己亲属的名义申报家庭农场,虚报面积,骗取补贴。各级农业管理部门应该加强对享有扶持政策的新型农业经营主体的监督检查力度,打击各种虚假行为,去伪存真,规范发展,更好地发挥扶持政策的绩效。

---

① 作为经济先行地区,广东、江苏的情况可以在一定程度上印证我们的判断。根据粤苏两省第二次农业普查数据,广东省51.46%的农业从业人员是妇女,59.98%的年龄都在40岁以上,而小学及小学以下文化程度的比例占到44.28%;江苏省61.7%的农业从业人员是妇女,71%的年龄都在40岁以上,而小学和文盲的比例占到55.7%。数据来源:广东省统计局网站,http://www.gdstats.gov.cn/tjzl/tjgb/200804/t20080407_54753.html;江苏省统计局网站,http://www.jssb.gov.cn/jstj/djgb/qsndtjgb/200804/t20080422_101780.htm。

此外，山东农业发展成果享誉全国，山东农民的生产技能有其独到之处，寿光农业技术人员更是遍布各地，政府也开展了各种类型的农民生产技能培训工作。但是，山东农村外出劳动力中只有极少数从事第一产业生产，自己创业经营的比例也很低①，绝大多数的外出劳动力都是纯粹凭借体力、脑力或专业技术打工赚取工资性收入。这种情况与南方的情况截然相反。南方农村外出劳动力的目标指向更多是自己创业。事实上，浙江省云和县培训"云和师傅"②的做法颇有启发性。打造知识技能型品牌劳动者，在培训输出、异地创业上下功夫，充分发挥农村劳动力的技能优势和资源优势，也不失为一种推动农村劳动力转移的好做法。

（三）山东农业经营客体制约了农业经济转型升级的顺利实现

土地和各种动植物资源是农业经营的客体。良好的农业经营客体条件为山东农业发展奠定了坚实的基础。但是，农业经营客体一直处于动态变化之中，同时受具体的农业经营制度和农业经营主体的影响，从而对农业自身的发展施加反作用。从山东经济社会发展现状和趋势看，山东农业经营客体至少在以下几个方面存在可能影响农业经济转型升级的问题。

1. 土地细碎的情况没有改观

均田制造成土地的家庭经营规模偏小，而人们对土地质量均等化的要求造成地块分散、细碎。从山东省农村固定观察点的统计数据可以看到（见表2），农户承包地平均每个地块的面积只有1.3亩，大部分承包地每块的面积都在3亩以下，按照平均每户5.3亩的经营规模计算③，每户的地块数至少在2块以上。根据我们之前一项问卷调查的结果看，山东省194个样本农户中有

---

① 根据山东省统计局的抽样调查数据，2009年以来，山东农村外出劳动力从事第一产业的比例连年下降，从2009年的2.2%，降到2012年的0.8%；农村外出劳动力从事的工作种类中私营企业主和个体经营的比例只有4%左右。
② "云和师傅"，是经浙江省云和县人民政府核发证书，拥有当地户籍、经培训考试获得技师以上职称、具备5年以上异地综合开发生产实践经验、遵纪守法、诚实守信、具有一定的示范带动作用的知识技术型劳动者。按所从事的专业划分，"云和师傅"共有食用菌、茶叶、水电、玩具、建筑、商贸、饮食、种养、加工等9项专业技术类型。"云和师傅"品牌已于2008年被国家工商行政管理总局商标局正式批准，成为浙江省唯一以人称命名的注册商标。
③ 笔者根据山东省农业厅网站公布数据计算。

12.8%的农户只有一块承包地,有60.5%的农户有2~3块承包地,拥有3个地块以上的农户达到26.7%。①

表2 山东省农村固定观察点农户承包地地块规模分布情况

年份	平均每个地块面积(亩)	不足1亩地块比重(%)	1~3亩的地块比重(%)	3~5亩的地块比重(%)	5亩以上的地块比重(%)
2010	1.32	55.59	36.60	6.00	1.81
2011	1.30	56.24	36.62	5.32	1.83
2012	1.31	59.07	32.82	6.41	1.70

资料来源:山东农业信息网,http://www.sdny.gov.cn/col/col51/index.html。

土地细碎化的一个直接影响就是不便于农机作业。在调查中,很多农户反映外来的农机作业服务者不愿意承揽小地块的活。为了小地块的生产也能使用上农机作业,他们往往把所有地块的农机作业都打包给本地农机作业服务者,即便本地农机作业服务者在机械的先进程度、作业质量等方面存在一定差距。这实际上限制了农机服务市场的进一步发育,不利于农机作业服务市场实现优胜劣汰,健康成长。

2. 土地可持续利用问题不容忽视

这一问题有两个方面的表现形式:一是耕地数量减少的压力一直存在,二是影响耕地质量的因素有增无减。

(1)耕地数量减少的压力来源于工业化、城镇化。工业化、城镇化需要土地"农转非"。从统计数据上看,20世纪90年代以来,全省耕地面积一直保持减少趋势②,特别是1999~2004年是耕地快速减少的一个时期(见图3)。2005年,城乡建设用地增减挂钩的政策推出以来,各地的目光纷纷转向农村建设用地,采取合村并居或者村庄合并、集中居住的形式,压缩农村建设用地规模,把建设用地指标挪到城市,进而把节余下来的农村建设用地复垦为耕

---

① 2009年,笔者参与了许锦英研究员主持的国家社科基金项目"小农经济整合路径与制度创新研究",对包括该问题在内的农户经营情况在鲁豫皖三省进行过问卷调查和详细的统计分析。
② 2008年,《山东统计年鉴》公布的土地数据改由国土部门提供,而且当年农村土地数据较以前发生较大变化,此后便没有公布新的数据。

地，达到耕地占补平衡甚至增加耕地的目的。从形式上看，城乡建设用地增减挂钩的政策能够达到保护耕地数量的目标，但是复垦出来的耕地在质量上可能无法与城市周围被占用的耕地相提并论，而且复垦出来的耕地大多作为村集体资产对外承包，很少再用来种植粮食。

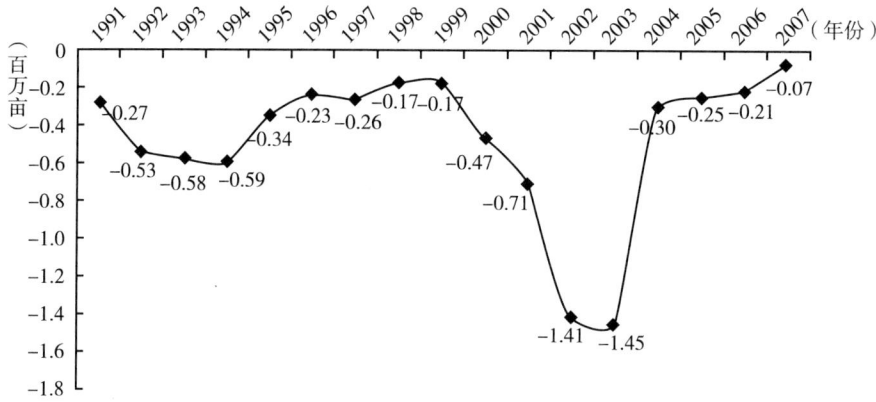

图 3　20 世纪 90 年代以来山东耕地面积逐年变化情况

数据来源：山东农业信息网，http://www.sdny.gov.cn/art/2012/10/16/art_6441_320660.html。

按照山东省城镇化的目标，到 2020 年全省城镇化率将达到 63%（户籍人口城镇化率达到 56.5%），即便以 4.5‰的人口自然增长率计算①，至少需要转移 1400 多万农村人口，相当于再造 3.3 个像济南一样大小的城市。② 这意味着城镇化还需要占用大量土地。

（2）影响耕地质量的因素主要有两个方面。首先，长期过量使用化肥、农药等化学制品造成土地板结、污染，肥力下降。2012 年，全省化肥施用折纯量达到 476.26 万吨，平均每公顷耕地化肥折纯量达到 634.11 公斤，远超全国平均水平。③ 大量施用化肥、农药等化学制品维持农业高产稳产的发展方式延续了几十年，已经成为一种习惯。

---

① 根据《山东统计年鉴 2013》的数据，2012 年山东人口自然增长率为 4.95‰。
② 根据第二次人口普查数据，2010 年济南市区人口达到 433.6 万。
③ 根据《中国统计年鉴》的数据计算，2011 年全国每公顷耕地化肥施用量为 468.65 公斤。

化肥、农药等生产要素的长期过量使用给环境带来了巨大污染。根据第一次全国污染源普查数据，中国的水污染源主要来自于农业而非工业，而在农业污染中，化肥和农药则是畜禽养殖之外的主要来源。山东省农业污染源的数量达到181224个，占全国农业污染源总量的6.25%，在全国31个省区市中排第6位。① 对于山东农业可持续发展来说，这是一个不小的潜在威胁。

其次，虽然近年来山东省秸秆还田率大幅增加，在一定程度上缓解了有机肥施用量下降的影响，但是，耕作时普遍采用旋耕的状况降低了秸秆还田的效果。一些有经验的老农深有感触，坦言旋耕太浅，不能把粉碎的秸秆埋到地下，需要隔上几年深耕一次，才能发挥秸秆还田的作用。因此，有必要从政策上引导农机作业服务组织提供深松深耕整地业务，采取政府扶持、农民自愿、补贴引导、市场运作的原则，每隔三到五年将全省范围内的耕地全部深松或深耕一遍。

3. 部分地区的农业生产条件有恶化趋势

农村劳动力从事农业生产的机会成本越来越高②，促使他们对待农业采取更加节约劳动的生产方式。在这种情况下，一些地方田间道路长期无人维护，作物生长季节，道路坑洼不平，荒草四处蔓延；河道、机井、沟渠等水利设施无人管理，甚至已经影响到农业的正常生产。与此形成鲜明对比的是，在一些农田综合整治项目区、高产创建示范工程项目区，田间道路得到硬化，平整宽阔，水利设施完备，有的地方农户甚至只需刷一下卡就能完成农田灌溉。这样的在政府主导下进行的农田基础设施建设工程正是广大农村所需要的，也是实现农业现代化的基础工程，应该统筹安排更多的农业资金投向农业基础设施建设。

由于对生物资源的重要性认识不足，农民缺乏物种保护意识，山东省对农业物种资源的保护力度不够，导致物种的退化和消失较快，新中国成立以来一

---

① 据《南方日报》报道，广东省政协已经注意到长期过量使用化肥、农药等现象引发的农村环境污染问题，省政协常委会对此进行了专题研究。详见2013年9月26日《南方日报》刊登的题为《农村环境污染咋治　省政协常委会开方》的报道。
② 据国家统计局监测，2012年，外出农民工月均收入2290元。这意味着外出务工的农村劳动力每天平均收入近80元。参见《2012年全国农民工监测调查报告》，中国统计信息网，http://www.stats.gov.cn/was40/gjtjj_detail.jsp?channelid=5705&record=73。

些畜禽品种已经或者濒临灭绝（万书波、丁汉凤，2009）。另外，在国际种业巨头的步步紧逼下，山东省的育种产业必须加强产学研结合，突破制约我国种业发展的重大关键共性技术问题，培育出更多高产、优质、抗逆的新品种，并加快成果的推广和转化。

（四）山东农业社会化服务体系建设还需进一步提升

1. 经营性服务体系还不健全

山东农业经营性服务体系中农业生产性服务组织发展得比较好，但是农业经营性服务组织在发展中也遇到一些困难和问题。以农机作业服务组织为例，为了更好地服务组织成员，充实经营内容，有的农机合作社考虑修建机库，引进烘干设备，这都需要建设用地，但是在申请建设用地指标时迟迟批不下来。另外，省内提供技术培训、农资配送、产品营销等服务的专业服务公司、专业技术协会、农民经纪人、龙头企业等各类社会化服务主体尚处于起步阶段，无论从市场发育程度还是服务主体的数量规模都有待于进一步发展壮大。①

2. 公益性服务体系地区差别较大

农业科技推广、农业有害生物监测预警和防控、动物防疫等都属于公益性服务建设的范畴。但是，由于山东各地财力不均衡，导致公益性服务体系建设的地区间差异较大。比如测土配方施肥是农业部门重点推进普及的一项重要技术。诸城市农业局在其网站上专门开通了测土配方施肥信息查询服务平台，这个服务平台由青岛农业大学资源环境学院新型肥料研发与应用实验室与诸城市土肥站联合开发，全面涵盖了诸城全域农村测土配方施肥信息。只要选定乡镇和村庄，就能查看详细的土壤养分信息，输入种植参数就能获取测土配方施肥

---

① 从理论上讲，农业社会化服务体系的发展是农业分工专业化的结果。农机作业服务市场就是一个很好的例子。原来耕耙播收等生产环节全部在家庭内部或者联户合作完成，不存在市场化农机作业服务的空间；随着农村劳动力持续转移，从事农业生产的机会成本不断提升，越来越多农户选择把一部分生产环节让渡出去，市场化农机作业服务的需求出现了。当越来越多的农户都选择这样做的时候，这个市场规模越来越大，这项社会化服务市场也发展得越来越成熟。同样的道理，随着分工专业化的深入，其他类型的社会化服务的发展只是时间早晚的问题。

方案。但是，有的地方推广测土配方施肥技术的行动还停留在宣传层面，而农民现在还无法获取测土配方施肥技术服务。

三 打造升级版山东农业经济的对策

（一）促进农业综合生产能力升级

一是实施农田水利基础设施建设行动计划。加强以水利为重点的农田基础设施建设是山东省实施千亿斤粮食生产能力建设规划，确保国家粮食安全的最根本的着力点。据山东省农业厅资料，截至2013年8月，山东耕地面积11273万亩，有效灌溉面积达到7480万亩，旱涝保收面积5470万亩，仍有1/3的耕地在靠天吃饭，农业基础设施比较脆弱。因此，山东省要实施农田水利基础设施建设行动计划，建立农田基础设施建设多元化投入体系，以县级为单位整合财政资金，增加对农业生产经营主体进行农田基本建设和中低产田改造方面的激励性补贴，以农田综合整理、土壤改良和灌溉排涝等措施加大中低产田升级改造，加快推进8500万亩"旱能浇、涝能排"的高标准农田大规模建设计划，全面提升山东省农业综合生产能力。同时，要进一步探索如何建立农田水利基础设施建设的长效运行机制，投入专项财政资金集中解决农田基础设施重建设、轻管理、建管脱节的问题。

二是深化实施现代农业机械化水平提升计划。从整体上讲，山东农业机械化水平已经在全国遥遥领先，截至2012年，三大粮食作物综合机械化整体已经达到90%左右，经济作物生产全程机械化的水平也已达58%，农作物耕种收全程综合机械化水平达到79%。下一步，山东省要继续深化实施现代农业机械化水平提升计划，通过调整农机具购置补贴政策，优化农机装备结构布局，加快发展效率高、智能化、功能全的大型农业机械，重点突破薯类、花生、林果、"三辣"蔬菜等大宗经济作物机械化水平。同时，要实施农机作业规模化推进工程，全面提高农业机械化组织程度。要积极探索以县级或者市级为单位整合农机服务合作社成立更高级别的农机服务合作联社，并对服务功能完善、作业面积大、发展前景好的农机服务合作（联）社实施表彰和奖励，

以切实提高农机作业组织化、规模化程度。

三是推进农业信息服务行动计划。要充分利用现代信息技术，以建设国家农村信息化示范省为依托，全力打造"山东农业信息网"等省市县级新型农业综合信息服务平台，在全省范围内选择信息化条件较完备的10个县、50个乡镇、300个农村社区开展"信息乡村"试点工作，争取尽快实现快捷、方便、经济的互联网服务全覆盖，积极开发适合消费水平和使用习惯的上网设备，彻底解决农民信息服务"最后一公里"难题。

（二）促进现代农业产业技术体系升级

科技进步是发展现代农业的根本出路。"十一五"以来，山东省以建立"农业强省"再创农业发展新优势为目标，积极推进农业科技创新与推广体系，取得了较为丰硕的成果。但总体上看，与现代农业发展的要求相比，山东省农业科技创新体系仍不完善，与发达国家相比仍有较大差距，需要继续加大政府农业科技投入力度，深入推进农业科技创新与推广体系。

一是大力实施农业科技创新工程。综观美国等发达国家农业科技创新的实践，可以将农业科技创新分为两个主要的管理模式：美国以市场为导向公益性和营利性相结合的多层次型的农业科技创新模式；荷兰、以色列等以政府为主导全国性统一管理的农业科技创新模式。山东省要充分借鉴这两种模式的经验，一方面要搭建包括省、市、县三级的较完整的公益性农业科研创新体系。要加大农业科技财政投入力度，有效配置山东省农业科技资源，着力培育农业科技骨干人才，以山东农业大学、山东农业科学院等38个国家级农业科技创新平台为载体，重点开展基础性、关键性、前沿性农业科技创新研究，在全国范围内占领现代农畜产品种业、生态农业和设施农业等农业科技成果的新高地。另一方面，要积极引导农业产业化龙头企业参与农业科技创新。山东省许多农业产业化龙头企业创建农业科技研发中心，不断开展自主创新和引进消化再吸收，企业科技创新能力显著增强，已经成为山东省农业科技创新的重要载体，在推动整个山东省农业科技进程中发挥着十分重要的作用。山东省要通过增加规模以上龙头企业农业科技创新财政补贴、联合企业开展农业科技创新研发和政府采购重大农业科技创新成果等方式提高企业科技创新能力，促进龙头企业成为农业科技创新的主体，加快建立完善农业技术创新体系。

二是大力实施农业科技成果转化应用工程。（1）继续完善农业科技特派员制度。以农业科技特派员为核心的新型农村科技推广体系在山东省已经取得良好的效果。山东省要建立和完善激励保障机制，建立农业科技特派员制度的长效机制。设立农业科技特派员工作专项经费，提高他们的福利待遇，为农业科技特派员正常开展工作提供良好的外部条件。（2）山东省要借鉴江苏、浙江等省份农业科技成果转化的经验，尽快出台农业科技成果转化的推广奖励办法，对在农业科技推广方面做出突出贡献的单位和个人进行表彰和奖励。

（三）全面提升农业竞争力

用现代产业体系提升农业就是要在农业生产过程中引入工业和服务业手段，充分发挥工业和服务业对现代农业发展的引领和带动作用，把传统农业改造成为现代农业产业体系，全面提高农业竞争力。

一是以现代工业理念谋农业，加快推进农业产业化经营。当前，农业产业化经营已经成为推动山东省现代农业发展、促进农民增收、推进新农村建设的基本经营形式。要进一步优化山东省农业产业化龙头企业发展的环境，通过财政、税收、金融、出口等政策加大对农业产业化龙头企业的扶持力度；通过增加科技投入和延伸产业链条，提高农产品加工率，着力提升龙头企业的精深加工能力，提高农产品附加值；鼓励规模以上农业龙头企业以资本运营为纽带，通过兼并、联合和资产重组等方式，打造一批农业龙头企业产业集群集团和行业航母，占领农业总部经济的制高点。

二是以现代服务业理念谋农业，健全农业社会化服务体系。（1）山东省政府涉农部门要采取政府订购、定向委托、奖励补助、招投标等方式，引导经营性组织参与农业生产最需要、对生产发展作用最大的科技服务、信息服务和产前、产后的流通服务。（2）加强合作经济组织在农业社会化服务中的基础地位。依托山东省农业合作组织的良好基础，鼓励合作社由专业合作向综合性、跨区域的联合社发展，并要积极引导、扶持家庭农场组建和参加农业合作社,使其成为家庭农场连接市场和农业龙头企业的纽带。(3)充分发挥龙头企业在农业社会化服务中的骨干作用。支持农业龙头企业投资发展种子种苗、饲料肥料等生产资料供应、农机作业、农产品加工物流等适合企业化经营的农业服务业。(4)学习借鉴成都的经验,按照"政府引导、公司主体、市场运作、自主经营、技物配套、一站服务"的发展思路,依托县乡基层的农业综合服务中心,全面整合公益性农业服务资源,引导社会资金参与,组建综合性农业社会化服务公司,为农民提供技术咨询、全程农业机械化、农资配送、专业育秧(苗)、病虫防治、田间运输、粮食代贮代烘、粮食银行等全程农业社会化服务。

(四)促进农业微观经营主体升级

随着山东省工业化和城市化的快速发展和农业劳动力大规模转移,农业经营主体的兼业化、低质化趋势愈发凸显,"386199"部队成为从事农业生产经营的主力军,年富力强的精壮劳动力日益匮乏。在这种背景下,农业专业大户、家庭农场、土地合作社等新型的农业经营主体迅速发展壮大。山东省必须利用现代农业经营形式推进农业,重塑农业微观经营主体,在"统"和"分"两个层次推进农业基本经营制度创新。

一是坚持农业家庭经营,大力发展家庭农场。家庭农场是世界各国农业生产的主要形式,能够高效率地解决农业生产中的合作、监督和激励问题。(1)为了促进家庭农场的快速发展,山东省要建立示范性家庭农场名录制度,制定示范性家庭农场标准,农田水利基础设施、土地整理、新品种和新技术推广等项目优先向家庭农场倾斜。(2)出台优惠政策促进土地流转。山东省级财政要安排专项补助资金支持农村土地流转,对单宗土地流转面积在100亩以上、土地流转期限在5年以上的土地转出方,给予每亩每年100元的奖励。(3)制定金融扶持政策,为家庭农场的发展营造良好的环境。要根据家庭农场农业生产的特点实现金融产品创新,支持家庭农场利用农村宅基地产权、土地承包经营权和大中型农机具等抵押贷款,逐步扩大政策性农业保险的覆盖范围和险种,进一步提高粮食等大田作物的保额。

二是强化农民合作社的综合服务功能和农产品加工能力。山东省农民合作社发展势头良好，截至2013年年底，山东省农民专业合作社已经达到9.5万家，家庭农场约4000家。（1）山东省要在财政、税收、金融、用地、人才等政策上继续加大对农民合作社的扶持力度，由省级政府牵头成立省级农民合作社联社，在完善内部治理机制、社会化服务和健全财务管理等方面指导各地农民合作社的发展，鼓励规模较小、生产经营范围单一的农民合作社在自愿的基础上组成规模较大、生产经营范围更加广泛的农民合作社，促进农民合作社由专业合作向综合性、跨区域联合社发展。（2）适度调整农民合作社的经营范围。从农业发达国家的经验来看，农民合作社很少或者根本不进入农业种植特别是粮食生产领域，因此从这个意义上讲，农民合作社不适宜成为农业种植特别是粮食种植的主体。山东省应该采取相关措施适度调整农民合作社的生产经营范围，快速扭转农民合作社在农业种植特别是粮食种植上愈陷愈深的局面，鼓励发展基础好、治理结构完善的农民合作社发挥"统分"结合中"统的"作用，为农业产前、产中、产后提供全程的社会化服务和农业的深加工领域，重点是强化农民合作社的社会化服务职能。

三是建立严格的工商资本租赁农户承包土地准入和监管制度。工商资本下乡可能会带来一系列比较严重的负面影响。第一，部分工商资本通过改变土地用途使流转土地"非农化""非粮化"，导致国家粮食安全稳定受到威胁。第二，由于农村土地成本的显性化和企业的逐利本质，工商资本下乡可能非正常推高农产品价格。第三，部分工商企业的经营风险会转嫁到农民甚至政府头上。第四，工商资本大规模、宽领域、长时期地直接参与农业生产经营，会不可避免地产生挤出效应。所以，工商资本不应该成为农业生产经营的主导。但是，工商资本可以凭借其拥有的资金和人才，进入设施农业、规模化养殖等更适合企业化经营的产业，为农业生产提供全方位的社会化服务，从而充分发挥工商资本对农户的补充、带动和服务效应。

（五）促进农业发展方式转型升级

山东省正处于传统农业向现代农业跨越的关键时期，必须以现代的发展理念来引领农业转型升级，以现代农业园区作为现代农业发展的重要载体，以品牌和经营提升产品档次，以生态农业来促进农业可持续发展。

一是农业园区化。现代农业园区的主要特点是发展理念超前、高新技术密集、先进装备齐全、功能综合全面，是实现高效利用土地、资金、科技、人才等资源要素、做大做强农业优势产业的重要载体和主要抓手。山东省要牢牢抓住这一重要载体，快速实现传统农业向现代农业的跨越，再创山东农业发展新优势。（1）尽早出台全省的《关于加快推进现代农业园区建设的意见》，指导全省农业现代园区的快速发展。（2）各级财政要统筹安排相关建设资金，加大对现代农业园区基础设施建设、科技投入、土地流转集约利用等的政策扶持力度。（3）制定好现代农业园区建设的中、长期发展规划，明确园区发展的主导产业，集中打造一批规划科学、功能健全、具有较高科技含量、基础设施装备完备、运行管理规范、辐射带动能力强的省级现代农业示范园区。

二是实施农业品牌化战略。农产品品牌是农产品的一种身份标志、精神象征和价值理念，是区别于同类竞争品牌的重要标志，是提高农产品附加值的重要途径。山东省作为农业生产大省，拥有一批具有明显地域优势和特色的农产品品牌，如鲁花、烟台苹果、莱阳梨、章丘大葱、潍坊萝卜、沾化冬枣等。农产品品牌化战略是一项系统工程，需要政府运用多种资源管理和支撑农业品牌化。（1）要强化农产品质量意识。品牌之争很重要的一点是产品的质量之争，没有过硬的农产品质量就没有过硬的农产品品牌，因此必须加大科技投入力度，依靠高新技术开发新产品，大力发展名、优、新、特、稀农产品，着力打造"一村一品""一乡一业"，以品牌化经营提升产品档次。同时，要加快无公害农产品、绿色食品、有机产品和HACCP等第三方认证的进度，实现农产品品质的飞跃。（2）重视农产品品牌宣传工作。在当今"眼球经济"时代，酒香也怕巷子深，政府应该利用电视、报纸、网络等媒体以及展销会、博览会、招商会和公共关系等多种手段进行农产品品牌的宣传，以提高农产品品牌的认知度和美誉度。（3）要加大对农产品品牌的保护力度。以沾化冬枣为例，往往是真正的沾化冬枣还没有到采摘季节，假的沾化冬枣已经满大街叫卖了。因此，针对这种现象，必须建立品牌农产品打假维权机制，积极探索品牌农产品保护的长效机制，为发展现代品牌农业营造良好的市场环境。

三是大力发展生态农业。美国、日本、欧盟等发达国家和地区高度重视农业发展的生态化,在实施农业生态环境补贴力度方面远远超过大部分发展中国家,如美国政府在2002~2007年短短5年的时间里农业生态环境补贴总额就达到了惊人的220亿美元,2003年欧盟出台了农业生态环境的最低标准指标体系,制定了确保农业生态环境标准指标体系实施的激励机制,明确规定农民获得农业生态补贴的数量将与其对环境的投入呈正相关关系。因此,山东省必须高度重视生态农业关键技术的开发、示范和推广工作,引导农民使用低毒性的生物农药和使用机械方式除草以替代使用高毒性的化学农药和使用化学方法除草、以土家肥等有机肥料替代无机化肥来改善土壤日益板结化和部分金属元素超标的状况,加大对农民建设沼气池、秸秆还田、测土配方施肥的财政补贴力度。

(六)提升打造职业农民

培养新型农民是发展现代农业的必然要求。山东省在继续加强对一般农户培训力度的同时,应重点打造一批助推现代农业发展的职业农民,充分发挥其示范带动作用,让职业农民带领一般农户走上现代农业发展之路。

一是完善政府对职业农民培育的支持政策。充分调动社会各方面培训职业农民的积极性,发挥现有各类培训载体作用,以山东农业大学等农业院校、农广校、职业技工学校、农技推广机构、星火培训基地等为基地,以其他各类社会培训机构为补充,构建以政府投入为主、市场主导的多元化职业农民培育体系。要整合优势培训资源,加强师资库建设,既可以选择具有较高农业理论水准的学院派专家教授,也可以选择农业实用技术能力强的农技人员,更重要的是选择一批具有较高农业种植技术和丰富农业种植实践的农民加入师资库。同时,要做到有针对性和有效性的职业农民培训,要做到"真正的授之以渔,而非授之以鱼",强调培训要结合农民的需求,要结合农时季节,要与农业重点项目相结合,及时帮助农民解决生产中遇到的各种问题。

二是要强调培育职业农民的重点。要以农业大户的培育为切入点,积极开展针对家庭农场主、农民合作社负责人、休闲观光农业的经营管理人员、农业服务组织骨干等人员的各类培训,使之成为符合现代农业发展要求和市场需求的职业农民。重点要培养职业农民的生产技能、经营管理、技术服务和市场营销等才能，不断提高职业农民的质量。面对农村精英人才日益匮乏的趋势，要采取激励政策鼓励返乡农民工、农机农技能手、城市下岗职工、农村市场经纪人和大中专毕业生到农村发展创业，成为掌握现代农业科学技术和经营管理方法的新型职业农民，特别是要对在家庭农场就业的大中专院校毕业生给予补贴。

B.4
2013~2014年山东工业经济形势分析与对策

袁爱芝 赵明亮 陆 兵*

摘　要： 2013年，山东省工业经济形势好于预期，整体实力不断增强，重点行业平稳增长，工业结构逐渐优化，转型升级步伐加快。但是，工业运行中依然存在较为突出的矛盾和问题。2014年，山东工业经济面临需求与供给双重约束重叠交织的复杂局面，一些结构性矛盾进一步凸显，同时也存在着政策效应释放、改革深入推进等有利因素。山东应着力从提升技术创新能力、加快实施信息化战略、扶持民营经济发展、创造国内领先的营商环境等方面打造工业经济升级版。

关键词： 工业经济　发展态势　主要问题　对策建议

一　2013年山东工业发展态势

山东省工业行业正处在转型升级的关键时期。2013年以来，山东省深入贯彻党的十八大精神，扎实推进工业稳增长、转方式、调结构各项工作的开展，有效促进工业稳定增长，全省工业经济形势好于预期，与消费相关的行业运行比较稳定，与投资相关的行业运行预期变好，航空航天、核

---

* 袁爱芝、陆兵，山东社会科学院经济研究所；赵明亮，山东财经大学。

电装备等新兴产业发展势头良好，船舶、钢铁、纺织等传统行业开始企稳回暖。

（一）工业整体实力显著增强

2013年以来，全省经济运行呈现稳中向好、稳中有进的态势，全省工业经济运行实现了平稳增长。1~9月，规模以上工业实现增加值同比增长11.2%，高于全国平均水平（9.6%）1.6个百分点。和东部其他9省市相比，增速高于北京、上海、浙江、广东、辽宁、河北（见图1）。分轻重工业看，轻、重工业实现增加值分别增长9.8%和11.9%；分行业看，在41个工业行业大类中，有38个行业实现增长。经济运行质量不断提高。前三季度，工业经济效益继续改善，规模以上工业实现主营业务收入96993.92亿元，增长12.2%；实现利润6018.71亿元，增长12.1%；实现利税9596.45亿元，增长10.6%。

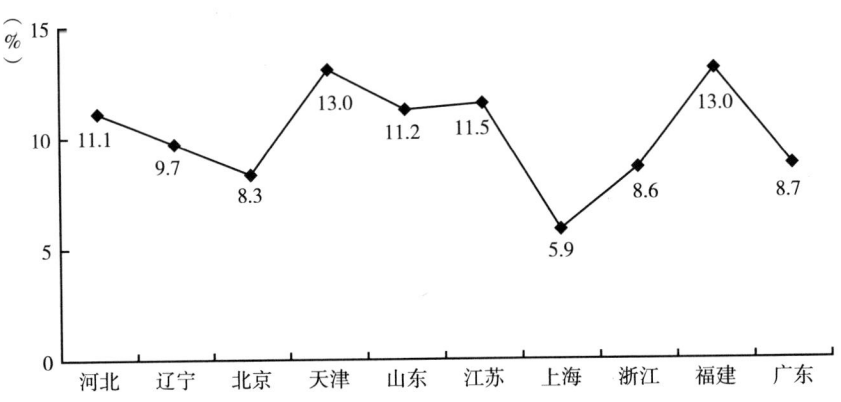

图1　2013年1~9月东部10省市规模以上工业增加值增速比较

（二）重点行业平稳增长

2013年，山东省的机械、化工、轻工、纺织、电子信息、医药、烟草、黄金等行业生产效益均保持稳定较快增长，建材、冶金、汽车、煤炭、电力等行业生产效益稳定回升。一是轻工类产品增势比较稳定。2013年上半年，全省食品制造、木材加工、文教体育用品行业增加值增长11%以上，造纸、家电等大企业相对集中的行业保持8%～15%的增长，其中纸制品产量增长46.7%，晨鸣、华泰等企业加大高档白防纸、白卡纸等高盈利产品的生产，产销水平稳步提高；海尔、海信等重点企业不断改善产品结构，彩电、空调、冰箱产量增长10%以上。① 二是机械、汽车、化工行业较快增长。2013年以来，山东省机械工业保持了自2012年一季度触底后温和发展的势头。主营业务收入、利税总额、利润总额等主要指标累计增幅继续保持在相对高位，1～8月，山东省机械工业11666家规模以上企业完成主营业务收入17438.31亿元，同比增长13.85%；利税总额1665.15亿元，同比增长15.17%；利润总额1113.98亿元，同比增长14.77%；各指标值均列江苏之后，居全国各省区市第二位。全省汽车行业主营业务收入、利润总额累计增幅分别为17.67%、24.5%；产量达到97.6万辆，同比增长19.17%。化肥需求稳定增长，化肥价格仍保持高位运行，企业效益稳定增长，2013年上半年全省化肥产量增长14.8%。三是纺织行业呈现良好发展态势。2013年上半年，全省纺织行业增加值同比增长13.3%，服装行业增长8.2%。重点纺织企业通过增加花色品种，提高高支纱和新型纤维的比重，市场竞争力明显增强。

（三）工业结构逐渐优化，转型升级步伐加快

"十二五"时期是全省工业转型升级的攻坚期，2012年，全省研发经费首次突破千亿元，为山东继续推进转型升级奠定了坚实基础。2013年以来，山东省持续加大工业技改投入，不断优化工业结构，工业转型升级步伐加快。前三季度，山东规模以上高新技术产业实现产值28800亿元，同比增长17.5%。全省现有国家级工程技术研究中心34家，企业国家重点实验室10家，均居全国首位。全省工业技改投资保持20%以上增长速度并逐步加快，1～9月，全省工业技改投资累计完成7979.7亿元，同比增长24.4%。占全省工业固定资产投资的67.9%，占全省固定资产投资的

---

① 郭述禹同志在全省经信工作座谈会上的讲话，http：//www.sdetn.gov.cn。

31.8%。高新技术产业投资力度加大。前三季度，高新技术产业累计完成技改投资2815.1亿元，同比增长27.8%，全省累计到位技改资金9051亿元，同比增长26.4%。各市投资稳步推进。潍坊、烟台、青岛三市投资均突破800亿元，济南、青岛、淄博、济宁、莱芜、临沂六市投资增幅均在30%以上。另外，2013年11月，山东省政府出台《山东省六大传统产业转型升级指导计划》，通过技术突破、产品升级、淘汰落后等手段，推进轻工、纺织、机械、化工、冶金、建材六大传统产业转型升级。2013~2015年，这六大产业主营业务利税年均要递增12%，将为山东工业行业凤凰涅槃打开突破口。①

（四）信息技术产业快速发展

2013年上半年，山东省信息技术产业（含制造业、软件业）统计内规模以上企业个数共3313家；实现主营业务收入5392.7亿元，同比增长17.22%，实现利润249.95亿元，同比增长19.43%，实现利税373.73亿元，同比增长18.82%。信息技术制造业平稳增长。收入增速稳中趋缓，2013年上半年，全省信息技术制造业规模以上企业1353家，实现主营业务收入3973.69亿元，同比增长11.67%。重点产品产量平稳回升，电子产品出口压力较大。软件业务收入增速持续保持在30%以上，效益不断提升，软件开发及服务类产品增长加快。但受国际市场需求低迷及汇率变化影响，软件出口面增速持续回落。重点企业实力增强，山东华芯入围国家规划布局内重点集成电路设计企业，6家企业入围软件百强，7家企业入围国家规划布局内重点软件企业。分区域看，信息技术制造业方面，2013年上半年，山东省主营业务收入总量排名前三位的分别为烟台、青岛和威海，分别占全省的33%、25%和12%，三市合计占到全省的70%；软件产业方面，1~8月，济南、青岛和烟台共完成软件业务收入1427.6亿元（见图2），占全省软件业务的96.9%。产业呈现集中度较高的分布结构。

---

① 《解读山东省六大传统产业转型升级指导计划》，山东省人民政府网，2013年12月5日。

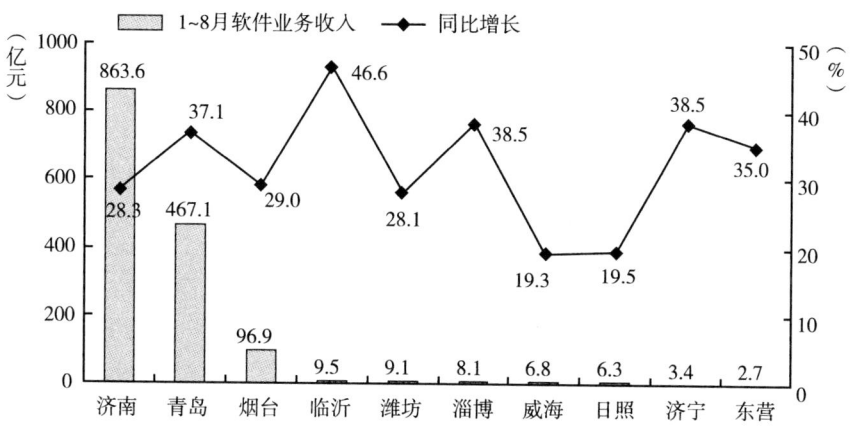

图 2　2013 年 1～8 月山东省软件业务过亿元的地市情况

二　山东工业经济发展面临的主要问题

改革开放 30 多年来，山东经济发展取得了巨大成就，经济发展的工业带动特点也非常明显。但山东的工业发展还面临一系列问题和约束，金融危机以来国内外经济形势复杂变幻，矛盾性和制约性体现得更加明显。山东省的工业化发展仍处于加快转型升级的关键阶段。

（一）重工业产能过剩

2012 年，山东省重工业比重达到 68.9%，比 2002 年提高了 17.8 个百分点；全省能源和原材料行业主营业务收入占比达到 44.3%，其中，石油加工、化工、建材、钢铁、有色、电力等六大高耗能行业占全部规模以上工业的 34.2%。由于重工业化企业规模大，工业附加值高，产值也大大高于其他产业，对 GDP 发展的带动作用强。从 1993 年开始，山东就在全国率先提出并实施"抓大放小"的战略，依靠丰富的石油、煤炭、铁矿石等矿产资源，集中优势资源培育发展大型企业。诸如化工、建材、钢铁、有色、采矿等重工业、基础能源和原材料产业在山东占有很大的比重，而这些工业大都是高耗能、高污染工业，这些工业的发展往往伴随着对能源、环境的过度消耗和破坏，发展缺乏可持续性。同时，为应对金融危机，地方政府为实现 GDP 增长目标，又促使了一些已经淘汰的工业企业重新恢复生产，重工业的发展需要大量的资本投入，产品供给弹性低，产能调整难以适应快速变化的市场需求。同时，由于资产的专用性较强，产业退出壁垒较高，也使得这些行业产能过剩的问题日益突出。产能过剩严重危害到了企业的正常发展，产品价格低于生产成本，使企业面临严重的亏损局面，生产经营活动举步维艰。

（二）传统工业比重高，新兴产业发展困难多

2012 年，山东省工业产值前三位的化工、农副产品加工和纺织业，均为山东省传统优势产业；120 个重点工业产品中，只有电子技术及信息产业、机械行业等 20 个左右技术含量较高的最终制成品，其他产品大都属粗加工初级产品。金融危机后，随着工业总量的扩张和外部发展环境的变化，传统产业的结构性矛盾日益凸显。虽然山东省出台了《山东省六大传统产业转型升级指导计划》，但传统产业的转型发展还有很长的路要走。目前，传统产业质量效益差、资源环境代价高、产业结构不合理、创新能力不强、品牌优势不明显等问题仍然非常突出。实现传统产业由依靠资源消耗向创新驱动加快转变，由一般加工向高端制造加快转变，由粗放式经营向集约化经营加快转变，由以制造环节为重向研发生产营销并举加快转变，由产品竞争向品牌质量竞争加快转变，是传统工业仍然要长期努力的方向。

战略性新兴产业是国际金融危机冲击后，世界主要发达国家或新兴国家的发展重点，山东作为中国经济发展的重要省份，也将战略性新兴产业上升到战略层面，取得了一定的成绩。但目前山东战略性新兴产业发展还存在很多的问题，有些地方不顾产业基础、人才基础、技术基础和外部发展环境等条件，出现盲目铺摊子、重复建设现象，资源浪费、产能过剩问题严重，不利于战略性新兴产业的有序、协调发展。同时，已发展起来的新兴产业，往往地方为追求政绩，只是引进了国外高端产业低端环节的产品生产，并没有掌握新兴产业生产的核心技术，缺乏核心竞争力。另外，新兴产业的链条还没有很好地拓展和延伸，普遍存在市场发育程度差和市场有效需求不足的问题，对其他产业的带动作用还有限。因此，新兴产业的发展必须科学论证规

划，积极促进自主研发和技术水平的提升，培育市场需求，摆脱对国外市场的依赖。

（三）工业集聚程度低，园区转型发展压力大

山东省工业规模大，但积聚程度低的问题也非常突出。在园区经济成为工业发展主要模式的情况下，主要表现为园区经济集聚程度低、发展面临很多需要解决的问题，转型发展的压力大。首先，园区主导产业和大项目的支撑和带动作用不够突出。省内各类、各级园区中普遍存在的问题是，龙头项目少、中小企业扎堆但关联弱、产业积聚度低、主导企业关联带动效应差，链条短；产业体系不完善不配套，没有实现资源优势互补、信息共享、形成发展合力。世界500强企业江苏开发区有716家，山东省只有206家。投资1亿美元以上大项目江苏开发区有40个，山东省不足其一半。其次，园区粗放发展问题仍然非常严重。有的园区没有科学合理的规划，负面效应正逐渐显现，土地资源存在大量浪费现象，影响了园区的集约发展。各类开发园区没有很好地协调规划，为各自的发展，不顾园区实际竞相压价，展开无序竞争，没有错位发展。再次，科技创新能力不强，创新环境不够完善。企业研发投入不足，技术创新和新产品开发、引进技术的消化吸收能力仍比较薄弱。政府资金投入使用效率不高，重复浪费严重。企业有自主知识产权的技术不多，绝大多数企业的产品生产都处在价值链的末端。园区在高新产业发展、创新产业体系建设等方面都明显滞后，很多园区综合配套不完善。

（四）工业区域发展不协调问题仍然突出

工业区域发展不平衡，是山东工业发展的一个重要特点。由于外部环境、要素禀赋和工业基础存在差异，山东省区域之间的工业发展基本形成由东向西梯次分布的特征，由于国家发展政策首先在沿海落实，东部发展环境有优势、工业基础较好，西部工业基础薄弱、发展相对落后。山东一直坚持区域协调发展战略，推动东西部互动协调发展，西部地区的工业发展也取得了一定的成效。2012年，西部地区固定资产投资8626亿元，占全省的28.5%。规模以上工业主营业务收入34400亿元，占全省的29.6%；传统服务业优化升级，现

代服务业加速发展，实现服务业增加值5233亿元，占全省的26.2%。但西部地区相比东部，经济总量偏小，人均占有较低，在全省仍处于欠发达水平。工业产业链条不长，集约集聚发展不够。产业发展存在趋同现象，同业竞争较为激烈。外商直接投资还很少，进出口规模小。2012年，西部地区进出口总额258.4亿美元，外商直接投资16.6亿美元，分别仅占全省的10.5%和13.4%。外贸依存度偏低，与先进地区有较大差距。化工等高消耗、高污染工业比重过大，资源利用率有待提高，环境保护和生态建设任务迫切。当前，西部地区应以《西部经济隆起带发展规划》推出为契机，科学谋划，合理确定发展定位和目标任务，明确主攻方向，更新观念，增强动力，激发活力，善借外力，加快转变经济发展方式，实现工业带动下的经济社会全面协调发展。

（五）工业产品内需仍疲软、外需低迷

工业产品国内市场有效需求不足与部分行业产能相对过剩的矛盾比较突出，生产成本上升和产品价格下降的问题并存，一些行业的盈利水平不断下降，企业经营比较困难。例如，到2013年8月底，机械行业亏损面为6.79%，全行业亏损额为38.28亿元，同比增长3.76%。工程机械、载货汽车、动车组、铁路客车、机床等典型的投资类产品的产量增幅较低或下降，相关行业的企业所承受的困难大于上年。外贸出口延续了2012年以来持续下降的走势，到2013年2月出现负增长，7月达到最低点，为-4.16%，8月略有回暖，为-2.86%。

外销的拉动作用持续减弱。2013年1~8月，山东省机械工业应收账款2343.09亿元，同比增长16.16%，增幅比主营业务收入增幅高2.31个百分点，绝对数为近几年最高值。其中发电及输变电设备、工程机械等行业尤为严重，坏账风险加大。

在外围经济和航运市场尚无明显好转的情况下，2013年1~2月，全国造船完工569万载重吨，同比下降20.9%；全国规模以上船舶工业企业完成工业总产值1029亿元，同比下降4.9%。2月底，手持船舶订单10629万载重吨，同比下降27.4%。手持船舶订单和全国造船完工均大幅下滑，工业总产值出现金融危机以来的首次下降，船舶企业生产经营形势更加严峻。这使山东

口岸一季度出口各类船舶（以下简称"船舶"）3.9亿美元，比上年同期下降25.4%。

作为工业运行晴雨表的社会用电量也反映出以上问题。2013年上半年山东全社会用电量为1951亿千瓦时，同比增长3.94%，增幅比上年同期回落0.50个百分点。其中工业用电增幅放缓明显，较全社会用电量增幅低0.25个百分点。数据显示，化工、非金属、黑色金属、有色金属四大高耗能行业合计用电量615.3亿千瓦时，同比增长2.03%，增幅较一季度和2012年四季度分别回落1.72和6.10个百分点。市场预期回落、产能过剩、产品库存上升、产品价格下滑导致工业企业减产，是造成工业用电量增速较低的主要原因。

（六）工业发展的资源环境约束加剧

推进节能减排，强化低碳理念，逐步实现能源结构、生产方式及生活消费低碳化，是以人为本、保障和改善民生的必然要求。山东产业结构水平低、资源环境约束大，经济社会发展与资源环境承载力不足的矛盾十分尖锐，节能减排形势异常严峻。目前，山东省已成为全国最大的能耗省份，仅电煤消费每年即达1.5亿吨，SO_2和工业粉尘等废弃物排放总量也位居全国前列。单位GDP能耗高于沿海其他省市。日益严重的雾霾天气所暴露出来的生态环境危机，使得相关污染严重的行业成为众矢之的。全球能源资源价格不断高涨，国际绿色壁垒层出不穷。不从根本上改变高消耗、高污染、低效益的传统工业发展方式，山东工业发展的道路将会越走越窄。

面对工业产业的高碳化特征，山东省工业转变发展方式的任务尤为艰巨。伴随着工业化进程的加快，作为老牌重工业化省份，只有创新发展模式，破解发展难题，加速产业转型升级和结构调整，走循环经济发展之路，实现工业发展的高新技术化和生态化，才是山东工业实现长期可持续发展的必然选择。

（七）政府对工业的技术改造投资、金融、财政和监管政策还需要加强

通过政策的、经济利益的和组织的激励等措施，调动工业企业加快发展的积极性，是确保重点工业企业发展速度、上缴税金和项目投资额等明显增长的

重要保证。如2013年，山东技改投资突破1万亿元，技术改造成为拉动经济创新发展的主要动力。在这个过程中，组织实施了新兴产业和重点行业发展专项资金项目190项，安排补助资金和无息贷款支持项目建设，还帮助101个项目申报到国家专项资金。政府的奖励引导政策，就像杠杆一样，撬动更多社会资本流向传统行业技术改造升级。此外，山东省还出台了一系列金融和财政政策支持高新技术企业、传统企业改造和中小工业企业融资发展，起到了一定的引导和促进作用。但在金融危机后，企业普遍资金困难，在技术改造、企业生产方面面临很多的困难，这需要政府有所作为。金融业应创新金融服务，坚持有扶有控，对实施技术创新、淘汰落后产能、企业兼并重组、市场开拓竞争等企业活动，分类采取支持措施。拓宽企业的融资渠道，鼓励多种形式的融资方式，更多地鼓励民间资本进入到支持企业发展的行列。进一步加强财税政策支持，落实诸如技术改造项目进口设备免税、固定资产增值税进项税额抵扣、研究开发费用加计扣除、股权激励等多项政策措施，促使企业将支持资金用于鼓励企业自主创新、加快改造、引进人才、开拓市场等方面。同时，要进一步规范涉企收费和行政执法行为，切实减轻企业负担。强化环保、质量、安全、税收等监管执法力度，规范市场经济秩序。依法加强约束与管控，创造公平竞争环境。

在进一步推进信息化与工业化融合方面，山东省工业仍面临着一些亟待解决的问题。一是政府资金使用过于分散，在"两化"融合的专题项目上资金投入强度不够、专用性欠缺，对关键技术研发与创新的支持仍须加强。二是部分企业利用信息化加强管理的意识薄弱，利用信息技术进行创新的机制不健全且能力不强。三是信息服务业的配套能力不强，信息服务业市场和公共信息服务平台不健全，仍缺乏推进信息化基础建设的资金和人才。这些都阻碍了"两化"融合的协调发展，今后应成为财政支持的重点关注。

三 打造升级版山东工业经济的对策

（一）提升工业特别是制造业技术创新能力，打造山东工业经济升级版

加强技术创新体系建设，推动建立产学研相结合的技术创新体系；不断完

善自主创新的激励机制,采取有效措施鼓励和支持企业提高研究开发费用在企业销售收入中的比重,以便建立有利于科技成果转化和技术创新的有效运行机制;引导企业与国外先进企业合作,尽快缩小与国外先进企业在技术水平上的差距。在此过程中可以运用的手段有:完善技术创新体系,建立内部科技创新体系;强化研发力量,积极培养和引进各类科研人员,增加研发费用的投入;有计划有选择地引进国外先进实用技术,搞好引进消化吸收再创新。通过这些手段把自主创新和国外引进有机结合起来,建立健全包括研究、开发、引进、应用、消化、吸收、创新、推广相互结合、相互促进的新机制。要鼓励具有较完善的研究开发、试验条件和较强的研究开发能力及较高的研究开发投入的企业,建立企业技术中心。要推动企业加大技改投入,选择一批投资方向准、水平高、效益好、能耗低、污染少的项目作为先进制造业的重点技改项目。要围绕先导技术的突破,建立起以技术为核心并由相关产业良性互动产生的"雪球效应"和"溢出效应"机制,推广创新成果,加速实现产业化。此外,由于先进技术的研究需要巨大的投入,而且在其成为有商业价值的产品之前历时很长,企业往往缺乏足够财力支撑先进技术的研究。因此,需要政府对某些科技领域(如柔性制造、极端制造、机器人技术、纳米技术以及微电机系统等)中的先进技术研究给予支持,促进企业创新。围绕山东省战略性新兴产业重点领域,加快重大创新平台建设,着力培育具有超前研发能力和自主知识产权、跟踪国际先进技术水平、达到国内一流水平的企业创新平台。

(二)优化工业经济的空间集聚和空间布局,打造山东工业经济升级版

产业集群是市场竞争的必然结果,它不仅能大幅度降低交易成本、提高效率,还能改进激励方式,创造出信息化、专业化、制度、品牌和声誉等共同财富。更为重要的是,集群能够有效改善技术创新和知识创新的条件,加快生产率的提升,更加有利于创新企业的形成和发展。比如中国苏州工业园区等产业集群化带来了更加完善的配套体系,降低了物流的成本,使得技术和知识更容易在一个相对集中的范围内流通,从而促进创新,实现了产业的升级。山东工业经济应遵循产业集群形成、演进、升级的内在规律,准确把握产业集群不同发展阶段的特征,结合本地区域的经济基础、产业特色和企业优势,科学规划,合理布局定位,统筹区域协调发展,提升整体优势。

(三)提升山东工业经济全球价值链的位置,拓展产业获利空间

要使山东工业获得长期发展的竞争力,必须驱动学习和创新,依次采取OEM(原始设备制造)、ODM(自行设计制造)、OBM(用自己的品牌制造)的方式,不断提升技术能力。目前山东制造业整体上还处于全球产业链的中、低端,以OEM型生产模式占主导地位,企业获利空间小的状况,山东制造业的现实条件要求更加注重引导制造业企业根据自身的技术水平和优势,积极参与并融入全球价值链,利用全球技术资源提升自身技术能力。同时,应鼓励企业加大研发经费投入,尽快完善以企业为主体的技术创新机制,逐步建立起本地化的核心技术开发体系。

全球价值链下的品牌形成方式和形成机制是不同的,要根据不同产品品牌形成机制,制定出不同的政策。对于低附加值的产品,已经形成了产业群,比如山东的纺织业,将它们组织起来,形成营利性渠道组织,逐步脱离被跨国渠道商、品牌制造商和跨国经销商控制的价值链体系,形成新的价值链体系。对于高附加值的产品,进入发达市场的条件尚未成熟,国内市场的品牌建设是重点。对于不成熟的产品而言,标准的科技攻关是重要的核心内容。钢铁、纺织、化工、机械、造纸、食品等竞争性传统制造业企业,提高集中度和核心竞争力的关键是创建自主品牌。这类企业不仅要关注产品的成本控制、制造工艺、质量管理,尤其要着重打造产品的标准体系、产品品牌、战略谋划等价值链的高端部分。要改变须借助别国品牌外销、须经过别国层层技术标准认证的格局,规避知识产权壁垒;要谋划发展出口战略,抢占国际市场,防范反倾销风险。总之,要多从品牌创新、技术创新、标准创新、外贸策略创新等方面来增强核心竞争力,提高山东工业的可持续发展能力。

(四)推进工业资源节约和综合利用,提升山东工业的可持续发展能力

目前,山东工业很大一部分是以高耗能、高污染、低附加值产品的生产和

出口为支撑的，生产方式是粗放型的。然而靠低端产品的低价优势以量取胜的生产，在新的世界环境下已经难以为继。这种靠资源消耗和环境污染来发展的路子是不可持续的，同时也是建设和谐社会所不能接受的。另外应该看到，能源紧张，经济增长的资源约束也越来越显著。山东工业要增强资源忧患意识和建设节约型社会的责任感和使命感，把节能降耗摆在企业生产经营和长远发展的突出地位。以提高资源利用效率为核心，依托技术进步和科学管理，加快资源节约型、环境友好型企业的建设。加大投资力度，组织节能、环保等资源综合利用的关键技术项目的开发，积极参与全球环境问题研究与合作，提高山东工业环境的整体竞争力；大力推行清洁生产，提高能源利用水平，发展循环经济推进资源节约和综合利用。

（五）大力推进人才战略

加强重点领域和主导产业高技术带头人、中青年业务骨干、复合型人才的培养和引进，健全和规范人才激励机制，鼓励技术、管理等生产要素参与收益。积极实施"泰山学者"建设工程和蓝色产业领军人才团队支撑计划，尊重企业家团队，努力增强对创新人才的吸引力和凝聚力，最大限度调动科技人才创新的积极性和主动性。大力发展职业技术教育，整合职业教育资源，加强高技能人才的培训，建立公共实训基地，建立健全以学校培养为基础、企业培训为主体、各类培训基地为依托的人才教育培训体系。要通过建设高级专业创业园和科技谷等，吸引高等院校、科研院所入驻创业，用先进的理念、成熟的经验和高科技成果推进制造业的发展。同时，要采用多种形式，抓好现有员工的培训，特别是要培养一批具有较高操作能力的技术工人，形成多层次、高素质的适用人才体系。

（六）扶持民营经济发展

作为中国的经济大省、农业大省、制造业大省，山东经济一直被称为"群象经济"，大而不强是山东经济始终存在的劣势，山东应大力扶持民营经济发展，破除山东经济发展的短板。增强民营企业自主创新能力，大力发展科技型民营企业。一是以科技创新为引领，大力实施创新驱动发展战略。要把科技创新摆在发展全局的核心位置,依靠创新的巨大力量,引领和推动经济转型向纵深发展。二是抓成果转化。全面落实加快科技成果转化和加强知识产权工作措施,强化产学研结合,推动一批重大成果尽快转化为现实生产力。争取和实施一批国家高技术产业化示范项目。三是抓机制完善。健全科技创新体系,突出民营企业在创新中的重要地位,强化协同创新与科技合作,促进创新要素向企业聚集。开展国家技术创新工程试点,大力培育创业风险投资基金。

2013～2014年山东服务业经济形势分析与对策

蔺栋华　李力充　郭东海*

摘　要： 2013年，山东省服务业总量规模继续扩大，重点服务行业加快发展，新兴服务业异军突起，载体建设不断完善，服务业发展取得较好成效。但是，山东省服务业仍然存在总量偏小、结构不优、信息化程度不高、区域发展不平衡、产业互联互助能力不强等问题。2014年，在进入经济转型升级和城镇化加速发展的关键时期，服务业也将迎来大发展的时期。山东省应高度认识生产性服务业的作用，调整产业政策定位，充分发挥各类企业技术中心作用，加强自主知识产权成果的转化，灵活采用四种模式推进高端生产性服务业发展，并重点推动六个领域的高技术服务业加快发展。

关键词： 服务业　发展态势　存在问题　对策建议

2013年，山东省委、省政府深入学习习近平总书记一系列重要讲话，认真贯彻落实党和国家一系列方针政策和十八大以来的会议精神，总结近年来山东省服务业发展经验与不足，转变观念，把发展服务业作为转方式调结构的重中之重来抓，做出了以改革创新的精神推动服务业跨越发展的战略部署。全省上下确立明确的发展目标，采取强有力的措施，建立完善的考核制度，形成促

---

* 蔺栋华、李力充、郭东海，山东社会科学院经济研究所。

进服务业发展的有效机制,服务业发展取得了前所未有的成效,为2014年服务业发展打下良好基础。预计2014年服务业发展将有不俗的表现,对打造升级版的山东经济,完成中央经济工作会议提出的经济工作的六大任务,实现习总书记对山东提出的"凤凰涅槃、腾笼换鸟;优化产业结构;继续起到领头雁、火车头的作用"要求具有重要意义。

一 2013年山东服务业发展态势

(一)2013年山东服务业发展现状

1. 总量规模不断扩大

从表1、图1可以看出,山东省服务业的生产总值增长平稳,规模不断扩大。2013年前三季度服务业增加值16148.2亿元,占GDP的比重达到40.78%,同比增长9.1%。这是2012年服务业占GDP的比重首次达到40%后又一次提高,在全国的位次前移16位①,服务业占地区生产总值的比重稳步提升,总量规模平稳增长。

表1 2004~2012年山东省服务业产值变动情况

年份	2004	2005	2006	2007	2008	2009	2010	2011	2012
服务业(亿元)	4764.70	5924.74	7187.26	8620.24	10358.64	11768.18	14343.14	17370.89	19995.81
占GDP比重(%)	31.7	32.3	32.8	33.4	33.5	34.7	36.6	38.3	40.0

资料来源:历年《山东统计年鉴》。

2. 重点服务行业加快发展

2013年1~8月批发和零售业绝对量6612.07亿元,增长14.2%,比上年同期有所下降。金融业表现不俗。据统计金融机构本外币存款余额62803.5亿元,同比增长17.2%,比年初增加7362.4亿元,其中,单位存款增加2877.9亿元,占全部新增存款的39.30%;个人存款增加3353.1亿元,占45.55%。

---

① 据山东统计信息网统计数据中的"进度数据"。

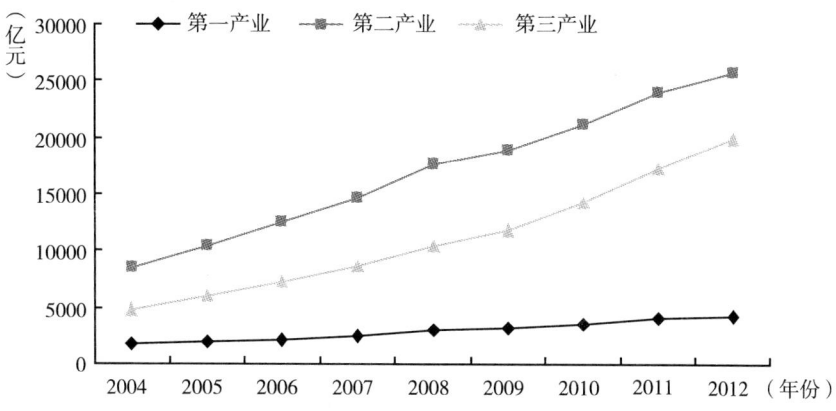

图 1　山东省三次产业地区生产总值比较（2004～2012 年）

金融机构本外币贷款余额 46872.7 亿元，同比增长 11.5%。① 物流业成为山东服务业的支柱产业。2012 年物流业增加值增长 12%，约占全省 GDP 的 7.3%。其中，交通运输、仓储和邮政业产值占全省 GDP 的 5.2%，占服务业增加值的 13% 左右，在服务行业中排第二位。②

3. 新兴服务业异军突起

山东软件业收入近年来以每年高达 30% 的速度增长，2013 年第一季度，全省软件产业实现收入近 400 亿元，同比增长 32.4%，形成以济南、青岛为中心的 19 家服务外包示范基地和 13 家软件园区。山东旅游业由于近几年突出"好客山东"品牌的打造，取得良好成效。2013 年旅游收入仅"五一""十一"假日期间累计就达到 476.5 亿元，服务外包离岸执行额 2012 年达到 21.7 亿美元，连续四年实现倍增。文化产业总量规模快速膨胀，以年均 20% 增幅发展，高于全国和全省同期 GDP 增速，文化产业进入快速增长时期。电子商务在生产生活流通等领域全面展开，像银座电子商务、山东华兴科技、山东卓创等企业快速成长壮大。据资料显示，2012 年山东电子商务交易额达到 7200 亿元。③

---

① 据山东统计信息网统计数据中的"进度数据"。
② 大众网：《物流业成为山东省服务支柱产业》，http：//www.dzwww.com/shandong/sdnews/201311/t20131105_9121472.htm。
③ 凤凰网：《2013 山东服务业发展情况》，http：//sd.ifeng.com/zt/xgsdz/sdfwy/detail_2013_05/22/824612_1.shtml。

4. 投资规模保持快速增长

2013年1~9月,服务业投资达到12413.0亿元,以20.3%的速度增长,三次产业投资比重由上年同期的2.5∶48.8∶48.7调整为2.0∶48.9∶49.1,第三产业增长0.4个百分点。据统计,全省新批外商投资项目983个,同比增长7.3%;新签合同外资122.9亿美元,增长7.6%;实际到账外资102.9亿美元,增长13.1%。据资料,2012年山东建设的过亿元项目2286个,过10亿元项目557个。100个重点项目完成投资386.9亿元。①

5. "四大"载体规模壮大能力增强

自2007年山东实施"四大载体"(50个服务业城区、100个服务业园区、100个服务业重点企业和100个服务业项目)以来,服务业集聚快速发展,规模不断壮大,支撑能力不断增强。据资料,2012年50个重点城区服务业增加值达到了15800亿元,全省约80%的服务业增加值由重点城区贡献;100个重点园区、100个重点服务业企业也都有不俗的表现。

6. 服务贸易奏出新篇章

为更好地扩大服务贸易,山东各级政府出台一系列鼓励优惠政策,取得了明显成效。2013年1~10月,全省进出口总额达到2147.9亿美元,增长6.4%,与前三季度增速持平,主要出口市场有增有降。对美国出口增长4.5%,比前三季度增加1.7个百分点。对欧盟、日本、韩国出口分别下降1.1%、5.7%和5.5%。②

7. 服务业成为就业主渠道

近年来,山东省服务业的就业规模不断壮大,从业人员数、法人单位数不断增加(见表2)。2012年山东省服务业从业人员增加到2141.1万人,占全社会从业人员的比重增加到32.7%。三次产业就业结构由2004年的44.4∶27.6∶28.0调整到2012年的33.1∶34.2∶32.7,三次产业就业呈现三足鼎立之势,服务业成为拉动就业的主渠道。

8. 薪酬状况不断改善

服务业相较于工业和农业而言,薪酬相对较高。由图2可以看出,山东省

---

① 凤凰网:《2013山东服务业发展情况》,http://sd.ifeng.com/zt/xgsdz/sdfwy/detail_2013_05/22/824612_1.shtml。
② 山东省统计局:《1~10月山东经济保持平稳增长》,山东统计信息网。

表 2　山东省服务业规模变化情况（2004~2012 年）

年份	从业人员		法人单位		固定资产投资	
	从业人数（万人）	占全社会从业人员比重(%)	法人单位数（个）	占全社会法人单位比重(%)	投资额（亿元）	占全社会固定资产投资额比重(%)
2004	1605.0	28.0	237055	63.9	2802.3	36.7
2005	1709.0	29.3	258242	62.9	3579.6	34.0
2006	1761.7	29.6	282952	62.2	3935.6	35.3
2007	1826.3	30.0	304730	61.8	4668.4	37.2
2008	1918.6	31.0	397970	65.2	6690.6	43.3
2009	1982.7	31.5	441657	65.4	8800.8	46.2
2010	2042.1	31.9	505795	63.9	11392.5	48.9
2011	2088.4	32.2	547109	63.9	12968.5	50.0
2012	2141.1	32.7	600097	66.2	15207.9	50.2

资料来源：根据《山东统计年鉴2013》整理。

服务业城镇单位就业人员的平均工资略高于全社会城镇单位就业人员平均工资，并且呈现逐年递增的态势。据资料，2012 年服务业城镇单位就业人员的年平均工资为 45011.4 元，比全社会城镇单位就业人员年平均工资高 3107.4 元。

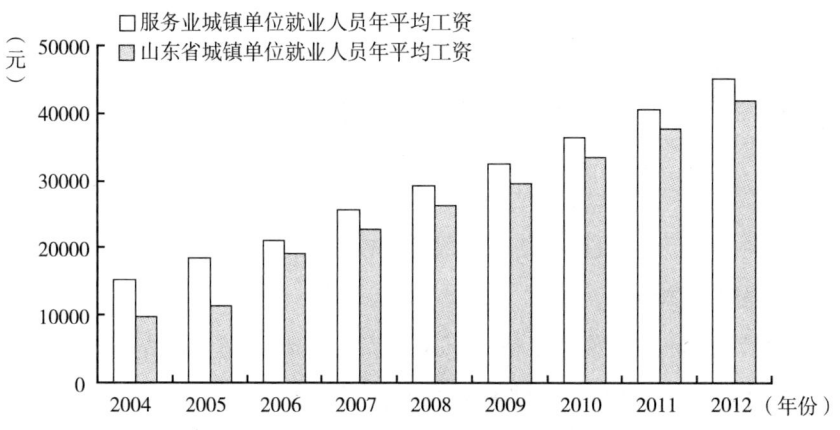

图 2　山东省服务业城镇单位就业人员年平均工资与全社会城镇单位就业人员年平均工资比较

（二）2014 年山东服务业发展展望

纵观国内外发展环境，以当前世界和我国经济的发展态势，山东经济发展的现实，从定量和定性分析都可以断定，在进入经济转型升级和城镇化加速发展的关键时期，服务业也将迎来大发展的时期，山东服务业2014年将呈现传统产业稳步增长，新兴服务业快速成长，文化产业异军突起的特点，总体呈现快速发展的态势。

1. 领导的高度重视

在2013年11月省政府召开的全省加快服务业发展电视会议上，郭树清省长明确指出，"服务业是实体经济的重要组成部分，其发展水平是衡量现代社会经济发达程度的重要标志"。把服务业提到实体经济这一高度是以前所没有的，更不要说是重要组成部分。这种新的思想境界无疑说明，领导的思想解放、观念更新，对服务业发展的高度重视，执政兴奋点由"GDP崇拜"向"多项指标膜拜"转变，这为山东推进转型发展、创新发展、率先发展指明了主攻方向，也为2014年服务业跨越发展提供了思想基础。

2. 雄厚的经济基础

服务业发展三要素是"有钱、有闲、有财商"。没有雄厚的经济做基础，服务业就失去了发展的根本。目前山东省已进入全面建成小康社会的关键阶段，2012年人均地区生产总值达到51768元，按年均汇率折算为8201美元，人们的消费意愿已在追求物质的基础上追求物质与精神的满足，这为服务业发展提供了经济基础。同时，2012年山东城镇化率由2007年的46.8%提高到52.4%。城镇化的有序推进，促进了城市基础设施建设、公用事业、房地产业、医疗保障等行业的快速发展，拓展了服务业投资空间。①

3. 增强的载体示范

山东为加快服务业发展步伐进行了培育服务业载体建设的尝试。2007年实行"三大载体"，2010年又将服务业项目列入其中，谓"四大载体"。与此同时，还将重点园区由2007年的50个增加到100个，2013年将重点项目由100个扩大到200个。经过几年的发展，载体规模不断扩大。由此可见各级政府对服务载体的培育经过了由量变到质变的升华过程，其示范带动效应不断增强，对2014年服务业跨越发展形成有力的引领和带动。

---

① 《山东省服务业发展概况　后劲增强》，舜网http://www.e23.cn2013-05-23。

4. 增大的资金支撑

近几年,为鼓励外商和民间资本投资服务业,山东陆续出台了在企业准入、资金配套、税收减免、项目用地、用水用电等方面一系列促进服务业发展的政策措施。2013年山东省人民政府出台《关于加快服务业发展的若干意见》(简称"30条"),又进一步明确提出加大财政投入。从表2中可以看出,2011年、2012年山东省服务业投资占投资总额的50%。从表3中可以看到,财政服务业投资实现了"以小搏大",服务业发展引导资金只投了2.41亿元,而拉动社会投资达到了155.6亿元。同时,山东政府积极组织"2013香港山东周"和"2013鲁台经贸洽谈会"活动,拓宽了服务业建设项目融资渠道,为服务业发展提供了资金保障。①

表3 2013年财政与社会投入资金情况*

	财政投资(万元)	拉动社会投资(亿元)	支持项目(个)
服务业发展引导资金	24100	155.6	122
主要领域			
物流领域	5900	89.6	36
文化产业	1600	19	11
养老服务业	1700	6.1	11
信息、研发和商务服务领域	3500	17.2	24

* 张玉:《践行市场主导 155亿元民资注入山东服务业》,http://www.dzwww.com/shandong/sdnews/201311/t20131119_9208152.htm。

5. 强力的政策引导

山东服务业"30条"出台,政策红利显现。山东省政府对服务业企业不仅提高了增值税、营业税起征点,并对部分农产品批发、零售业免征了增值税,大幅减轻了服务业企业负担。与此同时,山东省政府拟将6大类300多项公共服务(环卫保洁、园林绿化、养老服务、技能培训)全部纳入政府购买范围。有关部门初步测算,全省财政纳入政府购买服务的资金在100亿以

---

① 《山东:八措施助力服务业发展》,http://sd.ifeng.com/zt/xgsdz/sdfwy/detail_2013_05/22/825304_1.shtml。

上。这对服务业发展是一种有力的支撑,也对全省转方式、调结构、实现升级版山东经济起到积极作用。

总之,尽管山东服务业发展取得了明显成就,但其发展仍存在着很多不足,是经济发展中的"短板",也说明山东服务业发展的空间很大,是经济发展的潜力所在。随着山东上下加快服务业发展的共识基本形成,上下贯通的工作机构基本建立,重点产业和工作推进机制不断完善,经济转型升级和城镇化加速发展需求,服务业也迎来大发展的时期,2014年服务业将是跨越发展的一年,第一、二、三产业融合发展的一年,创新发展的一年。

二 山东服务业经济发展面临的主要问题

党的十八大报告中提出,要加快形成新的经济发展方式,着力构建现代产业发展新体系,不断增强长期发展后劲,"推动服务业特别是现代服务业发展壮大"。因此在打造战略性新兴产业的同时,着力解决制约经济持续健康发展的重大结构性等问题,是山东省服务业经济发展工作的重中之重。从总体上看,服务业经济仍是山东省经济发展的"短板",大部分服务业较为封闭、管理落后、竞争力弱,服务业企业创新活力不足,服务业经济内部结构调整与升级任务繁重;同时,山东省在经济发展中面临的转方式、调结构等重大经济工作任务也都迫切需要服务业提供持续有力的经济和技术支撑。山东服务业经济发展所面临的问题,既有全国"共有"的普遍问题,也有具"山东特色"的特殊问题,主要反映在以下几个方面。

(一)总量偏小,结构不优

根据山东省统计局2013年7月发布的统计资料,1~5月全省重点服务业企业营业收入和营业利润增速虽然均高于全国水平,但户均营业收入却大大低于全国平均水平,仅为全国平均水平的67%。根据《山东省统计月报》报告,2013年1~3季度,全省第三产业的绝对量占三次产业的比重为40.8%,增长速度低于第二产业1.8个百分点;固定资产投资占三次产业的比重为49.11%,增长速度低于第二产业1.3个百分点。按照英克尔斯现代化标准进行考评,世界银行统计第三产业的世界平均水平超过60%，发达国家超过70%，发展中国家平均也超过50%；以此标准对山东省服务业经济进行基本考评，山东省虽然服务业的发展势头较好，但服务业总量仍然偏小，服务业的发展质量不高。

服务业特别是现代服务业作为国民经济的基础产业，对整个经济运行体系发挥着不可替代的重要作用，提高服务业经济总量，是全省提高各行业产业质量的工作基础，也是经济发展调结构、转方式必须保证的首要条件。进一步努力提高服务业经济总量，对于当前山东省扩大内需、增加就业、改善民生、节能减排等省委省政府的经济发展目标，具有十分重要的意义，同时也是构建新形势下国民经济产业体系的重要内容，是促进第一、二产业更好更快发展的基础条件，也是加快城镇化进程、提升城市现代化水平的重要支撑，是改善民生、促进消费的必然要求，是扩大就业的重要途径，是扩大税源最可行的路子。服务业经济总量与结构问题解决了，就有能力并真正实现山东省各行业产业间的互相补充和促进，从而进一步改善产业结构，实现国民经济的良性循环，同时又能够在深化分工、提供就业、提高劳动生产率、提升山东省产业竞争力等方面发挥关键的基础作用。

山东省经济发展的特点一直表现为工业大省和农业大省，服务业特别是现代服务业占比不高。尽管近年来山东省密集出台了一系列鼓励新兴服务产业发展的政策，特别是把发展生产性服务业作为服务业经济发展的突破口，但是整体结构上仍表现为以传统服务业占据主要位置，传统服务业分布广、数量多，向现代服务业转轨的跨越式发展的特点比较突出。近年来虽然山东省的现代服务业发展强劲，但伴随而来的传统服务业的升级改造的压力也十分巨大，随着省委省政府的努力扩内需、调结构、抓改革、惠民生，全面推进经济、政治、文化、社会和生态文明建设工作的不断深入，坚持扩大总量和提升优化并举、不断发现并拓展新兴服务领域，成为山东省调整服务业经济结构面临的重大任务和必解的课题。

（二）信息化程度不高

"信息"成为经济发展的"战略资源"，是服务业产业发展所公认的重要概念，不深刻理解和科学使用信息资源，则服务业经济的"服务"质量和

"服务"效率就必然会大打折扣。山东省还没有推出规范化、专业化的一个大规模信息资源共享平台，还不具备向全社会各行业提供全方位的信息资源服务能力。山东省在努力提高服务业经济总量规模的过程中，面临着如何提高服务业经济发展效益和效率的重大问题。服务业的发展离不开信息化的建设，现代服务业是伴随着信息技术在经济建设各领域的应用渗透而得到快速发展的，服务业的信息化程度，直接关系到提高服务业产业附加值、优化服务业产业结构、创建服务业新的经济发展窗口和经济增长点，对服务业经济发展具有十分重要和积极的促进作用。

根据山东省经济和信息化委员会2013年10月发布的经济指标情况通报，山东省软件和信息技术服务业呈稳中有落态势。1~8月，山东省软件和信息技术服务业累计完成软件业务收入1473.6亿元，同比增长31%，但分别低于上半年最高点和上年同期3.2个和5.2个百分点。信息技术咨询、数据处理和存储服务增长由高速转向平稳，分别实现收入1443亿元和2455亿元，同比分别增长24.8%和24.4%，低于2012年同期0.8和12.7个百分点。重点监测的海尔、浪潮、海信、中创、东方电子、威海北洋6家软件百强企业1~8月共完成软件业务收入359.8亿元，平均同比下降0.27%，占全省软件业的24.4%，其中海尔集团1~8月完成软件业务收入227.9亿元，同比下降8%，拉低百强企业软件业务收入同比增幅6个百分点；6家软件百强企业完成利润总额30.6亿元，同比下降8.6%；完成软件业务出口2.48亿美元，同比下降20.2%。由此看出，山东省服务业信息化从技术装备水平到应用技术手段都面临十分严峻的挑战，加大提高服务业企业的创新动力，应用信息处理的先进技术手段和创建涵盖大、中、小、微企业信息服务的技术平台建设等项任务，都必须尽快落实并启动解决。

事实上，山东省的第一、二产业，特别是装备制造业的产品，无论从质量方面、功能方面还是市场口碑方面都是极具竞争力的，但部分企业在产品项目推广和找市场的过程中，不断出现的却是市场反映"好产品但事前不知晓"的这种"信息公告慢一拍"现象，这充分反映出山东省服务业信息化的覆盖面不广、信息流通不畅和不及时，无法为第一、二产业提供优质服务的问题。当前的经济发展形势特别需要服务业信息化工作及时足量地进行信息采集和整理，向省内外提供两方面的专业精准服务：对内向省内企业提供及时有效的帮助和服务，完善如物流、金融、仓储、保险等服务业的传统服务项目，让信息"流"进来；对外则包括收集反馈市场信息，宣传并扩大山东省产业产品影响力以及提高山东企业竞争力，让信息"流"出去。特别需要通过加强信息化手段和提升服务业企业市场竞争能力，整合全省各行业产业的综合实力，抱团闯市场打天下，向市场宣传推介"山东创造、山东制造、山东服务"。

（三）区域平衡问题突出

根据山东省统计局2013年7月发布的统计资料，1~5月全省重点服务业企业调查单位以济南、青岛、烟台三市的服务业企业数量较多，合计占全省企业总数的37.0%，表现出山东省传统的服务业布局结构没有发生大的变化；但从营业收入增加的速度来看，统计数据表现出各市从接近40%到不足1%不等，发展势头极不平衡。特别是青岛、日照、济南等以往认为服务业基础较好的城市，增速指标和增加值指标却排在全省后三位。

服务业的发展与整个社会产业发展是需要平衡和互动互进的，服务业企业的发展，既依赖于经济结构的调整与转型，也得益于经济转型后的市场细分的专业服务需求。山东省服务业区域发展不平衡的问题，既有局部产业结构不合理的地方，也与全省核心优势产业不强不大有关，反映出全省服务业产业布局没能从具体的经济发展区域特点和局域优势出发，对全省经济优势产业没能从调整产业结构、优先发展服务业特别是现代服务业的目标出发，有效地将经济产业优势转换为市场需求，从而通过对市场合理分析来培育、强化和联合发展技术优势鲜明、利润附加值高、专业服务成规模的优势服务业产业。如果服务业经济发展不能有效解决区域发展不平衡问题，服务业产业不能对全省区域优势产业的创新与发展提供专业、高效、全面和持续的服务支持，则打造发展经济新高地、创造新的经济增长点、提高山东省产业核心竞争力的目标就不可能实现，就无法形成全省经济发展的战略新支撑点。

（四）产业互联互助能力不强

服务业特别是现代服务业，其发展速度与规模较传统服务业更加依赖于其他产业的健康与协调发展，服务业与整个社会经济的产业结构具有高度的关联性,这在制造业与服务业的结合方面表现得尤为突出。在现代制造业中,其产业链较以往变得更长和更加专业化,产业链上的相关企业虽然同属于"制造"业,但大部分都具有明显的"服务传递"的属性。例如,汽车制造业作为经济发展的支柱产业,随着在经济发展过程中产业链的不断拓展,其关联市场也在不断扩大,从上游的零部件的专业化生产到对配套机加工企业的要求以及对终端用户的4S服务,无不体现出产业互联互助的紧密联系和"有效精准服务"。山东虽有大中小等不同规模的汽车制造厂,但能够有效占领为之配套的细分市场的"服务"企业并不多,产业链中的省内大、小企业没有真正形成有效的"互动与互助"。山东"大而全"的服务业企业有,"专而精"的服务业企业少,服务业企业各自为战的多,以市场需求为核心的紧密联系的"生产服务链"的关系弱,与全国其他经济发达省份相比,没有真正形成"生产与服务"的良性循环,从而没有真正带动起山东的精密机加工行业、零部件装配生产等产业链上的"制造业"企业,少见真正实现"技术输出"和"服务输出"的高新服务强势产业,没有形成服务业与制造业应有的高效互动效应。

企业、政府在市场框架下重视并推行利基战略的成功范例在浙江、上海等经济发达地区并不少见。随着山东经济的高速发展,各种服务需求的细分市场必将带来更多的和更新的机遇,这既充分体现出山东服务业经济发展具有强大的发展活力,也是今后山东服务业经济转型和调整结构的基础动力。认真研究优势产业的市场结构、发挥地区和局域优势、在细分市场中做大做强,不仅是国企和民企、大型企业和微小企业的市场行为,也是政府进行调结构转方式过程中进行顶层设计和实现政策落地的首要问题。

(五)大数据时代的政府"市场"地位需要进一步澄清与加强

服务业经济的发展具有其固有的发展规律和特殊性,基于其"服务"的特点而表现出十分依赖于市场变化,以及对于市场需求而实现的自我调节,即服务目标、服务手段和服务动力的"市场化调节"。政府对于现代服务业的规划管理,应重点突出"企业主导、政府引导"的基本方针。党的十八届三中全会公报中,最重要的信息就是要处理好"政府和市场的关系""建设统一开放、竞争有序的市场体系";要将政府置于"市场"之中,发挥其积极引导、鼓励和政策扶持等"市场手段",利用现代化技术手段,使得政府成为"市场"中最为"有效、有力"的特殊"市场服务成员"。

在数字经济时代,"信息"与"高新技术"为政府进行有效服务提供了可行的方法和工具。山东作为经济大省,正处于服务业快速发展的关键阶段,多年来积淀了大量的数据资产,数据价值密度高,虽然有诸如IT产业骨干企业浪潮集团以及国内成立较早的"大数据产业技术创新战略联盟"等技术研发推广企业,但与之相关配套的政府"作为"却不够充分,政府的宏观引导缺乏以论据充分和趋势分析清晰为基础的政策性导向支持,从而使服务业市场的发展盲动性强,没有科学的产业发展战略规划,政府、企业与市场无法形成有机的互惠合作机制。

在宏观层面,大数据时代的精确信息分析和服务可以使政府经济决策部门更敏锐地把握经济走向,制定并实施科学的经济政策;在应用层面,信息数据服务可以提高企业经营决策水平和效率,推动技术与管理创新,给企业、行业领域带来更大的价值和发展空间。政府的责任是为服务业经济发展提供良好的外部环境,政府在政策制定过程中需要精准感知市场和企业的切实问题和需求,进行有针对性的反馈、指导和服务,从而与服务业企业形成和谐的对话互动。政府在新形势下的两大任务有了更加具体的要求和含义。第一,透明的政府:大数据时代对政府的最核心要求就是要建设开放的政府,政府用信息化技术提升创新服务的能力是大势所趋,这是现代服务业企业对于政府最核心的基本要求,政府对于经济社会的管理将会变得更加科学、开放和透明。第二,智慧的政府:大数据时代,政府通过科学分析和对海量信息掌控随时了解市场变化和企业需求,提供有效的前瞻性服务,并对服务业发展趋势制定有针对性的规划与政策,因势利导、应势而动、顺势而为,更好地发挥管理和引导的作用。

三 打造升级版山东服务业经济的对策

升级版山东服务业经济的发展,一方面取决于山东传统服务业的升级改造;另一方面取决于生产性服务业,特别是高端生产性服务业的大力发展。对

于山东传统服务业如何升级改造,学术界进行了许多探讨研究,提出了许多对策建议,省委、省政府出台了鼓励传统服务业升级改造的相关政策及其实施措施,山东省"十二五"服务业发展规划也提出了明确的目标和措施。因此,本研究将打造升级版山东服务业经济的对策重点放在生产性服务业,特别是高端生产性服务业的发展对策上。

高端生产性服务业是现代服务业中具有较强的外溢效应、能够有效带动制造业和服务业升级、提高整体经济竞争力的服务行业集合体。在开放条件下,制造业的产业升级主要是向全球价值链两端攀升,而价值链两端高附加值的研发、工业设计和品牌营销环节,则主要是高端生产性服务业。在全球经济一体化进程中,山东省制造业要在国际上立于不败之地、由制造业大省转变为制造业强省、实现由"价值链低端"向"价值链高端"的攀升,就要从根本上提高山东省制造业的技术水准和附加值,而这取决于高端生产性服务业的发展水平。对此,提出如下对策建议。

(一)充分认识生产性服务业的作用,调整产业政策定位

生产性服务业在山东省的发展落后与其在全国发展落后的原因类似,主要有市场竞争力不强、效率差、规模小、市场化程度低、对外开放程度低、专业化程度低、垄断经营现象严重、管制多、门槛高等问题。这些问题的背后,比较严重的则是政策扭曲和思维意识障碍。长期以来,实际工作部门和学术界自觉不自觉地将服务业当做非产出部门,认为它不创造新价值,服务业的产业功能被忽视,而其非经济职能则被过分强调。生产性服务业产业在这种错误的思维模式下,其发展政策有失偏颇自然难免。对生产性服务业和服务业基础设施的投入长期得不到重视,投资结构严重不合理,片面强调工业尤其是重工业的优先发展;国有垄断经营的许多领域的服务业,生产性服务业也包括在内,由政府牢牢控制专营许多服务部门,取代了市场来配置资源,国有企业办服务业,资源浪费、服务内部化、效率低下、人浮于事。

山东工业化发展的中后期必须充分意识到高端生产性服务业是带动和支撑制造业竞争力的关键因素。单纯的加工制造业会逐渐被取代,失去竞争力,制造业的竞争力将越来越有赖于高端生产性服务业的支撑,如技术研发和工业设

计策划等，单纯靠降低制造成本或者单纯靠扩大制造加工规模的空间将不断缩小，利润空间会持续萎缩。在生产性服务业中，加快发展高端行业技术，有利于推动我国向"中国创造"转型，摆脱"中国制造"的道路，提升我国产业的国际竞争力，以及增强制造业和其他企业的自主创新能力；有利于我国可持续发展的实现、经济发展方式的转变、传统工业化道路的摆脱，促进我国加快走新型工业化的道路；有利于我国社会和经济可持续发展的实现，环境友好型经济和资源节约的建设。

制定生产性服务业产业政策要注意调整产业政策目标，必须将政策目标从以速度、产值为核心转变至以结构优化为核心。经济学理论的研究表明，产业结构以及经济结构不断地转换和优化成为当代经济增长和取得效益的主要原因。产业结构是否合理将直接影响经济的增长和效益的好坏。因此，调整和优化产业结构才是生产性服务业产业政策的制定重点，而不是速度和产值。不断推进经济和市场结构的合理化和高度化，实施相关有效的产业组织政策、生产性服务业的产业结构政策、产业技术政策、产业贸易政策以及产业区域布局政策，切实地解决存在于结构上的问题。要将优化了的产业结构作为一个根本的标志，来衡量产业政策的成功与否。

（二）制定高端生产性服务业产业发展规划和产业政策

为了促进生产性服务业的发展，省政府出台了《关于促进生产性服务业发展的若干意见》。其针对的是整个生产性服务业，高端生产性服务业必然被包含在其中。众所周知，基础生产性服务业想要发展，就必须依靠制造业及其他行业；而高端生产性服务业可以根据实际条件优先发展，并带动其他产业的发展。因此，政府应该大力支持和引导其发展，引入"先发展带动后发展"的战略方针，推动整个服务业的发展。基于其在整个服务业中拥有的特殊作用及地位，更应该受到特殊对待。通过出台相应的政策，并在政策的基础上制定出相应的规划。2007年，深圳市就制定相关政策，并且通过政策的实施，取得了不错的成绩。

政府应以研发服务业的特点为基础，将以服务于高新技术企业为主的现代中介服务业和高技术知识应用密集的生产性服务业，以及服务价值或无形资产满足政府制定标准的高新服务企业纳入高新技术企业的范围，给予税收优惠政策。

同时，大力扶植、鼓励大型产业集团从战略上创造一条内生化的新型企业链升级模式，选取具有较高产业价值链的高端环节，如：研究开发、产品设计、原料供应、产品销售、仓储运输等，逐步在发展中放弃生产制造环节。

（三）充分发挥各类国家级、省级企业技术中心的作用

目前，山东省有国家和省部级技术研究中心、工程研究所及相关重点实验室超过千家。由于这些研发中心所处企业的差异，企业之间为了追逐利益，使它们之间不能实现资源、成果的共享。

为此，一方面，以公益性为原则，组建"共性技术研发中心"，国家级和省级的都需要尽快组建，为全行业提供强大的研发后盾和技术支撑；另一方面，为了使技术研发中心带动行业和产业的技术研发、示范辐射和创新作用，国家级或省级研发中心，从体制上、机制上，如果有条件的话，可以探讨其隶属关系的转变，成为自负盈亏、自主经营的公益机构或企业。政府应给予大力推进、扶持和引导，并出台相应的产业政策和产业规划。

同时，进一步加强行业技术中心建设，发挥其对行业的辐射服务、示范带动作用。一方面要建立行业技术中心运作的长效机制。建立具有多种多样的运行方式、具有更加灵活的体制机制、具有生机和活力的行业技术中心；建立起面向市场选题开发，面向社会整合资源，面向行业提供服务的科学有效的运行机制。另一方面，要进一步加大行业技术中心投入力度。要建立以政府为引导、企业为主体、金融为保障的多形式多渠道的投融资体系，加大对行业技术中心建设的支持。对行业技术中心开发的重大技术创新项目和具有自主知识产权的关键技术，省里要给予重点支持。

（四）加强自主知识产权成果的转化

1. 突出成果转化环节

着力加强对重大科技成果转化环节的支持力度，特别是已经过中试阶段、预期效益较大、亟待产业化的优质创新成果。一是建立多元化的科技成果评价

标准。不同类型的科研项目,应采取不同的评价标准:对于基础类科研项目,要以研究成果的创新程度作为评价标准;对于应用类科研项目,要将其研究成果的转化和经济效益作为评价标准。特别是财政资助项目所产出的科技成果,要将成果的转化情况作为课题结项和评奖的硬性标准。二是设立"全省科技成果转化奖"。由相关主管部门牵头组织,每年奖励3~5个在科技成果转化方面有突出贡献的单位;每年奖励10~15名在科技成果转化方面有突出贡献的个人,建议在每年的全省科技创新大会/产学研大会上予以公开表彰奖励,在全社会营造鼓励科技创新成果转化的浓厚氛围。三是建立分行业的科技成果交易市场或网上交易平台。由行业主管部门或行业协会牵头,建立分行业的科技成果交易市场或网上交易平台,建立专业化的行业内科技成果交易中介机构,将买卖双方从综合类科技成果交易市场繁杂的数据资料和烦琐的交易事项中解脱出来,使科研机构和科研人员专心于做技术开发,解除他们的后顾之忧。

2. 突出产学研结合

鼓励省内外高校、科研机构的优势学科、研发团队、重点实验室、工程技术研究中心等科技资源与山东省企业的强强联合,通过专项实施,逐步形成一个以政府为引导、企业为主体、全社会共同参与的多元化高新技术发展机制。

3. 积极引导利用社会资金

充分发挥财政专项资金的引导支持作用,鼓励风险投资、金融资本、民间资本等对前景良好的自主创新项目进行投资,鼓励地方政府给予项目配套资金,逐步形成项目资金投入的多元化和市场化格局,切实增强地方及企业的责任意识和主体意识。

4. 建立科技成果转化的微观激励机制

一是完善考核激励制度。在产学研项目验收、科技奖励和科研人员职称评审等方面,注重实效考核,增加科技成果的可应用性和产业化前景、成果转化经济效益、科技成果创新性创造性等指标的权重。二是健全产权激励制度。科技成果实现产业化应用的,对产学研合作参与者,适宜产权激励的尽量给予产权激励,带动学研方面参与成果转化的积极性。对于企业参与科技成果研发工作的,科技成果产业化应以产权作为企业投入直接回报。三是加强物质激励措施。科技研发过程中,对科技研发带头人、成果转化负责人可给予适当物质精神激励。四是建立风险激励制度。打破原有的高校和科研院所承担知识产权风险，企业和政府承担投资风险的模式，制定产学研合作风险共担机制；通过税收优惠政策和财政资金投入分担或降低科技研发和转化前期风险，引导产学研各方增加投入力度。南京市2012年初出台的"科技九条"及其实施细则非常值得山东省借鉴参考。

（五）建立山东省高端生产性服务业发展的四种模式

山东省为促进生产性服务业的发展提出了"主辅分离"思路，并出台了有关推进从制造业中剥离出生产性服务业的政策，一批生产性服务业也得益于这些政策而得以快速培育和形成。但制造业要在自身具有核心技术以及高附加值硬件产品的前提下，才能将生产性服务业剥离。"制造服务化"战略在本身附加值还比较低的制造环节更为实际，原因是在把服务的附加值还比较低的制造环节中剥离出去的同时，由服务所创造的利润也随之被剥离出去，从而制造企业在本来利润就比较低的情况下，盈利能力将更为缺乏。事实上，硬件产品价值在国外先进制造业产出中的比重是相当低且在不断下降的，然而服务增值（包括系统解决方案、研发以及服务配套等）的比重却越来越大。由此，本研究结合山东省产业发展实际状况，针对不同产业特点的生产性服务业提出了四类发展模式。

1. 转型模式

主要是为了实现制造业服务化的快速发展。一般分为两种：价值链转型模式（向微笑曲线两端继续发展）和业务主体转型模式（从制造企业向提供整体方案的服务商转变）。具体的实现路径：（1）鼓励大中型的企业借助自身创新设计、市场、品牌的优势，进行制造剥离，不再像原来只提供实体产品，转而提供整体性的解决方案，比如可以给一些大型企业的转型项目以补助或者贴息。（2）支持大中型制造企业转为服务业。可以针对服务业和制造业利润状况制定不同的税收政策，从而引导其向服务性企业转变，成为一些关键服务的供应方，比如行业的设计、营销及品牌。

2. 升级模式

积极推动生产性服务业的提升，尤其是要给创新型、知识型服务业优先发展权。实现的方法是：（1）给服务业的创新平台建设提供专项的资金支持，比如构建公共服务或者基础设施平台等。（2）制定相应政策，给那些高端服务业的创新提供政策保障，将创新工作列为科技部门工作的重点，设立专项基金用于服务业的创新。（3）鼓励企业进行服务工业化的转变。推进服务企业的规模化和专业化发展，从现在的个性化定制转向大规模定制，主动申请知识产权的保护，上报服务的相关标准。

3. 发展高等级生产性服务外包——外包模式

措施如下：（1）促进不同种类的生产服务业在产业链条的上游和下游之间进行协作，形成战略性的联盟，通过战略合作来接受并完成国际上的知识含量高、复杂性强的服务性工作。（2）为了打出"国际金融服务外包交付中心"这块品牌，推动以欧美外包、软件外包、金融服务外包为主的企业认证，培养出新一批的拥有国际资质的服务外包企业。（3）增强财政税务方面的支持。比如说，可以许可当地的制造企业在消费本地的生产服务的时候，依据一定数量的比例来对进项税额采取抵扣。

4. 加速服务向专业化方向发展——剥离模式

鉴于山东省的制造业大部分都在产业链的底端部分，获取利润的空间不足，制造业如果选择服务剥离就需要经过一个逐渐依次推进的过程。现有相对可行的是：（1）剥离不是核心的那部分业务，分离给比较专业的第三方服务业，除此之外也可以在内部创立服务业方面比较专业的公司，使第三方服务业在规模方面的优势得以充分发挥。（2）规模化、专业化地发展生产性服务企业本身。使规模经济充分发挥效应，让服务业的运营成本降低，帮助降低被剥离的那部分企业的成本。（3）通过政府来引导和调节税收杠杆。例如，分离后的税额假如比原来的税额高，由各地财政部门对比原来税额的高出部分予以补助扶持，政策上采取鼓励主业和辅业进行分离等的措施。

（六）重点推进六个领域的高技术服务业加快发展

1. 研发设计服务

支持专业研发设计服务企业发展，建立的研发设计服务体系要能够支撑产业结构进行调整，对于在产业创新能力的提升方面突出研发设计服务的关键作用。创建专业特色服务平台，提升研发服务能力，支持山东省内各类科研院所和高等院校积极走向市场。建设研发设计交易市场，完善中介服务体系和工业设计知识产权交易体系，打造一批知名品牌和研发设计企业，使其能够具有较强的竞争力。

2. 电子商务服务

鼓励相关机构建立可信交易服务平台，对发展壮大的第三方面向中小企业的电子商务服务企业给予重点支持，加快促进第三方电子商务综合服务平台的建设，并且服务平台要能够集信用评估、在线支付、物流、交易、电子认证等服务于一体。

3. 检验检测服务

提升专业化服务水平，推进市场化运营检验检测机构。加强基础能力建设，如测试方法、测试技术等，充分利用现有资源，培育第三方的安全检验、检疫、检测和认证等技术服务，大力发展主要面向生产制造、设计开发和售后等全过程的计量、检验、测试、分析等服务。

4. 知识产权服务

实施知识产权带动战略，重点支持和培育从事知识产权的管理、保护、运用等服务环节的企业。积极发展和培育产权交易市场，鼓励企业投资设立专利代理中介机构，引导和支持知识产权服务机构与各类园区、企业、高等院校及科研院所加强联系合作。

5. 转化科技成果的服务

建立健全科技中介服务体系，重点提升科技成果转化服务的层次和水平。鼓励社会资本投资新型转化实体，提供综合性科技成果的转化服务，包括市场开发、创业培训等多项服务。提升大学科技园、生产力促进中心和科技企业孵化器等相关机构的服务能力，推动市场化运营。

6. 信息技术服务

培育发展新兴信息服务业，着力推进网络技术创新，发展三网融合业务，依托下一代互联网、移动通信网、宽带光纤、数字电视网等信息基础设施建设，使现有信息网络的作用得到充分发挥。支持基于物联网、云计算、移动互联网、山东云计算公共服务平台等一批面向公众和行业的信息服务建设。面向行业应用提供系统解决方案,提高信息安全服务、运营维护、信息系统咨询设计、测试评估和集成实施水平,加强知识库建设和软件工具开发。完善电子信息产品售后服务,推动电子信息产品制造企业的服务转变,提供信息服务和综合解决方案。①

(七)着力抓好高技术服务业载体建设

依托经济技术开发区、高新技术产业开发区、产业示范基地等园区优势,围绕信息技术、研发设计、检验检测、知识产权、科技成果转化、电子商务等服务领域,不断加大加快四大高技术服务业载体建设——"重点项目、产业集聚区、骨干企业、服务平台",积极发挥电子商务、信息技术服务以及研发设计服务等的模范带头作用,将这些发展态势良好的产业作为山东省重点扶持对象,积极推进其整体健康快速发展。

1. 专业化园区的建设

依据各地产业特色、专业及错位发展,以电子商务、生物技术、研发设计、信息技术等高技术服务领域为支持重点,加快专业化园区培育,力争培育出一批资源高效利用、要素高度集中、主业高度突出的高技术服务业聚集区。培育综合电子商务服务平台,使平台能够集物流、交易、支付等于一体;加快公共检验检测服务平台的构建。

2. 加强创新平台建设

建设和完善国家级以及省级的工程(技术)研究中心、工程实验室、企业技术中心等创新载体和平台,加大各项政策的倾斜支持力度,完善并创新平台运作管理模式,不断提高公共创新平台的服务能力和水平。

3. 加强创业孵化平台建设

加大对高技术企业创业孵化平台的政策扶持力度,逐步丰富孵化措施,提高科技成果的转化效率和创新企业孵化能力,充分发挥国家级孵化平台、生产力促进中心的示范、带动和辐射效应,建设一批高质量的创业孵化平台。

---

① 国务院:《关于加快发展高技术服务业的指导意见》,《中华人民共和国国务院公报》2012 年 1 月 10 日。

B.6 2013~2014年山东海洋经济发展状况分析与对策

郝艳萍 王圣*

摘 要:
> 2013年,山东省海洋经济整体发展良好,青岛、烟台、威海、日照、东营等地海洋产业发展平稳。但是,结构不够优化、科技成果转化率不高、资源开发利用不合理等问题依旧存在。2014年,山东省应从加快调整海洋产业结构,培育战略性海洋新兴产业;提高海洋科技的自主创新能力,加快海洋科技成果的转化;转变海洋资源开发利用方式,推动海洋经济增长方式的转变;加强海洋综合管理,以生态系统的理念管理海洋等方面打造海洋经济升级版。

关键词:
> 海洋经济 发展态势 主要问题 政策建议

一 2013年山东海洋产业发展态势

(一)我国海洋产业发展概况

2012年中国海洋生产总值突破了5万亿元大关,海洋生产总值占同期国民经济总量的9.6%。我国海洋经济保持平稳、较快增长,海洋产出规模、海洋产业结构、涉海就业均取得了明显成绩,海洋经济空间布局基本形成。2012

---

* 郝艳萍、王圣,山东社会科学院海洋经济研究所。

年，我国海洋生产总值达到了50087亿元，比2011年增长了7.9%，与2001年相比，年均增长17.7%。其中，海洋产业增加值29397亿元，海洋相关产业增加值20690亿元。海洋三次产业结构进一步优化，比重分别为5.3%、45.9%和48.8%，分别实现增加值2683亿元、22982亿元和24422亿元。海洋生产总值占国内生产总值的9.6%，根据《全国海洋经济发展"十二五"规划》，2015年我国海洋生产总值占GDP比重将达10%。

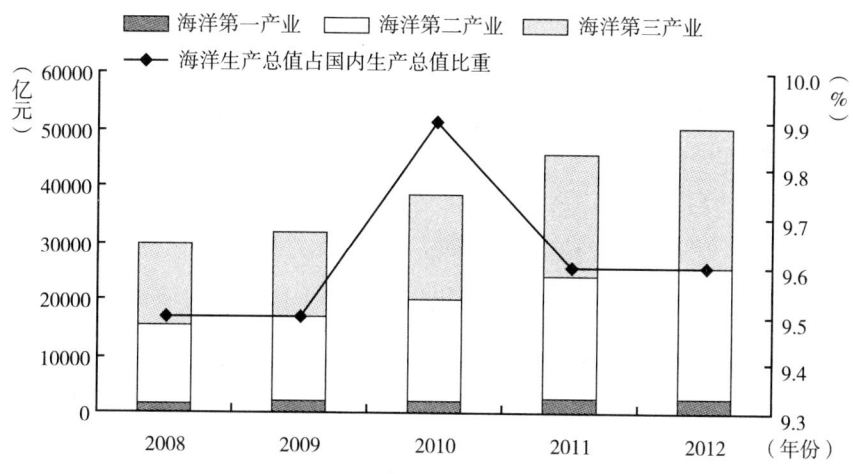

图1　2008～2012年全国海洋生产总值情况

如图1所示，2008～2012年海洋生产总值呈现总体上升的趋势，三次产业比重逐渐优化。海洋产业方面，海洋传统产业始终保持高增长态势，新兴产业布局初步形成，海洋服务业增长迅速，沿海地区海洋经济规模不断扩大。海洋渔业继续保持稳定增长态势，2012年实现增加值3652亿元，比2011年增长6.4%，海洋捕捞总体保持稳定，并逐步向深海拓展，远洋渔业与深海渔业的综合实力正在逐步增强，海水养殖生产势态良好，在控制总量的基础上，加强了对鱼苗的培育，产品附加值进一步提升，并且有较好的市场预期。海洋油气业增速呈现负增长，2012年实现增加值1570亿元，比2011年减少8.7%。增速放缓主要是受国际油价波动的影响，同时国内经济增速减缓压力增大，受能源市场的预期波动影响，油气生产调整和产能控制等多重因素导致了海洋油气业的增速不平稳。海洋矿业继续保持增长态势，海砂开采管理力度不断加强,产业秩序得到进一步规范,2012年实现增加值61亿元,比2011年增长17.9%。海洋盐业增速呈现负增长,2012年实现增加值74亿元,比2011年减少7.3%。海洋化工业发展态势趋好,2012年实现增加值784亿元,比2011年增长17.4%。海洋生物医药业发展势头良好,2012年实现增加值172亿元,比2011年增长13.8%。随着大规模海上风电场的建成投产,海洋电力业发展势头总体良好,2012年实现增加值70亿元,比2011年增长14.3%。海水利用产业发展环境逐步趋好,产业化进程逐步加快,海水利用业呈现稳步发展态势,2012年实现增加值11亿元,比2011年增长4.0%。海洋船舶工业积极推进转型升级,加快调整产品结构,但受全球航运市场持续低迷的影响,交船难、接单难、盈利难等问题依然突出,2012年实现增加值1331亿元,比2011年减少1.1%。海洋工程建筑业继续保持平稳增长,新开工项目和在建工程稳步推进,2012年实现增加值1075亿元,比2011年增长12.7%。受国内外宏观经济环境影响,海洋交通运输业虽继续保持增长态势,但增速持续放缓,2012年实现增加值4802亿元,比2011年增长6.5%。滨海旅游业继续保持健康发展态势,产业规模持续增大,2012年实现增加值6972亿元,比2011年增长9.5%。[①]

(二)2012~2013年山东海洋产业发展的态势

1. 海洋产业发展动态

2012年,山东省将具有基础优势和发展潜力的海洋生物、海洋装备制造等五大产业作为发展重点,大力培育了50个海洋产业重点项目和60家骨干企业,不断壮大海洋产业的规模和综合竞争力。2012年,山东海洋生产总值达到9460亿元,增速比全国平均高7个百分点,居全国第二位。

在海洋特色园区建设方面,山东积极推进建设青岛西海岸、潍坊滨海等4个海洋经济新区和青岛中德生态园等3个中外合作产业园,对全省18个海洋特色产业园予以认定并重点扶持,形成了一批特色鲜明、发展潜力巨大的海洋产业园。2013年上半年,4个海洋经济新区实现生产总值1461亿元,公共财

---

① 国家海洋局:《2012年中国海洋经济统计公报》,中国海洋信息网,2013。

政收入 115 亿元，以占全省 2.2% 的陆域面积创造了全省 5.6% 的生产总值和 4.5% 的财政收入。①

为进一步深化体制机制改革，山东烟台、潍坊、威海等重点城市对行政区划进行了调整，以适应新形势发展的需要。青岛西海岸、烟台东部、潍坊滨海、威海南海四大海洋经济区和中德生态园、国际海洋城、滨海产业园三大园区是近年来海洋经济建设发展的重点项目。创新陆地和海洋的综合管理模式，探索开展海洋综合管理试点，扩大县（市）经济管理权限，创新开发区、保税港区、出口加工区等各类园区的管理体制。在青岛，黄岛区将与西海岸的胶南市经济区融合，重点建设国际经济合作区保税区等六大功能区的功能扩展。②

产业方面，2013 年，山东省发布了我国首个海洋产业发展指导目录——《山东省海洋产业发展指导目录（试行）》，填补了国内海洋产业发展指导性政策的空白，对山东省海洋产业结构调整与优化升级以及重点产品与技术发展方向具有重要指导价值。

《目录》由鼓励、限制、淘汰三类组成，涵盖海洋渔业、海洋生物、海洋装备制造、海洋化工、海洋运输物流、海洋文化等 10 个产业类别，共 183 项产业内容。其中，通过积极支持项目研发和投资建设，鼓励海洋生物等 10 类产业项目发展。③

2. 区域海洋产业发展状况

青岛市 2012 年，青岛市实现海洋经济增加值 1114.4 亿元，增速达到 19.9%，占 GDP 的比重达到 15.26%。2013 年青岛市重点围绕蓝色产业加快构建现代海洋产业新体系，突破发展四大产业，规划建设 6 个蓝色经济特色园区，重点推进总投资 1600 亿元的 140 个蓝色经济项目，全市海洋经济增加值增长 18% 左右，达到 1300 亿元。实施重点产业优先发展计划，壮大海洋工程装备制造业，大力发展海洋船舶、海洋工程装备、海洋仪器仪表三大产品系列；发展海洋生物医药产业，重点培育发展海洋药物、生物功能制品两大产品

---

① 邹阳：《加速海洋经济山东先行一步》，大公网，2013 年 11 月。
② 张恒：《山东蓝海经济增长极悄然崛起》，《中国改革报》2013 年 7 月 29 日。
③ 魏静馨，尹明波：《山东发布我国首个海洋产业目录》，《中国经济导报》2013 年 2 月 5 日。

系列；培育海洋新材料产业，重点培育发展海洋工程、防腐防污、医用纺织三大产品系列；提升现代海洋渔业，实施中国北方国际水产品交易中心和冷链物流基地等大项目建设，建造20艘以上大型拖网远洋捕捞船。①

2013年上半年，青岛市海洋生产总值达到590.7亿元，同比增长15.5%，海洋经济对GDP增长的贡献率达到29%，对全市经济拉动作用进一步凸显。按照优化发展一产、突破发展二产、提升发展三产的思路，以培育海洋战略性新兴产业为重点，延伸产业链条，构建现代海洋产业体系，推动海洋三次产业协同发展。2013年上半年，海洋第一产业实现增加值29.7亿元，海洋第二产业实现增加值308.1亿元，海洋第三产业实现增加值252.9亿元，同比分别增长4.9%、17.3%和14.9%。②

东营市 渔业养殖、海洋化工与海洋生物工程是东营市海洋产业的特色。

鱼类养殖方面，如何在盐碱条件下发展水产养殖一直是东营市重点课题。2013年，东营市克服各种不利条件，通过新的养殖模式，技术的研究和推广，使用池塘渗水南美白对虾养殖获得成功，长期探索的"上农下渔"盐水开发模式逐步形成，并开始研究黄河三角洲刺参优良品系和配套技术，依托巾海珍品研究所、海洋与水产研究所，引进海参，半滑舌鳎，大菱鲆等名贵水产品，使产业发展取得了显著经济效益。

按照循环经济的理念发展海洋化工产业，利用周围的盐卤资源，提高卤水镁、溴技术的研究和开发力度，围绕盐化工产业开发卤水资源，拉长盐化工的产业链水平，促进甲烷氯化物、环氧丙烷、硅高附加值的有机氯产品的开发，实现盐化工和石油化工产业的有机结合，提高行业的整体技术水平。海洋生物工程，加强以海洋生物活性物质和保健为重点的产品开发，依托大学和其他机构，组织实施一批海洋化工技术项目，促进开发了甲壳素、壳聚糖、螺旋藻等具有良好市场前景的海洋生物制品及海洋药物。③

烟台市 2013年，烟台市出台了《2013年全市海洋经济发展意见》。该

---

① 林刚：《青岛2013蓝色产业目标海洋经济增值1300亿》，《青岛日报》2013年3月28日。
② 尹为鉴：《一谷两区发展提速上半年青岛海洋GDP达590.7亿》，《青岛财经日报》2013年8月15日。
③ 熊兴菊：《东营市海洋产业发展现状及对策建议》，《河北渔业》2013年第6期。

《意见》指出,烟台市将以建设海洋经济率先崛起的海洋强市为目标,加强对海洋经济的宏观指导和协调,进一步优化产业结构,扩大产业规模,加大港口建设力度,提升优化海洋渔业,做大做强船舶及海洋工程装备制造业,大力发展滨海旅游、海洋交通运输物流等海洋第三产业,培植发展现代海洋化工、海洋生物、海洋新能源与矿产、海水综合利用、海洋环保与社会服务等海洋新兴产业,不断提高海洋经济综合实力和可持续发展能力。2012年,全市海洋产业产值完成1720亿元,同比增长16%以上。烟台市海洋产业中,占比前五名的产业占海洋产业总产值的90%以上,按比重大小分别为海洋水产业、滨海旅游业、海洋造船工业、海洋交通运输业和海洋工程建筑业。其中海洋水产业一直居于首位,比重达到1/3以上。2013年第一季度滨海旅游业发展迅速,在总量中的比重首次超过渔业。从全市11个主要海洋产业的发展速度来看,盐业、海洋化工业、海洋电力业、海洋工程、海洋交通运输业、滨海旅游业和海洋矿产业发展速度均高于上年同期,海水综合利用业与上年同期持平。

2013年前三季度,烟台全市海洋主要产业产值达到1583.2亿元,同比增长25.2%,全年主要海洋产业产值有望突破2000亿元大关。在传统海洋优势产业巩固提升的同时,海洋新兴产业快速壮大,特别是海洋生物制药、海水综合利用、海洋装备等,呈现迅猛发展势头,增速均在50%左右。①

威海市 在海洋产业发展思路上,威海以建设海洋高端人才集聚地为目标,统筹海陆基础设施建设,加强海洋生态文明建设,促进海洋经济与生态文明协调发展。提升发展海洋第一产业,着力发展现代海水健康养殖业、增养殖业与高效渔业;创新发展海洋第二产业,重点发展海洋装备制造业、海洋生物产业、海产品精深加工业、海洋新能源产业、海洋新材料产业,强化海洋第二产业的支柱作用;大力发展海洋第三产业,重点发展港口物流业、冷链物流业、滨海旅游业、涉海商务服务业、涉海金融服务业等,强化海洋服务业的带动作用。

日照市 2012年,日照市海洋与渔业经济保持了良好发展态势。2012年日照市海洋主要产业总产值达到680亿元,同比增长10%,水产品总产量达

---

① 韩梅梅:《烟台蓝色经济数据出炉 主要海洋产业产值289亿元》,水母网,2013年4月。

到54.8万吨,同比增长5%;水产业总产值达到230亿元,同比增长10%;水产品出口创汇5.74亿美元,同比增长2.5%;渔民人均纯收入12422元,同比增长12%。2013年上半年,日照全市实现蓝色经济增加值310.44亿元,同比增长11.5%,高于GDP增速1.5个百分点,占GDP的比重已超出45%。①

港口是日照海洋产业的重要支柱,依托海洋和港口,日照市的蓝色经济增加值已经从2010年的423.7亿元增加到2012年的596.5亿元,占GDP的比重由41.3%提高到44.1%。依托日照港的港口优势成长起来的临港产业正成为日照市海洋价值链再造和提升的新引擎。

二 山东海洋经济发展面临的主要问题

(一)总体性与结构性问题

1. 海洋产业结构仍需优化

2001~2005年,山东省海洋产业一直以渔业为主导,而第三产业远落后于第一产业。2006年,山东省政府开始对沿海地区海洋产业进行调整。至今,海洋产业结构调整已取得初步成效,海洋第二产业和第三产业比重各占40%以上,均高于第一产业,但要彻底改变山东省海洋经济粗放的发展模式,仍需要一段时间的发展过程。2012年以来,山东省海洋产业结构变化的幅度不是很大,产业结构不合理成为制约山东省海洋经济持续、稳定发展的主要因素。总体来说,第三产业专业集中度低,协调度不够,产业科技水平有待提高;在第一产业和第二产业都存在专业化优势的情况下,第三产业发展落后于全国平均水平。在海洋产业结构的调整力度上,山东省出台了许多相关政策,产业结构不断得到升级和优化,海洋产业结构变化与海洋经济发展速度是相互适应的,但是应当注意到的是产业结构调整的贡献对第三产业的影响相对较小,与该产业相关的产业链条不完善,产业附加值不高。第二产业比重高于全国平均水平2.9个百分点,说明山东省海洋第二产业的规模还是相对较大的,这为整

---

① 日照市海洋与渔业局:《日照市海洋渔业统计公报2012》,日照统计信息网,2013年3月。

个海洋产业结构调整奠定了一个良好的基础,将对未来的发展起到推动作用,但同时也存在总量多,效率低的问题,应当在资源的合理利用条件下追求产业结构的合理化。

2. 科技成果转化率不高

山东省海洋产业科技成果转化率较低,特别是海洋新兴产业,由于缺乏海洋科技的深入研究,阻碍了海洋经济进一步发展。一些科技水平较高的新兴产业如海水利用业、海洋电力业等,由于受市场规模条件的制约,对海洋经济贡献仍然较小;海洋生物医药业、海洋交通运输业等具有一定发展基础的海洋产业由于受到各种外部因素的影响,成长性略显不足。山东省在海洋科技方面拥有雄厚的科研实力和基础条件,但在产业的自主创新和科技能力的产业化转换上却显得能力薄弱。造成以上结果的原因主要有以下几点,首先是国内科技发展水平以及科研机构引导方向的制约。半岛蓝色经济区海洋新兴产业的技术转换能力不强,科研人员主要从事基础理论研究,在以科研人员为主体的企业在产业化技术、规模化应用、宏观战略研究、特别是市场信息分析方面能力较弱,科技含量高的海洋产业产值所占比重很小,而且创新性不足,大多海洋科技应用于传统海洋产业,海洋新兴产业的关键技术瓶颈亟待突破。其次是规模效应不强,技术的不成熟使得高昂的成本阻碍了科研成果大规模推广及应用,产业未能形成规模集聚,同时,缺少规模效应导致成本劣势,使之不能很好地产生经济效益和社会效益。①

3. 资源的开发利用不合理

山东省海洋生产总值占地区 GDP 的比重一直保持在 30% 左右。尽管在经济结构中具有显著的优势,但产业规模偏小,产业链不完善使海洋经济对地区经济的贡献难以有效发挥。半岛蓝色经济区为山东沿海地市经济发展增添了新的发展契机,但随着投资项目的增多,以及政策倾斜力度的加大,使得各地难免出现盲目扩张、一哄而上、项目雷同和重复建设的现象。由于缺乏全局性的宏观调控和统筹协调,山东省海洋经济布局和定位不清晰,区域内传统海洋产业为主导的格局未发生明显变化,而海洋工程装备、海洋能源、海水淡化利用

---

① 于婧:《山东半岛蓝色经济区海洋主导新兴产业选择研究》,青岛大学硕士学位论文,2013 年。

等新兴产业发展相对缓慢,各地市各自为政,"诸侯经济"现象明显,产业联动性较差,地区之间缺乏合作意识,彼此掣肘,难以成为实现经济社会的全面发展的引擎。海洋产业的行业分工指数显示,山东半岛7个沿海地市间仍存在海洋产业结构同构问题,且各地区所发展的海洋主导产业与地区优势产业的耦合度并不高,存在空间错位现象,这样不仅造成资源浪费与无序发展,还分散产业力量,阻碍产业集聚发展。

(二)海洋产业内部问题

1. 海洋渔业

长期以来,山东半岛海洋渔业的生产方式一直是以传统捕捞为主,并且资源的保护力度不够,由于过度利用,渔业资源大量被消耗,山东半岛近海的大部分鱼类种群数量都有所降低,自然灾害的发生频率明显增加,海洋开始出现"荒漠化"的现象,幼体存活率降低。各主要经济渔业资源种类种群规模逐年萎缩,生物多样化程度降低,种群小型化问题突出。海水养殖业所导致的环境污染问题日益严重,渔业环境受到污染、生态环境失衡。由于海洋空间资源利用压力逐渐增大,海水养殖呈现无序的扩张态势,导致养殖水域受到越来越多外来污染的影响、空间压力导致养殖产业向高密度集约化的方向发展,同时也加重了养殖污染的状况。由于缺少专业的养殖技术支持和疫病防治技术,大多数渔民仍采用比较落后的生产方式,生产规模较小,经营模式粗放,过量使用免疫药物,导致产品质量下降,渔业经济增长缺乏高附加值产品。

2. 海洋化工业

山东省多数海洋化工企业的科技水平较低,产品的增加值主要源自于自然资源的无偿获取和劳动密集型投入,粗放型增长方式仍占主导地位。部分产业产能相对过剩的问题比较突出,结构调整的压力较大,相当多的企业技术装备落后,企业缺乏创新动力,科研投入不足,产品高消耗、低质量现象明显。主要产品价格继续处于较低水平,基本在盈亏边缘,企业生存压力增大。同时,海洋化工产品产量分散,市场集中度低,真正有规模、有效益、有竞争力的较少,传统产品的市场份额难以通过规模化生产获得成本优势。企业间竞争激烈、资源配置效率低,产品面缺乏核心技术支撑,导致了该产业布局分散、规模小、成本高、效益差、缺乏市场竞争力，高附加值的精细化工产品的比例较低。山东省绿色化工技术应用不够普遍，海洋化工排放的三废引起的污染严重。

3. 海洋油气业

山东半岛海洋油气工业地方条块分割的现象较为突出，海洋油气业属于资本密集型产业，仅通过地方一己之力，导致产业普遍存在装置规模小、配套设施不健全、布局不合理、规模不经济等问题。产业信息化水平较低，制约了产业整体的投入产出效率，难以适应国内外油气市场的竞争。半岛油气行业内部没有形成合理的分工协调关系，产业上下游联系松散，难以形成集聚规模。

4. 海洋运输业

通过审视山东半岛蓝色经济区周边各港口的布局可以发现，山东省周边港口密度较大。这些港口已经与广大的腹地建立了紧密的联系，因此山东半岛蓝色经济区港口可以利用的腹地空间受到严重的挤压，并且在这相对较小的腹地空间上，各个港口之间还存在激烈的货源竞争，互相重叠交叉，青岛港地区竞争压力不断增强。因此，腹地相对狭小、货源不充足加之贸易环境的恶化可能无法支持港口实现其快速、大幅度的发展，再加之经济区内各港口自身发展差异较大，种种限制条件使经济区港口无法实现同时、同步的发展，而只能采取逐步过渡、突出重点的发展模式。威海港、烟台港和日照港的基础设施、服务质量与管理能力正在不断提高，得到了许多港口投资集团的支持，并且和一些国际物流企业建立了长期合作关系，各港口之间的竞争不断加剧已成为一种必然。

5. 海洋船舶工业

山东半岛位于中国南北造船中心之间，接受产业辐射的拉动能力较弱。在2008年金融危机之后，船舶工业遭遇了国际金融危机带来的巨大冲击。2008年之前的飞速发展与近年来的惨淡运营使造船界普遍认识到，传统造船业发展面临诸多挑战，而同质化竞争是导致供求失衡的主要因素。山东半岛与船舶产业相关的部门近300家，但整体产业的配套情况与造船强市（如上海、大连和广州）差距很大，其整体竞争能力较弱，缺少大造船基地，高端产业集群尚未形成。山东半岛地区的主要造船企业科技力量普遍薄弱，优势产品集群和集成创新工程发展缓慢，缺乏船舶制造业的科研人才，这些逐渐成为制约其发展的瓶颈。①

6. 海洋生物医药业

山东半岛的海洋生物医药业虽然近年来增长幅度较大，但从总体发展阶段来看仍处于产业层次低，产品结构单一的初级水平。大多数企业的海洋生物医药产品为海藻及水产品初加工产品，包括螺旋藻、藻酸以及鱼油等产品主要用于功能食品的生产，而科技含量高的海洋药物产品很少，一些高端的海洋抗生素、抗肿瘤产品仍是空白，关键性技术问题亟待解决。山东省海洋生物医药产品研发和生产基础设施在国内不具有明显优势，缺乏有效的海洋生物医药技术孵化平台，生物医药产业孵化器、加速器等专业化基础服务平台尚未建立。现有海洋生物医药企业也普遍缺乏足够的研发基金投入和科技力量，企业的自主创新能力严重不足。同时，市场投融资平台也存在很大欠缺。山东省内还没有一家成规模的私营风险投资基金，只有少量政府资助的科技研发和成果转化基金，对整个山东省海洋生物医药产业的发展起不到应有的推动作用。此外，企业规模普遍偏小，缺乏创新型管理人才。海洋生物医药产业属于生物技术产业类群，具有高投入、高风险、高回报的特有产业属性，其发展的基础不仅在于一批创新型的中小型科技企业，也需要一批大企业集团的产业带动力。但目前山东的海洋生物医药产业发展却是以一批技术含量普遍不高的中小型水产品加工及海藻化工企业为主体，缺乏有研发和市场竞争实力的大型海洋生物企业集团，特别是国内外知名的海洋生物医药企业集团。多数创业型海洋生物技术公司规模小，以研发人才为主组建，懂技术的市场营销人才不足，管理者缺乏先进的市场和管理经验，成为中小型海洋生物医药企业创业发展的根本制约因素。此外，海洋生物医药科技成果交易市场尚不完善，普遍存在着知识产权意识淡薄，市场交易不畅的问题。一些有相当市场潜力的海洋生物医药研究成果得不到有效利用和开发，一些已开发的海洋生物医药产品遭受大量侵权和不正当的市场竞争。

7. 滨海旅游业

滨海旅游业消费市场目前发育仍不完善，旅游产品基本以短线游为主，省

---

① 任博英：《山东半岛海洋产业集聚与区域经济增长问题研究》，中国海洋大学硕士学位论文，2010。

内游客占近半数,国际市场仅仅局限在邻近的个别国家,国际市场有待拓展。此外,滨海旅游产业链条仍在构建之中,目前来半岛地区的游客,探亲访友与参加商务活动的占半数以上,观光游和大众游占了很大比例,度假游、生态游等融合度高、体验性强的深度旅游发展缓慢。《中国旅游业"十二五"发展规划纲要》中提出,环渤海旅游区要在现有的旅游业发展基础上,充分利用滨海和海岛资源,发展"山海一色和海岛自然风光旅游资源区",大力开展滨海旅游度假产品。同时与当地古文化遗址、民俗风情旅游区等协调规划,促进共同发展。半岛滨海地区海岛众多,旅游资源丰富,也不乏文化底蕴深厚的历史遗产,但由于产品开发定位不准确,产品文化内涵发掘得不够深刻,致使旅游产品仍停留在游览观光阶段,尚未形成度假、休闲、疗养等多层次一体化的产品结构。

三 打造升级版山东海洋经济的对策

(一)加快调整海洋产业结构,培育战略性海洋新兴产业

优化海洋产业结构是海洋经济提速发展的基础,它不仅反映了海洋资源开发中各海洋产业部门之间的规模比例,同时也揭示了它们之间的相互关系。随着海洋经济的发展,我国的海洋产业结构不断调整,但与发达国家相比,中国海洋产业结构仍处于初级阶段。要实现真正意义上的海洋产业结构优化升级就要充分考虑生态系统、社会系统和经济系统的内在联系和协调发展,建立资源节约和综合利用型的合理的产业结构,获得更高的结构效益,在不增加投入的情况下实现海洋经济增长,从而促进海洋产业更好、更快、更稳定地发展。海洋生物医药、海水综合利用、海洋能和深海矿业等战略性海洋新兴产业等海洋产业的发展潜力巨大,也是山东省海洋产业未来发展的重点。以海洋经济可持续发展为目标,把海洋生态环境保护纳入海洋产业的范畴之中,使生产过程及最终产品符合"社会—经济—自然"之间的和谐关系,并使生态系统形成良性的循环,因而具有广阔的发展空间和巨大的潜力。为此,要从战略的高度来重视这些产业的发展,要不断提高战略性新兴

海洋产业在海洋经济中的比重,逐步转变海洋经济发展过度依赖资源的现状,减少对环境的破坏,体现海洋产业的社会责任感和经济贡献。通过增加投资,组织科技攻关等有力措施及时解决这些领域在产业化开发过程中遇到的各种问题,尤其要加强战略性的海洋高新技术项目的研究开发,以新的理论和新的方法来延长海洋经济的产业链,积极开展海洋科技的源头创新。优先推动海洋关键技术集成和产业化,重点推进高新技术转化和产业化,努力探索出一条资源消耗低、环境污染少、科技含量高、经济效益好的战略性海洋新兴产业的科技发展模式,不断优化升级海洋产业结构,巩固海洋经济在山东经济发展中的支柱地位。

(二)提高海洋科技的自主创新能力,加快海洋科技成果的转化

科技与产业的融合是推动海洋产业转型升级和结构优化的主要保障。未来随着海洋资源开发向纵深推进,不仅传统海洋产业升级对科技的要求将进一步提升,而且新兴战略性海洋产业的培育也要依赖科技创新。为此,加强科技创新和科技成果转化,是实现海洋经济结构优化、产业转型升级的必由之路,科技创新是培育海洋经济实力、提高海洋资源价值的内在动因,也是海洋经济核心竞争力的关键。

海洋战略性新兴产业就是海洋高技术产业。海洋新能源、海洋高端装备制造、海水综合利用、海洋生物医药、海洋环保和深海矿产资源开发等海洋战略性新兴产业是山东半岛蓝色经济区建设重点培育和谋划的内容,其形成和发展依赖于新能源开发和利用技术、高端装备制造技术、海水淡化和化学元素提取技术、海洋生物技术、环保技术、深海矿产资源勘探和开发技术等科学技术研发能力及科技成果的应用和转化水平的提升。[1]《全国科技兴海规划纲要(2008—2015年)》明确指出,要实现海洋科技的自主创新,首先要推进海洋科技的集成创新,增强海洋生物资源开发利用、海水淡化与综合利用、海洋油气和矿产资源勘探开发等技术密集型产业的技术集成能力。[2]鉴于海洋经济的

---

[1] 于会娟:《山东半岛蓝色经济区海洋科技创新的支撑体系研究》,《青岛行政学院学报》2011年第2期。
[2] 林强:《蓝色经济与蓝色经济区发展研究》,青岛大学博士学位论文,2010。

复杂性，为提高海洋科技创新的效益和效率，海洋产业的系统性、产业链的群体性是创新过程中需要特别关注的焦点问题。为了使各种创新要素合理匹配、有效整合，共同形成一种新的、创造性融合的有机整体，实现资源优势互补，必须以集成创新理论来指导山东半岛蓝色经济区建设，以海洋科技的创新带动发展战略、制度因素、产业选择以及管理体制等系统性的创新思路，将关注的焦点从单项创新、理论实验转变到集成创新、技术转化上来，实现资源的优化配置，为海洋经济发展凝聚动力。① 具体应做好以下几个方面的工作。

1. 加强创新能力建设，完善科技创新体系

应依托现有科技力量，整合优势科技资源，注重对人才的培养，形成合理的人力资源梯队，充分发挥科技创新对产业链的融合和渗透作用，增强集聚的辐射带动效果。一方面要巩固提升海洋传统主导产业基础技术的研发，充分利用公共技术的溢出效应；着重促进高新技术产业的科技创新，通过多种渠道，搭建跨所有制的投融资平台，对科技型小微企业予以政策上的扶持，加快海洋科技成果信息共享与转化。另一方面要加快建设以企业为主体、以市场为导向的创新科技融和机制，鼓励有条件的企业与高校、科研院所通过项目带动建立新型战略合作关系。另外，改善创新服务体制，充分利用市场的资源配置功能，特别要依托现有各类经济园区，建设一批创新成果产业化基地。②

2. 建立完善的海洋科技创新体制，优化科研资源配置

特别是要围绕提升战略性海洋新兴产业的竞争能力和发展潜力，优先推动海洋关键技术成果的先试先行，鼓励发展海洋工程装备、海洋生物、海水利用技术、海洋可再生能源发电技术等促进海洋经济从资源依赖型向技术带动型转变③；依托产学研的一体化机制和科技成果产业化服务平台将技术研发与应用推广紧密衔接，将科学技术尽快转化为现实生产力，建立以政府扶持为前提、以市场机制为导向的海洋科研体系、产业化体系，提供共享研发平台，整合科研资源，以利于研发终端与市场终端更好地连接，让大批海洋科技成果实现产

---

① 郑贵斌：《山东半岛蓝色经济区战略定位与建设思路初探》，《理论学习》2009年第8期。
② 国家发展和改革委员会：《山东半岛蓝色经济区发展规划》，2011年1月。
③ 郝艳萍、仲雯雯：《战略性海洋新兴产业发展六大路径》，《中国海洋报》2012年12月24日。

业化、规模化发展，使海洋科技成果的转化速度和转化率都处在较高的水平上，为山东海洋经济的可持续发展奠定坚实的基础。①

（三）转变海洋资源开发利用方式，推动海洋经济增长方式的转变

随着区域经济发展纳入国家总体发展战略布局，区域海洋经济正在步入大发展时期。因此，要想打造好升级版海洋经济，使海洋经济成为山东经济发展的新引擎，就要按照《国家海洋事业发展"十二五"规划》中"加快转变经济发展方式"的战略决策，切实转变海洋经济增长方式，由粗放型向集约化、现代化方向转变，从而带动海洋产业的优化升级，缓解当前海洋资源低效使用的约束，以保证海洋经济又好又快地健康发展。坚持以可持续发展的理念为指导，创新海洋的生态发展模式，严格限制单位 GDP 能耗较高的海洋产业的发展。② 要认真贯彻实施《全国海洋经济发展规划纲要》，进一步优化区域产业布局，以高新技术培育海洋新兴产业、改造传统产业，以技术创新带动海洋产业的生产力水平。从结构优化和技术进步入手，加强生产管理，鼓励理性消费等多方面采取综合系统的措施，需要政府、企业、消费者以及社会各界共同参与、通力合作来促进海洋经济增长方式的转变。

相关部门需要统筹协调、总体规划，对海洋资源的开发利用和海洋环境的保护、改善进行科学安排，为区域海洋经济的可持续发展提供基础保证。

（四）加强海洋综合管理，以生态系统的理念管理海洋

我国海洋管理体制是在陆地管理基础上形成的，由交通、渔政、环保、海事、边防、海关等多个行政部门构成。由于受海洋管理体制的束缚，我国海洋经济的发展长期以来存在着政出多门、令出多头的问题，海洋产业由于分属不同领域也存在多头管理的困扰，对产业内事务的管理重复交叉，相互掣肘的现象时常发生，严重影响了海洋管理综合效益的发挥。为此，山东省应当借鉴在海洋经济方面较为成熟的有益经验，有针对性地对现行海洋行政管理体制进行

---

① 陈超贤：《蓝色经济区建设背景下提升山东海洋科技创新能力研究》，《青岛行政学院学报》2012 年第 2 期。
② 国家海洋局：《国家海洋事业发展"十二五"规划》，2013。

改革。加强对海洋经济发展重大决策、重大项目的综合协调,加强各部门的沟通和协作,特别是要建立环保、海洋、海事、港口、渔业等部门之间政务协同机制。此外,还要建立专家咨询制度。聘请国内相关领域的专家、学者对宏观性、方向性的重点问题提出政策建议,认真听取一线工作人员的意见,对关键技术不断完善。

我国实施以生态系统为基础的海洋综合管理就需要建立相应的协调机制,统筹管理各个海洋产业的相关事宜以确保海洋经济快速协调发展。具体来说,山东省应建立海洋经济管理委员会,整合山东省各产业的力量,形成相对集中管理和统筹协调的机制。主要职责包括制定山东省海洋经济发展规划,加强对海洋经济的宏观战略指导和发展方向的引领;安排好海洋经济相关的日常工作,统筹配置海洋产业资源,协调地区间海洋产业发展关系,提升总量,优化结构。加强海洋经济统计工作,定期发布统计公报,细化相关指标,搭建海洋经济信息服务平台,对供需信息进行及时有效的分析。开展海洋经济调查工作,建立市场波动预警机制,加强海洋经济的监测与评估,及时掌握第一手资料。科学引导沿海地区产业发展的投资规模与空间布局。在省内设立各地区海洋经济管理委员会,委员会负责本地区的海洋经济发展规划,监控海洋经济的运行状况,同时建立海洋经济信息大数据库平台,做好信息共享,与其他地区的海洋经济管理委员会协同配合,从综合管理的大局出发,从宏观角度合理配置资源,保障全省海洋经济整体效益的发挥。各地区海洋经济管理委员会应及时沟通、汇报本地区海洋经济的发展情况,发现产业发展中的重点问题,并提出相应的对策建议,在机制建设和管理制度上协调发展,为山东经济的高效发展提供有力的保障。

(五)加强海洋生态环境保护,完善海洋环境保护体系

第一,强化海洋环境监测监督。建立覆盖全省近海海域的立体环境监测和环境预报预警网络,实施以海洋环境容量为基础的总量控制制度。探索建立海陆统筹的海洋污染防控机制,在深入研究近岸海域承载力、海洋环境容量和环境保护目标的基础上,科学制定污染物排放控制总量。

第二,完善海洋环境保护法规体系。逐步建立并完善能够适应国际趋势变

化的、系统性强、实用性好的海洋保护法规。明确海洋资源产权主体,使海洋资源得以有效保障,同时理顺各海洋保护区之间的关系,明确各自功能定位,完善海洋资源价值评估体系,做好统计工作。完善产权登记等制度,建立统一的海洋保护区管理体系,以市场制度逐步规范海洋资源的开发利用权,规划沿海特色海洋保护区,形成产权运营机制。①

第三,建立海洋环保跨区域合作机制。共建区域海洋生态环境资源账户,实时监控排海污染物总量,实行源头控制。做好功能区划,对重点海洋生态功能区实行严格的监督。加强涉海工程项目的环境影响评价,防止技术和时机不成熟的项目产业化,坚决杜绝以生态环境为代价换取经济收益的行为。

(六)加大财税支持力度,拓宽海洋经济发展投融资渠道

加大财政对海洋事业的扶持力度,对蓝色经济区内重大基础设施建设、重大产业布局、项目审核等方面给予支持。如抓紧制定《海域使用金管理办法》,重点支持海洋基础设施建设、海洋生态建设、海洋环境整治和防灾减灾,以及支持海洋科技创新体系建设、重大海洋科研攻关和重大海洋科技项目的产业化示范。拓宽涉海企业融资渠道,全力推进银企合作,设立海洋经济发展专项贷款,支持和鼓励优质涉海企业上市融资、发行企业债券。扩大海洋领域的对内对外开放,实现投资主体多元化;鼓励产业投资、基金投资海洋综合开发的企业和项目。②

---

① 国家海洋局:《国家海洋事业发展"十二五"规划》,2013。
② 吕伟:《烟台市海洋产业结构调整及发展战略研究》,山东师范大学硕士学位论文,2013。

B.7 2013~2014年山东开放型经济发展状况分析与对策

王鹏飞 卢庆华 王爽*

摘　要： 2013年，山东开放型经济稳步发展，质量和效益持续提升。然而随着新战略机遇期的到来，山东开放型经济发展中存在的短、中长期问题与制约因素日益显露，山东若要打造升级版的开放型经济，必须加快培育外贸核心竞争新优势、着力提高利用外资的综合效益、积极推进对外投资合作、大力促进园区集约发展、推进体制机制创新。

关键词： 开放型经济　发展态势　主要问题　对策建议

作为沿海开放大省，2013年山东开放型经济得到长足发展，在推动山东经济文化强省建设中发挥着重要作用。然而，随着新战略机遇期的到来，山东开放的内外环境已经或正在发生剧烈变化，山东开放型经济若要实现可持续发展，必须"拓展对外开放广度和深度，提高开放型经济水平"和"完善内外联动、互利共赢、安全高效的开放型经济体系"，打造升级版的山东开放型经济。

一　2013年山东开放型经济发展态势

山东作为中国东部重要的沿海经济开放地区，开放型经济的发展在其中起

---

* 王鹏飞、卢庆华、王爽，山东社会科学院国际经济研究所。

到了极其重要的推动作用。2013年，山东在把握新战略机遇期所带来的重大机遇的同时，依靠自身比较优势，积极发展开放型经济，全面参与国际分工和竞争，取得令人瞩目的成就，但也存在一系列问题，亟待解决。

（一）对外贸易持续增长，外贸质量和效益有待提升

2013年，山东通过加快转变外贸增长方式、积极推动贸易结构调整，使贸易规模、贸易结构、贸易市场等发生很大变化，对外贸易额持续增长，全国外贸总名次进一步巩固。

（1）对外贸易规模不断扩大　2013年，随着新战略机遇期的到来，山东进一步调整了外贸发展战略，使得对外贸易规模不断扩大。据统计，2013年1～10月，山东实现进出口2151.94亿美元，同比增长6.4%，占全国贸易总量的6.32%。其中，出口1085.75亿美元，同比增长2.6%，占全国出口总额的6.03%；进口1066.19亿美元，同比增长10.4%，占全国进口总额的6.66%。

（2）对外贸易结构进一步完善　从出口商品结构看，2013年1～10月，山东机电产品出口、高新技术产品出口、纺织服装出口、农产品出口占全省出口总额的比重分别为36.9%、12.3%、16.5%、11.4%。与此同时，进口商品结构亦日趋合理，国民经济发展和结构调整所需的机电产品、高新技术产品、资源类商品进口增幅较大。2013年1～10月，山东高新技术产品进口124.12亿美元，同比增长10.9%，占进口总额的11.6%。其中，仪表仪器进口28.39亿美元，同比增长22.6%；电器及电子产品进口101.79亿美元，同比增长8.2%；机电产品进口218.62亿美元，同比增长7.0%，占进口总额的20.50%；部分资源类商品进口增长较快，其中铝矿砂、铁矿砂、煤、铜及铜材、初级塑料等商品进口分别增长2.2倍、81.5%、43.1%、30.4%和17.3%，合计拉动全省进口增长13.6个百分点。[①]

（3）对外贸易方式不断改善　2013年1～10月，山东一般贸易保持较快增长，实现进出口额1341.17亿美元，同比增长14.0%，高于全省总体增幅

---

① 山东省商务厅：《10月份全省对外贸易平稳增长》，山东国际商务网，http://www.shandongbusiness.gov.cn/public/html/news/201311/289763.html，2013-11-18。

9.4个百分点。其中,出口612.68亿美元,同比增长8.9%;进口728.49亿美元,同比增长18.6%。加工贸易出现负增长,2013年1~10月实现进出口额638.04亿美元,同比增长-3.8%,低于全省总体增幅10.2个百分点。其中,出口424.83亿美元,同比增长-5.3%;进口213.21亿美元,同比增长-0.7%。一般贸易相对于加工贸易,具有国内产业链条长、自主研发因素强、行业带动效应大等特点,其比重的持续提高显示山东对外贸易方式正不断改善。

(4) 私营企业活力不断增强 在外贸增速放缓的倒逼机制冲击下,以中小型企业为主的山东私营企业,凭借转向灵活、适应力强等特点,积极调整产品结构,深入开拓国际市场,取得了良好效果。据统计,2013年1~10月,山东私营企业实现进出口924.36亿美元,同比增长19.2%。其中,出口444.54亿美元,同比增长16.4%,高于全省出口增幅13.4个百分点;进口479.82亿美元,同比增长22.0%,高于全省进口增幅11.6个百分点。民营企业出口和进口占全省的比重分别达到41.1%和45.0%,较2012年同期分别提升4.9个百分点和3.5个百分点。

(5) 新兴市场快速成长 2013年,山东在继续巩固传统市场的同时,新兴市场得到开拓,外贸市场多元化战略进一步落实。据统计,2013年1~10月,山东对美、欧、日、韩等传统市场仍保持较大的贸易份额,其中对美国进出口271.88亿美元,对韩国进出口240.89亿美元,对欧盟进出口231.88亿美元,对日本进出口183.67亿美元。从进出口市场总体情况来看,美国仍为山东第一大贸易伙伴,山东对欧、美、韩、日的进出口额占全省贸易总量的43.22%。但是,从增长速度来看,山东与新兴市场贸易增速势头强劲。山东与中东、非洲、巴西、澳大利亚等主要新兴市场贸易往来均保持较快增长态势。据统计,2013年1~10月,山东对中东进出口额达96.3亿美元,同比增长13.7%;对澳大利亚进出口额达161.37亿美元,同比增长38.1%;对巴西进出口额达131.92亿美元,同比增长27.6%;对南非进出口额达24.46亿美元,同比增长5.3%。

尽管2013年山东外贸取得了较大成就,但是,外贸发展中一些影响质量和效益的因素依然存在,对外贸易的增长速度与效益增长不协调、质量与效益不高已成为制约山东外贸进一步发展的主要桎梏。

一是产品附加值低。2013年，山东外贸出口虽然数量上有一定优势，但是相当大一部分产品仍处于中低端；高新技术产品比重虽有提高，但比重也仅在12.3%，远低于山东纺织服装和农产品的27.9%；机电产品出口虽然占出口总额的36.9%，但整体竞争优势仍集中在传统劳动密集型产品和中低端技术、成熟技术工序上。这使得山东出口产品附加值相对较低，单位产品利润率低，产品盈利能力有限，且缺乏可持续的盈利空间。

二是核心技术和自主品牌缺乏。从2013年贸易主体和贸易方式来看，山东产品出口仍以外商投资的加工贸易为主，山东对技术密集型产品出口的贡献要素主要是低廉的劳动力和非关键的料件，国外跨国公司成为实际贸易主体和最大获益者，山东本土企业技术密集型产品出口缺乏竞争力。从自有出口品牌来看，目前，山东只有20%的出口企业拥有自主品牌，出口额仅占全省的10%，且大部分自主出口品牌商品缺乏核心技术，导致出口产品在国际竞争中缺乏优势。

三是国际贸易救济调查制约严重。受贸易结构及贸易地理方向的影响，2013年，山东成为我国遭受国际贸易救济调查最多的省份。据统计，2013年1~10月，山东共遭受国外贸易救济调查48起，占全国的61.54%，涉案金额4.5亿美元，涉案企业527家。涉案产品主要集中在轻工产品、钢铁及制品、基础化工产品等传统优势领域。其中，来自发达国家案件22起，来自发展中国家案件26起，较2012年同期分别增加5起和4起。反倾销调查36起、涉案金额3.3亿美元，反补贴调查7起、涉案金额7510.2万美元，保障措施调查5起、涉案金额4678.9万美元。轻工产品18起，钢铁及制品16起，化工产品10起。① 国际贸易救济调查的频频发生，在一定程度上制约了山东出口企业效益的增加与外贸的有序发展。

（二）利用外资水平不断提高，外资利用方式有待转变与完善

作为外向型经济的重要组成部分，利用外资一直是推动山东经济社会发展

---

① 山东省商务厅：《1~10月份山东省遭受贸易救济调查48起》，山东国际商务网，http://www.shandongbusiness.gov.cn/public/html/news/201311/289484.html，2013-11-14。

的重要手段。2013年,山东利用外资的规模和质量不断提高,在推动科技创新、产业升级等方面发挥着重要作用,为山东经济转方式、调结构和经济文化强省建设做出新贡献,提升了山东开放型经济发展的水平。

(1) 利用外资规模与质量不断提升　2013年,山东利用外资规模不断扩大,利用外资质量不断提升。据统计,2013年1～9月,山东批准外商投资项目983个,合同外资122.9亿美元,实际利用外资102.9亿美元,较2012年同期分别增长7.3%、7.6%和13.1%。其中,总投资3000万美元以上项目196个,同比增长12.6%,总投资过亿美元的项目36个,同比增长33.3%;总投资3000万美元以上项目合同外资90.8亿美元,同比增长36.1%,占全省合同利用外资总量的73.9%;过千万美元的实际利用外资项目214个,同比增长55.1%,实际利用外资53.2亿美元,同比增长50.3%,占实际利用外资总量的51.8%。

(2) 服务业利用外资增势迅猛　2013年,山东服务业利用外资已由房地产、商业、仓储货代向旅游开发、研发中心、金融、服务外包等领域拓展。据统计,2013年1～9月,山东服务业合同利用外资51.7亿美元,实际利用外资49.7亿美元,较2012年同比分别增长34.3%和57.4%。其中,批发零售业实际利用外资11.6亿美元,同比增长31.3%;物流业实际利用外资4.6亿美元,同比增长34.7%;租赁商务服务业实际利用外资3.1亿美元,同比增长37.7%。

(3) 外商投资融资租赁实现倍增　2013年1～10月,山东累计批准外商投资融资租赁项目57个,合同外资7.6亿美元,实际到账外资2.4亿美元。其中,新批外商投资融资租赁项目27个,同比增长1.1倍;合同外资3.9亿美元,同比增长1.2倍,分别占全省总量的2.5%和3%。从业务范围看,外商投资融资租赁公司主要涉及机械、电器、设备等传统领域;从城市分布看,外商投资融资租赁主要集中在东营、济南和青岛市,三市融资租赁业利用外资项目数、合同外资和实际到账外资分别占全省的75%、86%和82%;从投资国别(地区)看,外商投资融资租赁投资主要来自中国香港及日本、英属维尔京群岛等6个国家和地区;从大项目情况看,投资总额3000万美元以上的外商投资融资租赁企业6家,山东东海石油装备租赁有限公司以7812.5万美元的总投资成为最大的一家。①

（4）跨国公司投资项目质量提升 2013年1～9月，韩国的现代汽车、现代重工、浦项、三星、乐天，英国的特易购，中国台湾的鸿海，日本的永旺、住友商社、三菱重工业，美国的伊顿、邦基，法国拉法基，中国华润、中粮等世界500强企业在山东投资设立了22个项目，投资总额10.8亿美元，合同外资4.4亿美元，项目平均规模接近5000万美元，平均合同外资达到2000万美元。②

在利用外资规模和质量不断提升的同时，外资利用方式的不合理已成为山东利用外资进一步发展的桎梏，加快外资利用方式的转变与完善势在必行。

一是外资来源结构不合理。据统计，2013年1～9月，山东亚洲、非洲、欧洲、南美洲、北美洲、大洋洲和投资性公司投资七大外资主体实际利用外资分别为78.03亿美元、1.2亿美元、3.23亿美元、7.47亿美元、4.83亿美元、2.18亿美元和5.97亿美元，同比分别增长19.45%、45.32%、-49.88%、11.4%、-1.9%、13.58%、26.46%，分别占全省实际利用外资的75.82%、1.17%、3.14%、7.26%、4.7%、2.12%、5.8%，其中，香港是外资的主要来源地，截至2013年10月底，香港投资融资租赁公司25家，合同外资4.3亿美元，实际到账外资1.3亿美元，分别占全省的44%、57%和54%。从上述数据可以看出，2013年山东引进外资的资金来源多元化结构并没有得到改善，欧美等发达国家直接投资所占比例依然较小，且出现负增长，对亚洲实际利用外资虽然占比较大，但其外资来源构成主要来自与中国内地有着紧密联系的中国香港，吸引日韩等国家和地区的外资依然较少。这种外资来源结构使得山东外资来源结构狭窄，对经济发展极为不利。

二是外资区域分布不合理。长久以来，由于山东吸引的外资趋于选择地域、技术和资金等方面具有优势的地区，使得外资过多集中在沿海地区和省会，而中西部地区由于区位优势较弱、投资软硬环境不完善，致使吸引外资能

---

① 山东省商务厅：《山东省外商投资融资租赁实现倍增》，山东国际商务网，http://www.shandongbusiness.gov.cn/public/html/news/201311/291310.htm，2013-11-27。
② 山东省商务厅：《前三季度全省利用外资稳步增长》，山东国际商务网，http://www.shandongbusiness.gov.cn/public/html/news/201311/289013.html，2013-11-11。

力欠佳。2013年,山东外资区域分布不合理的局面依然没有改变。据统计,2013年上半年,青岛、烟台、威海、济南四地市实际利用外资64.44亿美元,占山东上半年实际利用外资总额的89.8%,其余13个地市利用外资仅占全省的10.2%。利用外资规模的地区差异悬殊、参差不齐加剧了东西部地区经济的不平衡发展。

(三)对外经济合作取得新进展,对外合作方式有待创新

随着各层次、多渠道的对外投资模式的建立,2013年,山东企业国际化及对外直接投资的步伐不断加快,对外经济合作取得新进展。

(1)境外投资增速明显 2013年10月,山东新核准境外企业(机构)31家,同比增长29.2%,中方投资1.8亿美元,同比增长1.8%。其中,境外营销网络20家,中方投资6821.6万美元,分别增长53.8%和83.7%,分布在中国香港、美国、澳大利亚等9个国家和地区;优势产能境外转移企业7家,中方投资5703万美元,分别增长40%和53.6%,行业涉及太阳能光伏、纺织服装、食品加工等领域。特别是山东企业在新兴市场开拓上取得新突破。威海建设集团股份有限公司在伊拉克库尔德地区独资设立的威海建设集团伊拉克有限公司,是山东迄今首家在伊拉克设立的境外企业,主要从事房地产、工程承包、进出口贸易等,中方投资500万美元。据统计,2013年1~10月,山东已核准境外企业(机构)362家,同比增长21.1%,分布于79个国家和地区,其中,中方投资40.3亿美元,同比增长19.6%。①

(2)对外承包劳务新签合同额平稳增长 2013年1~9月,山东对外承包工程新签合同额84.9亿美元,同比增长10.9%,完成营业额57.2亿美元,同比下降9.9%,派出各类劳务人员34321人,同比增长4.7%。具体表现为:一是国外高端市场开拓取得突破性新进展。2013年1~9月,山东新签千万美元以上大项目95个,合同额80亿美元,同比增长10.2%。山东电建三公司新签波黑390MW循环燃机项目合同额2.8亿美元,对山东电建企业深度开发

---

① 山东省商务厅:《10月份全省境外投资保持较快增长》,山东国际商务网,http://www.shandongbusiness.gov.cn/public/html/news/201311/289013.html,2013-11-11。

欧洲高端市场具有重要意义；山东外经集团新签塞尔维亚高速公路项目合同额3.34亿美元，是山东企业首次进入欧美高端路桥工程市场。二是房屋建筑与交通运输建设领域营业额增长平稳。2013年1~9月，山东在房屋建筑领域完成营业额19.3亿美元，同比增长30%；交通运输建设领域完成营业额4.4亿美元，同比增长25.1%；房屋建筑领域和交通运输建设领域拉动增长8.6个百分点。三是外派劳务结构不断优化。2013年1~9月，山东外派海员、厨师、护士等高端劳务8175人，同比增长3.6%。受汇率影响，日本市场外派13569人，同比下降3.8%。对外承包工程项目外派劳务克服工程项目外派劳务签证难、工作准证配额少等不利因素影响，2013年1~9月，外派12601人，同比增长15.9%，拉动增长5.3%。[①]

虽然2013年山东境外投资和对外劳务承包取得可喜的成绩，但对外经济合作仍存在短板，合作方式有待创新。

一是对外投资区域有待拓展。2013年，山东对外经济合作市场虽然遍布于中国香港、美国、澳大利亚等79个国家和地区，但大多数集中在亚洲地区，对非洲、欧洲、北美洲和大洋洲的投资相对偏少，这对于山东拓展境外市场，实现市场多元化极为不利。

二是对外投资领域有待深化。2013年，山东跨国经营的项目虽然涉及领域广泛，但总体来说，过分偏重资源开发、运输、餐饮等初级产业，能够通过逆向溢出促进山东经济结构调整的高技术产业项目和现代服务业项目相对较少。

三是对外投资方式有待创新。2013年，山东对外经济合作仍以对外承包工程、对外劳务输出为主体，海外并购、境外直接投资等多元化合作格局尚未形成。目前，山东已经拥有一大批有竞争实力，有发展前途的大型企业和特大型企业，如海尔、海信、重汽、兖矿、潍柴，但是并未出现真正意义上源自山东的跨国公司，多数海外企业属于新建企业，贸易型境外投资合作企业数量多，生产企业、金融贸易型企业少，且合资方式占很大比重，目前国际上流行的跨国收购、兼并方式利用较少。

---

① 山东省商务厅：《前三季度全省对外承包劳务新签合同额平稳增长》，山东国际商务网 http://www.shandongbusiness.gov.cn/public/html/news/201310/286510.html，2013-10-23。

二 山东开放型经济发展面临的主要问题

（一）国内外经济形势的变化对山东开放型经济发展带来的影响

1. 世界经济形势的不稳定性加大了山东开放型经济发展的不确定性

从总体情况看，虽然世界经济正在缓慢复苏，但国际金融危机和欧债危机的影响并未完全消除，世界经济仍面临一些系统性和结构性风险，未来几年世界经济低速增长将是一种常态。国际货币基金组织（IMF）最新发布的《世界经济展望》将2014年的世界经济增长预期下调至3.6%。[①] 欧美等发达国家纷纷制定和执行优惠政策，依靠政策创新、制度创新、体制创新、技术创新等进一步重视实体经济的作用。美国大力实施"再工业化"或"制造业回归"战略，德国针对欧债危机较早制定和实施了提高制造业竞争力的政策措施，法国政府也公布了《振兴法国工业竞争力的报告》，出台了一系列振兴法国工业、提高国际竞争力的政策措施。与发达经济体相比，中国和越来越多的新兴市场经济体虽然仍保持较高的增长率，但是也开始出现下滑趋势。新能源、新材料、生物医药、节能环保等新兴产业虽然受到越来越多国家的重视，但目前仍处于发展初期，还无法成为世界经济发展的主要引擎。尤其是金融危机之后欧美等发达国家对实体经济的重新定位和重视，冲击了发展中国家过去几十年形成的产业链，给山东开放型经济的发展带来了较大影响。

2. 国内激烈的竞争环境对山东开放型经济的发展带来了很大压力

从国内情况看，全国区域开放型经济发展的规模不断扩大、领域不断拓宽、层次不断提高。珠三角和长三角的一体化发展，天津滨海新区、福建海西经济区、广西北部湾经济区、重庆两江新区等不断加快发展步伐，对山东开放型经济发展形成较大竞争压力。珠三角的广东和长三角的江苏一直走在我国对外开放发展的前沿，远远领先于山东。统计资料显示：2012年，广东的进出口额高达9838.15亿美元，是山东进出口总额2455.4亿美元的4倍多；江苏

---

① IMF：《世界经济展望》2013年10月。

2012年进出口总额达5480.9亿美元,是山东的2.23倍。浙江一度落后于山东,但通过加快制定和实施了一系列措施,认真贯彻落实"四大国家战略"①,实现了对山东的超越。辽宁、天津、河北等虽然目前还落后于山东,但是随着人、财、物投入的不断加大,尤其是天津滨海新区发展带来的契机,必将继续给山东开放型经济发展带来巨大压力。

(二)利用外资的质量和效益有待进一步提高

1. 利用外资将面临更加激烈的竞争

未来一段时间,山东省将面临全球对外直接投资规模缩水、东南亚国家引进外资的竞争力增强等问题,使山东利用外资面临更大挑战。一是发达国家对外直接投资减少。金融危机以来,全球FDI流量呈持续减少趋势。据联合国贸发会议(UNCTAD)报告,2012年全球FDI为13500亿美元,远低于国际金融危机爆发前的2008年的水平。二是各国吸收外资竞争激烈。从全球来看,流向发展中国家的FDI将主要集中于经济发展较快、市场容量较大、基础设施较好的新兴工业化国家和地区。2012年流入中国的FDI下降2%②,这必然对山东利用FDI带来诸多不利影响。

2. 外商投资的产业结构不合理

长期以来,山东利用外资主要集中在第二产业,第一产业和第三产业利用的外资较少。山东第二产业实际利用外资的比重一直在80%左右,第二产业比重过高,服务业发展相对滞后。而外商投资过度集中于第二产业,使第二产业尤其是工业部门效率高于整个国民经济的平均水平,从而使山东产业结构原有的不均衡状态不仅没有改善,在某些方面还加剧了非均衡的畸形发展。另外,目前国际资本由第二产业向第三产业转移的趋势比较明显,而受第二产业尤其是工业快速增长的影响,山东服务业占GDP的比重却略有下降,在全国各省区市中比重偏低。

---

① 国务院陆续批准的"义乌国际贸易综合改革试点""浙江省海洋经济发展示范区""舟山群岛新区""温州市综合改革试验区"四大国家战略。
② 联合国贸发会议:《世界投资报告》,2013。

3. 外资来源地过于集中

近几年来,韩国、中国香港、美国、中国台湾、日本、维尔京群岛、新加坡、澳大利亚等国家或地区的外资在山东利用外资总额中所占比重呈现逐年上升的趋势,甚至达到近90%。山东的外资来源日趋集中,其中亚洲国家(地区)居多,利用外资的国别比较单一。外商投资来源主要集中于少数几个国家或地区,这种状况制约了山东利用外资层次的多样化和规模的扩大化,造成外资效益的波动性和不确定性。

(三)外贸发展方式的转变有待进一步加快

1. 新贸易保护主义阻滞了山东开放型经济的发展步伐

据世界贸易组织发布的贸易限制措施监督报告,2011年10月至2012年12月,欧美各成员共采取352项新贸易保护措施。在2012年我国遭受的反倾销调查案件中,涉及山东企业占总数的10%,涉案金额近30亿美元,涉及农产品、纺织品、机电产品、化工产品、医药产品等许多领域。① 预测今后一段时间,山东遭遇的贸易保护主义还会更加严重,贸易摩擦还将增多。一是欧美等发达国家将继续强化环境和技术性贸易壁垒,会给山东的忽视环保和食品安全的出口产业带来更大冲击。二是美国、欧盟、日本等发达国家和地区将征收"碳关税",必将对山东多数工业制成品的出口造成严重打击。三是绿色贸易壁垒已成为山东出口产品面临最多且最难突破的壁垒,每年造成的损失超过20亿美元。目前,美国、欧盟、日本等发达经济体,都在制定和执行立体式绿色保护措施,山东的许多产品特别是农副产品出口,将受到日益提高的绿色壁垒的阻挡,导致数万农户和加工出口企业大幅减收。

2. 人民币升值的压力增大

自2005年7月实行人民币浮动汇率以来,人民币对美元累计升值已超过20%。人民币升值使得出口商品价格上升,国际竞争力减弱,导致山东出口减少。根据目前山东企业的平均利润率计算,人民币升值7%,企业的出口竞争力会下降三成以上,外贸依存度高、利润率低的纺织服装产业受此影响最大。

---

① 数据来源:山东省商务厅网站,2013年4月16日。

另外，山东外商投资企业的出口额占山东省出口总额的50%左右。随着人民币的升值，外商来华投资的成本逐渐上升，利润下降，导致外商来山东投资减少，进而制约出口贸易的发展。

3. 山东外贸结构存在许多不合理之处

一是外贸经营主体结构不合理。2007~2012年，山东省国有企业出口额占全省出口总额的26%，外商投资企业出口额占全省出口总额的50%，私营企业出口额占出口总额的24%，外商投资企业所占比重过大。① 二是出口商品结构不合理。山东出口的主要是劳动密集型、附加值低、科技含量少、消耗资源较多的产品，而高附加值、高科技含量的出口产品较少。三是货物贸易规模大，服务贸易规模小。从总体情况看，山东服务贸易发展滞后的问题仍比较突出。山东服务贸易出口主要集中在劳务输出、对外工程承包、旅游等传统领域，而金融、保险、计算机服务、电信、专利等高技术、高附加值服务的出口规模较小，比重较低，特别是出口竞争力明显不足。四是出口市场过于集中。多年来，欧盟、美国、日本、韩国这四大出口市场占山东整个出口市场的70%以上，出口市场过于集中会带来较大风险。美国金融危机和欧洲债务危机就是对山东出口造成重大冲击的实例。

4. 山东外贸发展的深层次矛盾与问题一直没有解决

一是外贸体制仍不够合理。部分市县政府职能转变不到位，仍沿用传统指令性计划体制的做法，经常有意无意地利用手中的权力，介入国有外贸企业的内部经营事务，导致市场在资源配置中的基础作用还未得到有效发挥，外贸企业难以自主地选择经营方式和优化资源配置，进而实现效益最大化。二是国有外贸企业改革不彻底，经营机制不灵活。许多国有外贸企业还没有真正成为自主经营、自负盈亏的独立法人实体，难以适应竞争日趋激烈的国内外市场环境，致使外资企业在山东对外贸易经营主体中的比重过高，长期处于主导地位。与此相匹配，加工贸易在山东外贸中所占比重过高，而且山东加工贸易处在价值链的最低端，集中在劳动密集型的生产制造环节，绝大部分利润被外方通过专利技术和市场营销等环节拿走。三是自主创新能力不强。山东以企业为主

---

① 数据来源：山东省商务厅，《2012年山东进出口贸易情况简报》，山东省商务厅网站。

体的科技创新体系还没建立健全，相当部分企业自主创新能力较弱，拥有自主知识产权的核心技术、关键技术很少，远远落后于江苏和浙江等先进省份。

(四)实施"走出去"战略力度有待进一步加大

1. 对外投资区域与投资结构不尽合理

山东对外投资的区域已由发达国家逐渐地转向发展中国家和地区，但投资领域相对集中。多投资在亚洲与美洲部分地区，东南亚、欧洲、非洲等投资市场开拓力度不够。同时，对外投资的产业结构有待调整。目前初级产品和劳动密集型产业的投资是山东对外直接投资的主体，技术密集型产业、高新技术项目特别是现代服务业项目相对较少。同时，对外承包劳务合作的经营水平依然不高，尤其是企业自身实力较弱，融资能力有限，其业务大多集中在利润低、技术含量少的产业链条低端的施工领域；外派劳务结构不合理，高技术劳务人员短缺，以及外派劳务纠纷和突发事件时有发生等。

2. 对外投资风险防范机制需要进一步加强

山东企业对外投资经营有可能面临政治、金融等多种风险，特别是在一些法律法规等制度环境不够完善的国家，这种风险的威胁更大。在爆发严重的经济危机时，这些国家有可能出现国有化运动或外资政策的剧烈变动。部分对外投资企业由于内部治理结构和管理体系不完善，导致投资决策机制不够科学合理，对外投资的风险意识不强，尤其缺乏对境外经营风险的识别和控制能力。

3. 对外投资和承包劳务合作的政策支持及服务体系建设滞后

从总体情况看，现有对外投资和对外承包劳务合作的政策支持力度有待加强。特别是缺乏强有力的财政、信贷、保险、担保、税收、外汇管理、人员出入境、货物出入境、审批等为主要内容的政策支持体系。同时，相关的信息咨询、人才培养、行业协会、国际金融、法律、会计、审计等方面的服务体系不健全，也不利于境外投资和对外承包劳务合作的发展。

(五)经济园区的载体作用有待进一步发挥

1. 敢为人先、勇于创新的意识需要进一步加强

与江苏相比，山东在勇于创新方面还存在较多不足，江苏在经济园区建设上创造了多项全国第一：第一个自费开发的开发区，第一个中国与外国政府合作开发建设的开发区，第一个内河保税区，第一个出口加工区，第一个保税物流中心，第一个综合保税区。同时，江苏也是我国第一个实施跨区域合作共建经济园区的省份，第一个全国服务外包企业财税优惠政策试点省份。目前，已成为我国特殊监管区域数量最多、种类最全、政策最优的省份，而山东经济园区的发展与之相比差距较大。

2. 产业的国际竞争优势亟待增强

从山东经济园区产业的总体情况看，产业结构趋于雷同，普遍存在传统产业同质化竞争问题。特别是高端产业较少，处于价值链低端的初级产品较多，产业链条不长，战略性新兴产业集聚发展不明显。一是产业集聚效应差。一些经济园区主要以税收、土地、水电等优惠政策以及区位优势而不是以其内在机制和产业关联为基础形成的聚集，企业生存缺乏根植性，企业间的关联度很低。二是产业特色不够突出。山东经济园区产业特色普遍不够鲜明，在产业集聚程度、创新能力、产业规模和市场影响力上还有较大差距。同时，产业定位与周边地区脱节，尚未实现经济园区与所在区域的产业联动。特别是山东经济园区虽已吸收多家世界500强企业设立投资项目，但相当一部分从事产业链某一环节贴牌生产，缺少以知识经济、产权为主导的研发创新和以品牌、综合服务要素为主导的营销网络。

3. 部分经济园区的体制性障碍较为突出

一是管理体制优势不断弱化。随着建设规模不断扩大，经济园区还承担文化教育、区域卫生、民政福利、公共环境、社会治安等行政事务，管理机构和管理人员增多，财政负担增大，经济园区精干、高效的管理架构面临极大压力。同时，经济园区在土地利用、规划立项、项目审批、环保、基础建设等方面的管理权限落实不够。二是激励约束机制还不完善。首先，经济园区评价体系尚不完善，产业发展、生态环保、自主创新、土地集约利用、区域协调发展、社会和谐等在经济园区的评价体系中权重过低；其次，经济园区考核的作用力度较小，尚未与经济园区主要负责人奖惩等挂钩、尚未与经济园区生产要素的分配相联系、尚未纳入当地科学发展综合考核体系，难以调动其积极性和主动性。三是生产要素的政策扶持力度有待进一步提高。经济园区作为促进当地经济发展的特殊政策区域,应实行相对灵活的政策。但从实际情况看,现有的资金、土地、人才、技术等生产要素对经济园区转型升级倾斜不够。

4. 发展环境尚不完善

一是基础设施环境不完善。山东部分经济园区基础建设规模远远滞后于经济园区产业的发展,这在很大程度上限制了经济园区产业规模效应、集聚效应的发挥。一些经济园区产业配套能力、科技研发平台、孵化器建设及节能环保等方面差距很大。二是政务环境不完善。部分经济园区存在着审批环节过多,特别是电子审批等先进的审批方式尚未完全发挥其作用,办事效率较低。部分经济园区缺乏统一、稳定、透明、可预见的政策环境。三是人才环境不完善。部分经济园区缺乏人才培养、引进、使用的良性机制,特别是缺乏灵活的激励创新创业人才政策,以及与国际接轨的创业环境和生活环境。四是信用环境不完善。部分经济园区尚未完全适应市场经济发展的要求,社会诚信、政务诚信、商务诚信等体系建设不足。五是信息服务环境不完善。部分经济园区缺乏对信息服务体系建设的重视,信息平台建设相对滞后,信息服务不及时、不准确、不到位,致使企业难以准确掌握相关信息。

三 打造升级版山东开放型经济的对策

改革开放以来,山东以创新的精神大力发展开放型经济,对外开放成为推动山东经济转型升级与发展的重要动力,并取得了令人瞩目的成绩。进入新的发展阶段,山东开放型经济面临着生产成本上升、资源和环境约束加剧、外部有效需求常态化不足、国际贸易保护主义进一步加剧等一系列严峻挑战。随着山东经济发展水平的提高和发展阶段的推进,对开放型经济也提出了新的更高要求,尤其是党的十八届三中全会对构建开放型经济新体制做出了新的重大部署,今后山东应围绕蓝黄两区和省会城市群经济圈、西部经济隆起带建设,以承接新一轮国际产业转移为重点,以培育新的核心竞争优势为导向,以构建开放型经济新体制为支撑,努力创造开放型经济发展新优势，探索开放新模式，打造山东开放型经济升级版，为山东经济长远发展再造一个"开放红利期"。

（一）加快培育外贸核心竞争新优势

通过30多年的改革开放，山东立足区位、港口等自然禀赋优势和产业基础、人力资本等条件，积极参与国际分工和合作，在对外贸易方面取得了显著成绩，贸易结构和贸易方式不断优化，显示出较强的比较优势。今后，山东对外贸易的发展要进一步突出加快转变外贸发展方式，积极培育以技术、品牌、质量、服务为核心竞争力的新优势，促进对外贸易从量能扩张型向质量效益型转变，增强外贸可持续发展能力。一是促进加工贸易国际产业链和国内价值链的延伸。目前山东加工贸易产业整体层次仍然不高，处于全球价值链的低端。今后，要推动山东加工贸易产业从价值链低端向高端发展，产业链由短向长转变。在产业链延伸上，逐步改变单纯的以生产为主的加工贸易方式，一方面要向上延伸，加大对高附加值环节的引进力度，不断提高自主研发和创新能力，在核心技术和核心部件的生产上实现突破，向价值链的上游靠近，逐步实现从代加工向代设计和自主品牌发展。另一方面，要向下延伸，充分发挥山东建设东北亚物流航运枢纽的契机，将加工贸易同仓储、转运和营销结合起来，提升山东产业在国际价值链中的地位。同时，要大力促进加工贸易山东省内价值链的不断延伸，提高加工贸易中间投入品山东本地化的采购率，促进配套产业集群的形成，扩大加工贸易企业对山东下游企业的带动和辐射作用；优化加工贸易的区域布局，加快山东东部沿海地区"腾笼换鸟"进程，实现加工贸易向高端化、集约化、生态化发展；完善中西部地区产业配套设施和制度环境建设，吸引东部沿海地区劳动密集型加工贸易产业向山东中西部地区梯度转移，构建省内东、中西部地区相互协调配套的加工贸易省内价值链，推动形成山东省内加工贸易优势互补、相互促进、共同发展的新格局。二是加快培育自主出口品牌。进一步实施品牌战略，不断完善企业出口品牌培育体系，发挥品牌对对外贸易增长方式转变的推动作用，培育和发展具有自主核心竞争力的知名品牌，提升自主出口品牌整体水平，扩大自主品牌出口，加快外贸转型发展，实现山东对外贸易健康、快速、可持续发展。重点支持出口示范基地和企业自主品牌培育，鼓励企业开展境外商标专利注册、质量标准体系认证、环保体系认证、行业认证、知识产权备案等，扶持出口品牌企业在境外构建经营、研发、售后服务等立体式营销网络，打造国际知名品牌，提升品牌辐射带动效应，进一步提高山东出口商品的核心竞争力。此外，要依托山东优势产业和主导产业，全力打造区域品牌集群，以提升产业集群质量和打造区域品牌为核心，鼓励企业建立综合品牌，促进名牌产品企业多层次、全方位的联合协作，实现由产品名牌向区域性品牌的转变。三是大力发展服务贸易。以服务贸易的跨越发展推进对外贸易发展方式的转变，扩大服务贸易规模，优化服务贸易结构，提升服务贸易领域的国际竞争力。建立健全服务贸易促进体系，大力推进与货物贸易形成互补的商务会展、运输物流、金融保险、会计咨询等服务贸易发展；不断提升服务外包发展层次，充分发挥服务外包园区的载体作用，积极拓展服务外包领域，完善服务外包"双核多点、特色发展"的产业格局；充分发挥齐鲁文化的独特优势，大力发展对外文化贸易，培育具有山东特色的文化艺术、演出展览、影视剧、杂技等产品服务出口，推动更多的优秀文化企业和产品进入国际市场；积极促进具有山东特色的对外工程承包劳务合作业务，培育一批具有相当规模和较强竞争力的国际工程承包大企业。四是优化出口商品及市场结构。加快培育外贸新增长点，以出口产品的升级换代推动出口产业结构提升。以各类经济园区为载体，以骨干企业为龙头，以重大建设项目为依托，围绕重点培育发展的新能源、新材料、新信息、海洋开发及高端设备制造等产业，深入推进对外贸易转型升级基地与平台建设，实现出口产业集群发展；优化出口商品结构，着力提高机电和高新技术产品国际市场占有率，支持具有自主知识产权和自主品牌产品出口，实现出口产品高端化、品牌化和低碳化，推动出口产品从传统的生产成本优势向新的核心竞争优势转变；注重出口市场结构调整，稳步提升欧、美、日、韩等传统市场贸易份额，重视开拓东盟、俄罗斯、南美、南非等新兴市场，建立面向周边地区的出口基地，完善多层次、多方位出口市场体系。五是提升进口综合效应。实施积极的进口战略，把扩大进口和稳定出口、扩大内需和改造提升传统产业结合起来，积极扩大先进技术、关键零部件、短缺资源、原材料和节能环保等产品进口，缓解山东经济发展的资源和技术瓶颈，推动产业升级，提升对外贸易均衡协调发展水平。加强进口平台建设，推进重点进口口岸建设，充分发挥青岛保税港区、烟台保税港区的功能优势，建设一批进口商品展示、交易中心，发展自营销售平台，拓宽进口商品类别，做大进口规模。积极拓展进口渠道，推动进口多元化，鼓励企业构建全球采购链条，向全球供应链上游延伸，加快融入国际生产链，提高国际分工地位。

（二）着力提高利用外资的综合效益

作为对外开放的前沿地带，外资一直是推动山东经济发展的重要手段。改革开放30多年来，山东利用外资规模和质量不断提高，在推动科技创新、产业升级、扩大就业、区域协调发展等方面发挥了重要的战略效应。在国际国内经济深度调整的背景下，山东利用外资的模式必须从规模扩张阶段向质量和效益提升阶段转变，不断增强产业竞争力，优化产业布局和经济结构，实现山东利用外资的转型升级。一是大力推进服务业对外开放。引导和鼓励外资投向现代物流、软件开发、工程设计、信息咨询等生产性服务业，促进先进制造业与现代服务业的深度融合和协调发展；稳步推进金融、文化、教育、公共事业等行业的对外开放，不断提升山东服务业利用外资的质量和水平；以完善产业链为依托，积极发展总部经济，努力吸引跨国公司在山东设立管理中心、研发中心、营销中心、物流中心等功能性总部机构。二是优化制造业利用外资结构。积极引导外资更多地投向高端制造业、高新技术产业、新能源和节能环保等领域，严格限制向低水平、过剩产能扩张类项目进行投资，同时注重产业内部利用外资结构的调整，加大产业链薄弱环节吸收外资的力度，注重强化外资的产业关联效应，积极引导外资向集约化、高端化、链条化方向发展，逐步实现传统产业的转型升级。三是创新利用外资方式。根据产业结构调整和企业自身发展需要，支持引导外资以并购、参股等多种方式参与山东省内企业改组改造和兼并重组。充分利用境外资本市场，积极推进符合条件的国有企业和民营企业根据国家产业发展方向及自身发展需要在境外上市。锁定近邻资本市场，以吸引大型跨国公司和行业内知名企业为对象，深度挖掘港澳台及日韩等境内外传统主要投资来源地投资潜力，积极拓展欧盟、北美等新技术产业资本市场，有序推进与东盟、南美、中东等新兴经济体的投资项目合作,不断优化山东外资来源结构。四是增强外资技术溢出效应。推动本土企业和外资研发机构的互动,促进山东省内企业、高等院校和科研院所与跨国公司开展更深层次的技术合作,组建以新技术和新产品开发为目的的战略联盟,搭建跨国公司技术转移平台,提升山东企业研发能力。①

(三)积极推进对外投资合作

近年来,由于深入实施走出去战略,山东企业在跨国经营方面实现了较好的开端,成为我国践行"走出去"战略的佼佼者,实现了境外投资和对外承包工程劳务的快速发展,国际竞争力不断增强。山东经济发展进入了结构转型和方式转变的关键期,必须加快构建企业"走出去"升级版,通过"走出去"延伸优势,在全球范围内整合资源、布局产业链,拓展经济发展外部空间,全面提升山东开放型经济水平,为转变经济发展方式和调整优化产业结构提供持续动力。一是要推动对外承包工程高端化。大力推动对外承包工程领域向高端化、多元化发展,重点培育一批具有山东产业特色和较强国际竞争力的大型工程承包企业,重点拓展电力、冶金、石化、房建、港湾、资源勘探等对外承包工程领域,赋予机电产品企业对外承包工程经营权,鼓励和支持企业将机械设备出口与安装、基础设施建设和技术咨询等一揽子服务相结合,实现"产业链输出",创造高附加值服务,提升承包工程层次。二是推进境外产业园区建设。加快推进境外产业园区建设,使其成为山东制造业过剩产能对外转移的重要通道,以拉长产业链条,延长产品生命周期,实现优势产能活力在境外激发与延续。②重点抓好省级境外产业园区的布局与培育,壮大境外园区格局的中端力量,使之成为山东企业"走出去"发展的优良平台和吸纳省内产业转移的主要区域。三是培育山东跨国公司。以家电、钢铁、化工、机械、商贸流通等重点行业为依托,以本土大型企业为基础,充分发挥政府的主导作用,加快培育一批具有自主知识产权、知名品牌

---

① 梁署霞、祖强:《以延伸产业链、攀升价值链为重点加快江苏利用外资的转型升级》,《江苏大学学报(社会科学版)》2013年第9期。
② 王爱华:《产能过剩的"境外求解"》,《大众日报》2013年7月8日。

和较强国际竞争力的本土大型跨国公司，使其成为山东参与全球价值链的核心力量。

（四）大力促进园区集约发展

经过20余年的发展，经济园区已经成为山东经济发展的重要增长极、产业结构调整的重要载体、自主创新和产业集聚的重要平台，表现出鲜明的"开放性、创新性、集聚性、成长性、引领性"特色。山东经济园区新一轮发展正处于重要的战略机遇期，必须加快推进园区转型升级，拓展发展新空间，增创发展新优势，推动经济园区在转方式、调结构上率先突破，增强园区可持续发展能力。一是优化园区发展布局。积极探索通过规划调整、行政整合、布局优化、功能提升等方式，整合保税港区、综合保税区、经济技术开发、出口加工区、高新区等优势，推进开发区与出口加工区、综合保税区和保税港区资源共享和优势互补，形成国家级开发区发展方式加快转变、省级开发区重点产业集聚发展、各类海关特殊监管区功能不断拓展的园区发展模式，构建以保税港区、综合保税区为依托，以国家级开发区、出口加工区、保税物流中心等为主导，以省级开发区为基础，以中日、中韩产业园等各类特色园区为重要载体的园区空间发展布局，增强对高端国际产业转移全方位吸引力和承载能力，打造山东对外开放新格局。二是强化高端产业集聚功能。大力发展区域特色产业集群，以提高产业核心竞争力为目标，以延长产业链、缩短供应链、降低成本链、提升价值链为园区发展方向，积极引导汽车及零部件、电子信息及家电、船舶、化工、装备制造、保税物流、服务外包等特色产业向园区集中，实现产业特色化、集聚化发展，形成区域特色突出、功能定位明确、协作配套完善的高端高质高效产业聚集区。① 三是发挥海关特殊监管区的重要作用。充分发挥山东海关特殊监管区的功能优势，拓展各类海关特殊监管区在保税、通关、物流、服务贸易等方面的功能，鼓励在有条件的海关特殊监管区域开展研发、设计、品牌创立、物流、融资租赁、资金结算等业务，形成以保税港区、

---

① 山东省商务厅：《山东省经济开发区发展"十二五"规划》，http：//www.shandongbusiness.gov.cn/index/content/sid/261046.html。

保税物流中心、出口加工区为枢纽，保税仓库、监管仓库等为网点的多元化保税物流、保税加工、保税服务网络。进一步拓展海关特殊监管区域各种贸易功能，大力发展转口贸易，提升青岛保税港区、烟台保税港区、潍坊综合保税区等集聚区内的自由化程度，形成吸引商品、信息、转口贸易商等可转口性要素集聚的软环境，带动分销业、运输业、仓储业、通信业、金融业、保险业等相关行业的发展，使海关特殊监管区域成为区域重要的贸易节点。充分发挥海关特殊监管区域辐射功能，培育海关特殊监管区域外的产业配套能力，带动相关企业进入以特殊监管区为中心的加工贸易产业链和供应链，深化区域内外生产加工、物流和服务业融合。四是实现园区联动发展。加快发展省域内各类园区之间的"飞地经济"，鼓励青岛经济技术开发区、潍坊综合保税区等国家级经济园区与省内中西部地区园区"结对子"，通过建立各类"区中园"等模式，运用产业导向、项目审批等手段，引导和鼓励区内资源加工型、劳动密集型的制造业企业向中西部地区转移，建立开发区之间产业转移合作机制，逐步形成区域梯度产业分工体系。同时，努力拓展开发区合作发展模式，积极支持山东省内各园区与周边地区及中西部地区共建园区，鼓励省内开发区与省外开发区、大型企业集团合作共建园区，对产业实行"腾笼换鸟"和梯度转移，鼓励企业向外转移生产环节，将总部留在山东。

（五）推进体制机制创新

随着对外开放的不断深化，山东综合发展环境不断优化，政府职能加快转变，综合保税制度不断深化，山东对外开放逐步从依靠政策优惠转变到依靠体制规范的轨道上来，实现了从政策性开放到制度性开放的阶段性进步。今后山东开放型经济发展应着力推进体制机制创新，坚持开放改革，以更加积极的姿态，在更大范围、更广领域和更高层次上参与国际经济合作与竞争，不断开创山东开放型经济发展新局面。一是不断优化营商环境。积极对接国际先进理念和通行规则，进一步加快政府职能转变，不断创新管理方式，提升行政效能，提高服务水平；大力推动行业协会、商会等市场中介组织的发展，发挥其在行业自律、反映企业诉求的纽带作用；加强社会信用体系建设，积极整顿市场经济秩序，切实保护知识产权，大力营造竞争有序的市场环境、透明高效的政务环境、公平正义的法制环境。[1] 二是完善投资与贸易便利化体系。坚持简化审批、淡化管制、优化服务,加快电子政务建设,逐步整合各类商务公共信息服务平台,推进行政审批事项在线办理,不断打造山东在高水平贸易与投资发展环境中的领先优势。打造便利快捷口岸服务体系,加快电子口岸建设,积极探索与日韩、东盟等国家电子口岸的对接,推进商务、海关、税务、外汇等有关部门利用电子口岸完成信息共享和有效监控,实现电子通关和贸易无纸化,提高通关效率。不断简化通关程序,积极推行人员往来便利化措施,在未来中日韩地方经济合作示范区框架下探索落实商务签证和旅行签证制度,简化出入境手续。三是推进青岛贸易自由港区建设。山东省政府已经向国务院呈报了《关于试点建设青岛贸易自由港区的请示》,山东应以此为契机,以青岛自贸区申请试点建设引领对外开放升级,积极争取在体制机制上先行先试,实施"一线逐步彻底放开、二线安全高效管住、区内货物自由流动"的创新监管服务新模式,进一步提高区域贸易自由化和便利化水平;深化金融体制改革,建立与离岸贸易相配套的金融管理、资本交易政策,逐步实现资本项目下的人民币可自由兑换[2];力争开展国际船舶登记制度、国际航运税收、航运金融、航运咨询、航运经纪业务等方面的政策创新试点,重点建设享受自由港政策的国际集装箱枢纽港,打造具有国际竞争力的东北亚航运物流中心。依托未来青岛自由港的功能优势,推动金融保险、专业服务、旅游文化、教育医疗、商业服务等服务贸易领域快速发展,提升服务贸易能级,带动开放型经济转型升级。

---

[1] 汪洋:《构建开放型经济新体制》,《人民日报》2013年11月22日。
[2] 杨代新:《建立宁波自由贸易园区初探》,《经济丛刊》2012年第4期。

B.8 2013~2014年山东金融形势分析与金融改革创新对策

孙灵燕 张晶*

摘　要： 2013年，山东省深入贯彻落实党的十八大精神，全省金融系统认真执行宏观调控政策、金融监管政策和省委、省政府"稳增长、调结构、促改革"的有关要求，社会融资总量稳定增加，对经济社会的支撑保障作用得到进一步增强。表现在，金融运行保持良好态势，对实体经济支持力度进一步增强；"山东金改22条"加快金融市场改革，推动经济发展升级，并取得一定效应。但是，山东省金融发展还存在金融结构不合理、民间金融发展薄弱等突出问题。对此，为深化金融改革创新，建议必须深化金融服务于实体经济的意识、进一步细化制度设计和强化具体落实，要以农村金融为突破口、以现代金融体系和区域性金融中心为建设重点，同时，加强地方监管，防止发生新的金融风险。

关键词： 金融改革　形势分析　对策建议

一　2013年山东金融运行态势

在复杂严峻的国内外环境下，2013年前三季度山东省深入贯彻落实党的

---

* 孙灵燕，山东社会科学院财政金融研究所；张晶，山东财经大学。

十八大精神，坚持稳中求进、稳中有为、稳中提质，不断创新宏观调控方式，更加注重以结构调整、深化改革促进经济增长，全省经济运行保持平稳，主要经济指标处在合理区间。其中，金融市场运行稳健为经济平稳发展奠定了良好的基础。全省金融系统认真执行宏观调控政策、金融监管政策和省委、省政府"稳增长、调结构、促改革"的有关要求，社会融资总量稳定增加，对经济社会的支撑保障作用得到进一步增强。

纵观2013年前三季度数据，金融态势发展良好，全省信贷结构优化，贷款总量增加，资本市场也得到健康发展，外汇管理工作助推涉外经济加快发展，保险市场的经济保障功能日益增强，金融对实体经济（尤其是重点领域和薄弱环节）支持力度进一步增强。全省金融运行继续保持良好态势。前三季度，山东省社会融资规模为8585.97亿元，同比多增1485.04亿元，有力缓解了政府直接投资压力。其中，融资渠道更趋多元化，全省12家上市公司再融资76.37亿元；通过企业债、公司债等债券融资922.6亿元。地方金融更加活跃，县域金融改革10个试点市县，设立民间金融资本类服务公司82家，新增9家村镇银行，总数达到72家。

（一）金融运行保持良好态势，对实体经济支持力度进一步增强

各项存款实现了较快增长。9月末，全省本外币各项存款余额62803.5亿元，比年初增加7362.4亿元，同比多增753.6亿元。分结构看，单位存款比年初增加2838.4亿元，同比多增279.6亿元；受理财资金分流等因素影响，储蓄存款较年初增加3373.9亿元，同比少增264.3亿元。

各项贷款保持平稳增长。9月末，全省本外币贷款余额46872.8亿元，比年初增加3846.1亿元。人民币贷款余额和外币贷款余额分别为43953.3亿元和474.9亿美元，其中，人民币贷款余额比年初增加3805.3亿元，同比少增224.7亿元；外币贷款余额比年初增加16.9亿美元。第三季度以来人民币贷款增势有所加快，第三季度同比多增126.3亿元，增加额达到1245.8亿元。

信贷结构进一步优化，助推经济平稳增长与转型。一是从期限结构看，一般性贷款同比多增，多增额达到406.8亿元。9月末，全省本外币一般性贷款（各项贷款剔除票据贴现）相比年初数值增加4033.6亿元，余额达到44954.6

亿元。其中，中长期贷款余额19045.1亿元，比年初增加2036.3亿元，同比多增1819亿元，占全部新增贷款的53%，同比提高48.1个百分点；短期贷款余额24589亿元，比年初增加2095亿元。9月末，全省票据贴现融资余额1918亿元，比年初净下降187.6亿元。二是从区域结构看，信贷投放重点突出，蓝黄、"一圈一带"等重点区域信贷稳步增加。前三季度，黄三角、半岛蓝色经济区、省会城市群经济圈、西部经济隆起带本外币贷款余额分别为5099亿、22466亿、8767亿和9751亿元，分别比年初增加666亿、2014亿、865亿和1022亿元，分别占全省新增贷款的17.3%、52.4%、22.5%和26.6%，同比提高2.6、2.9、2.4和3个百分点。三是从产业结构看，农业和服务业贷款较快增长，加大了对农业和第三产业发展的有效支持。全省涉农贷款余额在8月末已达到18456.7亿元，相比年初有了大幅增加，增加额高达1849.6亿元，同比多增103.2亿元；增量占全省贷款增量的52.9%，同比提高8.1个百分点。服务业本外币贷款余额14918.2亿元，比年初增加1247.8亿元，同比多增449.5亿元，增量占三次产业贷款增量的51.6%，同比提高15.9个百分点。四是从企业规模结构看，对小微企业的信贷支持力度明显增强。8月末，小微企业本外币贷款余额8263.7亿元，比年初增加1179.8亿元，同比多增144.3亿元，增量占全省企业新增贷款的48.1%，分别高于大型、中型企业贷款占比39.8和4.5个百分点。

委托贷款、信托贷款、未贴现银行承兑汇票等表外融资增长较快。9月末，全省表外融资余额达14676亿元，比年初增加3740.9亿元，同比多增1956.6亿元。其中，第三季度增加792亿元，同比多增548.2亿元。这表明社会融资需求依然旺盛。

企业债券融资同比多增。1~9月，全省非金融企业债券直接融资增加922.6亿元，其中第三季度增加222.6亿元，同比分别多增288亿元和31.4亿元。1~9月，全省短期融资券、中期票据、中小企业集合票据等银行间市场直接融资增加652.9亿元，同比多增229.9亿元，占全省直接融资的70.8%，同比提高4.1个百分点。

1. 银行业运行情况

2013年前三季度山东省银行业总体发展状况良好。一是资产负债同步稳定增长,增速同比小幅回落。全省银行业金融机构本外币资产相比年初增加8518.78亿元,截至2013年9月末总额达到77717.03亿元,同比少增318.32亿元,增速为16.72%,比上年同期回落2.84个百分点;本外币负债相比年初增加8327.19亿元,总额达到75204.16亿元,增速为16.64%,比上年同期回落2.80个百分点,同比少增289.06亿元。二是不良贷款率继续下降,不良贷款余额小幅反弹。相比2013年年初,全省银行业金融机构不良贷款率下降0.12个百分点,截至9月末为1.50%,下降态势持续;相比而言,不良贷款余额呈现增加态势,从年初增加到700.99亿元,增加了9.48亿元。其中,农村中小银行业金融机构不良贷款余额比年初下降40.69亿元,不良贷款率比年初下降1.02个百分点,不良贷款比年初实现"双降"。三是利润持续增长,增速同比有所上升。2013年1~9月,全省银行业金融机构实现净利润894.45亿元,比上年同期多盈135.03亿元,增速为17.78%,比上年同期上升了5.44个百分点。国有商业银行、股份制商业银行、城市商业银行和农村中小银行业金融机构净利润额均实现同比多增,多盈额分别为75.82亿元、7.02亿元、16.59亿元和20.78亿元,达到474.09亿元、133.05亿元、72.37亿元和100.73亿元。

2. 证券业运行情况

上市公司运行情况。前三季度,全省通过证券市场实现再融资的上市公司有12家,募集资金总额76.37亿元。截至9月末,全省境内上市公司共有153家,总股本1044.60亿股,总市值9159.66亿元,其中,有78家公司主板上市、57家公司中小板上市、18家公司创业板上市,市值过百亿元的公司达到21家之多。

证券经营机构运行情况。就证券经营机构的数量而言,截至9月末,全省共有证券公司2家。就运行情况而言,截至9月底,全省2家证券公司注册资本60.12亿元。前三季度,2家证券公司总交易额2.62万亿元,管理客户资产3689.39亿元。截至9月底,2家证券公司有201家营业部开展融资融券业务,前三季度新发生融资融券额710.54亿元。

期货经营机构运行情况。就证券经营机构的数量而言,截至9月末,全省共有期货公司3家。就运行情况而言,截至9月末,全省3家期货公司的注册资本9.5亿元,客户保证金余额39.06亿元,较年初增长8.95亿元。前三季度,3家公司实现代理交易量6465.01万手,同比增长53.91%;代理交易额7.66万亿元,同比增长60.59%。

3. 保险业运行情况

2013年前三季度,全省保费规模居全国第三位,保费收入同比增长14.52%,达到995.81亿元。人身险公司业务承担各类风险责任12.4万亿元,赔付316.26亿元,其中,寿险新单期交率为31.75%。车险业务同比增长14.98%,发展平稳。责任保险累计赔付2.73亿元,实现保费8.56亿元,同比增长26.30%。农业保险继续加强为农户提供风险保障,涉及农户达到1254.31万个,承保种植业面积达到6881.08万亩,总金额为240.86亿元。出口信用保险为外贸出口提供风险保障,同比增长了19.62%,达到254.90亿元,保持平稳发展。

4. 国际收支情况

2013年前三季度,山东省外汇收支总额较上年增长17.3%,达到2736亿美元。其中,外汇支出1311亿美元,增长17.4%,增速同比回落9.6个百分点;外汇收入1425亿美元,增长17.2%,增速同比提高10.1个百分点。外汇收支顺差114亿美元,增长15.2%。分交易渠道看,经常项目和资本项目顺差"一降一增"。其中,经常项目收支顺差49.4亿美元,同比下降3.7%;资本项目顺差64.9亿美元,同比增长36%。

前三季度,山东省银行结售汇总额1463亿美元,同比增长8%。其中,银行结汇平稳增长,为826亿美元,同比增长10.8%;银行售汇小幅增长,为637亿美元,同比增长4.8%;银行结售汇顺差188亿美元,增长37.2%。

5. 跨境人民币业务情况

2010年试点以来至2013年第三季度,山东省超过4600家企业和750多家银行分支机构办理了跨境人民币结算,金额累计达到9230亿元,涉及境外国家和地区168个。2013年前三季度,全省结算额3421亿元,同比增长38.8%。其中,第三季度山东省跨境人民币结算额1395.6亿元,同比增长37%。

前三季度,山东省人民币结算流入1515.5亿元,同比增长58.5%,流出1905.4亿元,同比增长26.3%。经常项下人民币结算额2695.4亿元,同比增长73.1%。出口结算额417.9亿元,同比增长126.2%;进口结算额1145.6亿元,同比增长38.9%。资本项下人民币结算额725.6亿元,同比减少20.1%。其中,跨境融资结算额529.4亿元,流入340.2亿元,流出189.2亿元。直接投资总结算额191.4亿元,同比微增3.4%。外商直接投资结算额达到157.6亿元,同比增长44.8%;对外直接投资结算额33.9亿元,同比减少55.7%。

(二)"山东金改22条"加快金融市场改革,推动经济发展升级

1. 目前山东本土金融基础薄弱,金融改革必要性凸显

近几年山东省经济发展较快,整体经济实力得到不断提升。2012年山东省GDP总量为50013亿元,居全国第三位,前两位为广东省和江苏省,GDP总量分别高达57100亿元和54085亿元。值得关注的是,山东省金融行业发展并未与其经济地位相匹配,金融业整体规模位居全国20多位,其金融发达程度与广东、浙江、江苏等沿海省份相差甚远。2012年山东省金融业增加值为2018亿元,占GDP比重仅为4%,相比而言,广东省金融业增加值在3000亿元以上,占GDP比重也高出山东省2.5个百分点。从银行业发展情况来看,山东农村信用社在全省银行存贷款排名居首位,2012年存、贷款余额分别为9319.5亿元和6669.1亿元。另外,山东省银行业整体实力仍显不足。依据标准普尔对中国境内银行资产规模所做的统计,就城市商业银行而言,山东省齐鲁银行、青岛银行的资产规模在全国排名并不高,远远低于部分省份的城市商业银行,诸如辽宁省的盛京银行和大连银行、四川省的成都银行以及湖南省的长沙银行等。另外,恒丰银行作为山东省唯一的全国性股份制银行,排名同样靠后,资产规模甚至低于比如北京、上海等地的城市商业银行,排名第22位。[1] 山东省金融机构基础的相对薄弱,必然导致金融难以更好地为地方经济服务,这也使得金融改革的必要性凸显。

2. "山东金改22条"构建金融蓝图,金融业迎来快速发展期

此次山东省的金融改革可谓大刀阔斧,2013年8月《山东省人民政府关

---

[1] 朱永康:《山东金改从服务实体经济下手》,《中华工商时报》2013年11月25日。

于加快全省金融改革发展的若干意见》(被称为"山东金改22条",以下简称《意见》)正式出台。此次金融改革是在吸收温州等地金融改革经验的基础上,结合山东省地方特色提出的,内容涉及金融多个领域,尤其强调市场的重要性,并针对山东省金融发展实际情况,从五大方面提出了具体的22条措施,成为山东金融改革的重要文件和依据。① 同时,《意见》还为山东省金融改革制定了具体实现目标和时间表,用以规范和督促山东省金融改革,包括现代金融体系建设的五年计划以及金融业增加值的实现目标等。② 鉴于《意见》的实施与推动,《意见》建议启动金融创新发展试点。关于重视小微企业在实体经济中的重要性,通过优化信贷资金投向等手段,合理分配信贷资金,缓解小微企业借贷难的难题的重要举措,以及村镇银行3年内实现县域全覆盖的相关措施,同样有助于山东省金融改革的快速推进。可见,《意见》具有较高的针对性和可操作性,对于山东省金融改革意义重大。

目前金融改革正顺利推进,后期成果值得期待。截至目前,各地加强金融创新,初步形成了各具特色的创新模式。2013年10月13日,"13新农债——沂蒙山、徒河2013年集合私募债券"在山东齐鲁股权托管交易中心发行,发行规模达1000万元人民币;10月28日,为规范民间金融机构发展,山东省政府下发《关于进一步规范发展民间融资机构的意见》;11月6日,齐鲁股权托管交易中心通过公司化改革,打造金融综合交易平台。③ 另外,各地正陆续进入"山东金改22条"的全面落实阶段。烟台市10月发布的《关于进一步加快金融业发展的意见》提出,将力争用5年左右的时间,使金融业成为全市国民经济的重要支柱产业,基本形成立足胶东半岛、辐射省内及环渤海地区的区域性金融中心,打造山东金融业重要一极。到2015年底,全市银行资产规模将达到9300亿元,境内外上市公司总数达到35家,保险密度(人均保费)达到2200元/人。潍坊市则依据"山东金改22条"重要思想,于12月

---

① 山东省人民政府:《关于加快全省金融改革发展的若干意见》,《山东省人民政府公报》2013年8月25日。
② 温跃、赵小亮:《山东出台金融改革发展意见 5年初步建成现代金融体系》,《金融时报》2013年8月10日。
③ 《改革潮起齐鲁先——山东以改革创新打造发展升级新蓝图扫描》,新华网,2013年12月8日。

10日下发《关于进一步加快全市金融创新发展的若干意见》，内容共涉及六大板块，33条。该文件针对潍坊市金融创新与改革提出了一系列具有地方特色的具体措施，并制定金融业发展的蓝图与时间表，目的是将潍坊市打造成为金融名市和金融强市。①

二 金融改革创新与打造升级版山东经济

尽管学者们仍存有争议，但是对于金融能够促进经济增长的观点还是越来越被人们所接受，在现实世界中往往是金融业比较发达的地区，其经济发展水平也相对比较高。基于这样的理论认识，本部分将通过对比分析山东省经济金融总量及结构的现状和总结列举2013年以来山东"金改"创新的具体措施，阐述"金改"创新与打造升级版山东经济的重要意义。

（一）山东省经济金融现状的比较分析

山东省是我国的经济大省，近十年来GDP总量一直居于全国前三，与广东、江苏和浙江等省并列为国民经济发展中的第一集团，从国家统计局公布的2013年第三季度的GDP数据看，情况依然如此。但是通过与这些省份近些年经济金融发展的趋势比较，山东省的情况不容乐观，特别是随着东北振兴（主要带动辽宁发展）、西部大开发（主要受益者为四川、重庆）、长三角（主要受益者为江苏）、珠三角（主要受益者为广东）、环渤海（主要受益者为天津）等全国各种经济大战略的启动，山东虽在发展，但步伐却在放慢。

1. 山东省经济总量与结构现状的比较分析

从图1可以发现，山东省GDP总量在全国的占比尽管在逐步上升，但是相对于江苏省的发展态势却显著落后。次贷危机爆发之前，山东省与江苏省的GDP总量基本不相上下，但是金融危机之后，江苏省抓住契机，迅速调整了产业结构，依托国家有关政策积极培育和发展战略性产业，已经明显超过了山

---

① 卢青：《潍坊发布"金创33条" 山东金改进入全面落实阶段》，《证券时报》2013年12月11日。

东省的经济总量,并逐步在扩大优势。

从经济结构看,山东省是个农业大省,第一产业增加值居于全国之首,不过最近两年江苏省的第一产业的发展明显提速;但山东省的第二、三产业都显著落后于江苏和广东,其中2012年江苏省、广东省的第三产业增加值分别是山东省的1.18倍和1.33倍,特别是金融业增加值,当年江苏和广东两省都是山东省的1.6倍多,而且从金融业增加值占GDP的比重看,山东仅是4.03%,而广东、上海、北京等地2012年超过6%,与苏、浙两省也有不小的差距。可见,要想打造升级版的山东经济,必须在提升传统产业发展的基础上,大力促进第二、三产业的发展,特别是亟须提升金融业的贡献度。

2. 山东省金融总量与结构现状的比较分析

尽管山东省的金融业近几年也一直在快速发展,"十一五"期间年均增速达到18.8%,2012年增长达19%,是GDP增速的两倍,但是在规模和结构上与其他发达的省份相比仍然存在明显的差距。在间接融资规模上,山东省的存贷款总额均大幅低于江苏和广东两省,其中2011年广东省金融机构各项贷款余额就已经是山东省的2倍还多;同时,山东省的保费收入亦与两省存在同样的差距。在直接融资规模上,由于上市公司的数量较少,年报上市公司总资产的规模也远不如苏粤二省,股票流通市值的差距更大。

从金融结构看,尽管三省都表现出间接融资占比过大、直接融资发展不足的问题,这与我国金融结构整体存在的问题有关。但是相比较而言,近几年山东省的这一结构问题最为突出,在山东金融业中,银行业比重过高,其资产占到金融业总资产的94%;保险业和证券业仅各占2%～3%。另外,根据近些年非金融机构部门贷款、债券和股票融资情况统计看,山东省的企业融资总量中贷款占比最高、债券和股票融资占比却最低,说明山东金融业仍然固守着传统结构,亟须提升资本化和证券化程度。

有学者指出山东经济总量、活力之所以小于广东、江苏,很大程度上归因于民间金融产业的薄弱,致使民营企业实力弱小。这也使得山东与广东、江苏相比呈现出大企业多、国有企业多的"群象经济"生态。

（二）2013年山东金融改革创新的举措

2013年8月山东省发布了《关于加快全省金融改革发展的若干意见》（简称"山东金改22条"），明确了山东省未来5年的金融改革发展目标。

1. 发展股权交易市场和建立要素交易平台

促进经济结构成功转型需要对不同规模、不同性质的企业发展提供坚实的资金支持，因此建设多层次的资本市场是当前我国金融发展的一项重要任务，而在证监会提出的2013年十项重点工作中，排在首位的也正是加快发展多层次资本市场。顺应国家层面的金融宏观发展战略，山东省也积极完善和发展区域性金融市场。

（1）提升齐鲁股权交易中心，打造金融综合交易平台。齐鲁股权托管交易中心是由山东省政府批准设立的中小企业投融资平台，正式成立于2010年12月，2013年11月改制为齐鲁股权交易中心有限公司。目前，该中心挂牌企业有228家（其中有限公司23家），托管企业339家，覆盖全省17市，涉及新材料、新农业、精细化工、生物医药、高端装备制造业等多个行业。

"山东金改22条"中提出要对中心实施功能提升，近期目标是将其打造成为全省中小企业投融资平台，中远期目标是建成以资本要素为特征的金融综合交易平台。所以围绕目标，齐鲁股交中心提出创新市场交易品种，打造集股权、债权及固定收益类产品交易于一体的平台。在省政府的积极推动下，该中心于11月初已经与省内31家金融机构签署了战略合作协议，达成638亿元的银行授信额度，并为中小企业私募债举行了集中挂牌仪式。目前，该中心挂牌企业首只私募债已经成功登陆深交所，体现出中心对民营企业的强有力的支持；山东省首家小贷公司也已在中心顺利过会并挂牌，意味着齐鲁股权交易中心地方金融板正式启动；此外，该中心还承担了某担保公司面向公司管理层发行可转债的运作，而处在募集阶段的齐鲁股权政府引导基金，将在私募资金募集结束后，在市场平台进行基金LP的份额化转让。未来，中心还将逐步推出资产证券化产品、理财产品等新品种。

深交所已成立了专门对接支持中心发展的顾问团队，与中心合作开展信息平台建设和信息发布等方面的合作。中心信息已进入其汇集各地区域股权市场的资讯展示平台——区域股权市场资讯汇。据悉，该平台仅收纳了三地市场的信息。另外，设立为转板做准备的资源培育板块，也已被齐鲁股交中心提上日程。

（2）依托当地资源优势，搭建要素交易平台。"山东金改22条"提出重点抓好金融资产交易、土地交易、能源交易等平台筹建工作，同时加快推进知识产权、排放权、农村产权等交易平台建设。为此，全省各地积极展开了相应的金改创新，纷纷提出了当地具体的建设目标和规划。这里以日照、东营和淄博为例，其他地市不再一一列举。

日照市发布了《关于进一步加快全市金融业创新发展的实施意见》，力争用5年时间，将日照市打造成为区域贸易金融中心和鲁南金融服务中心，使金融业成为该市国民经济的支柱产业和现代服务业的龙头产业。东营市结合本地实际情况，提出筹建石油交易所、建设石油装备交易中心、搭建国际橡胶轮胎交易平台、探索建立黄河三角洲土地交易市场、筹建碳排放权交易所和建立农村产权交易市场等六大平台。淄博市计划在市及区县两级建立综合性的农村产权交易平台和产权融资平台，并拟出台《关于开展农村土地承包经营权等担保融资工作的意见》，指导开展农村土地承包经营权、集体建设用地使用权、集体土地范围内房屋所有权和林权（简称"四权"）担保融资工作。

（3）利用套利保值工具，争建期货交易平台。"山东金改22条"中提出发挥期货市场功能，利用山东省实体经济优势，争取增加交割库品种和数量。鲁证期货成为山东省重点扶持的第一家拟上市的金融机构，显示出省政府对期货业务发展的高度重视。与此同时，各地市也纷纷采取具体行动：临沂市高度重视期货市场的套期保值作用，正在积极支持建设东部铜业铜交割库、渤海商品交易所淮海交割基地，努力形成铜、煤炭、板材等大宗商品集散中心；淄博市则争取郑州商品交易所在该市设立玻璃期货交割库，该市还在2012年组织了全省40余家玻璃企业召开"玻璃期货与产业风险管理研讨会"，收到良好效果，并为发展当地玻璃期货业务奠定了一定的基础。此外，通过调查发现部分企业利用期货分散风险的意识也在逐渐增强，积极性大大调动，不少企业已经主动邀请期货公司前来培训。

（4）拓宽保险服务领域，提升保险服务质量。围绕"山东金改22条"，山东保监局加强了统筹规划，开展了五个方面的行动。一是加大保险资金引进力度，助推实体经济发展。连续出台多项资金运用监管新政策，不断放宽保险资金投资范围和比例的限制。目前，保险投资已经涉及基础设施、能源、投资性房地产、保险企业职能中心等多个项目。二是大力发展农业保险，落实惠农政策，提高农业抗风险能力。山东省保险业结合国务院颁布的《农业保险条例》的有关要求，加强与有关部门沟通，积极为完善农业保障体系，更好地服务"三农"提供保险保障。目前，山东省农业保险覆盖县（市）达到131个，菜篮子工程保险等特色险种创新初见成效。三是积极参与社会保障制度改革，服务完善社会保障体系，在全国率先启动了新农合大病保险工作，率先实现了全省覆盖。四是有效运用责任保险、治安保险等机制，推动化解社会风险。2013年1~6月，山东省各类责任保险支付赔款1.2亿元，在重大生产安全事故中快速理赔，有效发挥了保险化解纠纷的作用。治安保险持续稳健发展，参保320多万户，对推动地方治安综合治理发挥了重要作用。环境污染责任保险、食品安全责任保险试点也取得初步进展，覆盖范围不断扩大。五是发展信用保证保险，发挥增信功能。2013年1~6月，山东省出口信用保险保费收入2.86亿元（含青岛），同比增长15%；保证保险保费收入2.55亿元，同比增长69.54%。济宁等地开展了政策性小微企业贷款保证保险试点，潍坊试点开展了订单农业贷款保证保险。随着信用保险市场的开放，国内短期贸易信用险、短期出口贸易信用险预计也将有较大发展。

2. 发展民营金融机构、规范引导民间融资和推进县域金融创新发展试点

2013年对于中国经济而言无疑是困难重重的一年：已高速发展了30多年的国民经济已经积累的多重复杂的矛盾日益凸显；发达经济体的量化宽松政策导致全球经济环境更加扑朔迷离。为了渡过这个难关，国家领导层做出一系列重大改革举措。山东省也对此做出了积极的响应，在"山东金改22条"中明确指出要探索由民间资本发起设立自负盈亏的民营银行和金融租赁公司；鼓励民间资本参与金融机构的重组和改造；鼓励村镇银行积极引入民营资本，实现3年内村镇银行县域全覆盖。

（1）推进民营资本发起设立金融机构、引导民间融资健康发展。继"山东金改22条"颁布之后，10月份，山东省印发了《关于进一步规范发展民间融资机构的意见》，对设立民间资本管理公司提出了具体要求，明确了将其作为现有银行业金融机构的有效补充的功能定位。截至2013年9月底，东营、临沂等试点市县已设立了72家民间资本管理类公司，并已累计向社会提供融资47.2亿元。在风险管控上，要求民营金融公司对承担风险和损失的资产计提准备金充足率在100%以上的准备金。在额度控制上，项目投资要求"对单一企业或项目投融资余额不超过公司注册资本的30%"。同时，对民间资本管理公司融资方式也做出了相应规定，包括融资额不得超过注册资本的3倍等。山东省目前的这些民营资本改革举措在一定程度上已经使得处于灰色监管地带的地下借贷阳光化了。

山东省金融改革除了涉及农信社改制以外，民间金融市场的规范也是重要内容。在金融改革过程中，一项治理重点就是高利息民间借贷滋生的灰色金融链条。山东在东营和临沂这两个"金改"试点上展开了全面的清理整顿。目前，东营市对183家投资类公司仅保留规范了62家；临沂市则对全市600多家带有投资、咨询、理财字样的公司进行清理。

（2）促进县域金融创新发展，推动全省金融改革。为贯彻落实《关于加快全省金融改革发展的若干意见》，更好地发挥试点带动作用，促进县域金融创新发展，山东省金融办、财政厅、人行济南分行、银监局、证监局、保监局等6部门联合下发了《关于进一步扩大全省县域金融创新发展试点范围的通知》，进一步扩大县域金融创新发展试点范围，将平阴县、济阳县、沂源县、招远市、新泰市、文登市、荣成市、五莲县、巨野县、临邑县列为试点县（市）；另将莱芜市整体列入试点范围。至此，山东省县域金融创新发展试点工作扩大到全省范围。

按照规定，山东设立创新金融试点主要是为完善县级金融服务体系，推动地方金融改革与创新，促进城乡统筹和县域经济社会发展，为此，试点县（市）将在金融创新领域得到有力的政策支持，具体包括：优先审批各类金融机构到试点县设立分支机构；试点县农村信用社原则上一步改制为农村商业银行；适当增加试点县小额贷款公司设立数量。同时鼓励金融机构在试点县市的金融创新，适当简化试点县业务创新审批手续，探索扩大贷款抵押物范围。

另外，不同的试点县（市），试点内容侧重点也各不相同，如即墨市重点推进县级金融服务体系配套建设；滕州市重点引导民间融资健康发展；广饶县重点推进中小企业融资服务组织体系创新；寿光市重点推进金融支持"三农"服务创新；诸城市重点推进金融业参与社会管理与创新；沂水县重点推进基层金融工作体制机制创新；禹城市重点推进县域融资手段创新；邹平县重点推进资本市场融资与创新等。

3. 建设济南区域金融中心和青岛财富管理中心

"山东金改22条"的亮点之一，就是首次在一个省份布局了两个金融中心——济南和青岛。两个中心分工明确：济南对内，主要辐射省会经济圈和鲁西隆起带；青岛对外，以山东半岛蓝色经济区为依托，向海外辐射。

（1）济南区域金融中心的建设。"山东金改22条"中指出，依托济南省会城市地位和金融资源优势，加快引进和培育金融机构和中介服务机构，着力推动金融产品和服务创新，全方位打造区域性的金融中心。

作为山东省政府所在地，济南集中了山东省内金融主要资源，也是人民银行等监管机构和金融机构山东省分支的所在地，信贷业务辐射了全省除青岛外的17个城市。同时，由于周围巨大的人口和经济总量，具有建设区域性金融中心的客观要求和强大动力。在"山东金改22条"的推动下，济南区域金融中心在2013年明显加快了建设步伐。

截至2013年年底，除中国进出口银行外，全国性政策性银行、股份制商业银行已全部在济南聚齐。2013年5月东亚银行（中国）有限公司在济南开设分行，加上已经开业的汇丰银行、渣打银行，入驻济南的外资银行已达到3家；同时，全省首家法人保险公司泰山保险公司已开业，2013年9月5日中德合资寿险公司德华安顾人寿在济南开业，这是第一家总部设在山东的全国性寿险法人机构，填补了此前山东省无寿险公司总部的空白，也是继泰山财产保险落户济南之后，山东第二家全国性保险公司。这对于济南打造区域金融中心无疑意义巨大。全市现在共有33家银行、3家资产管理公司、2家信托投资公司、3家财务公司、6家农信联社、51家证券公司营业部（1家总部、4家省外驻济分公司)、70家保险公司（1家总部）、22家期货公司营业部（1家总部），还另有18家小额贷款公司、28家典当行、46家融资性担保公司等地方性金融组织。金融机构数量和类型显著增加，组织体系更趋健全，区域性金融中心功能逐步增强。

（2）青岛财富管理中心的建设。山东金改中指出，利用青岛市已有基础和蓝色经济区龙头地位，突出发展以财富管理为主要内容的高端金融业务，吸引国内外投资理财机构和金融机构聚集，把青岛市建设成为国内领先、面向国际的新兴财富管理中心。

目前山东金融基础最好的市，仍然是青岛。2013年10月9日，青岛市商务局推出《青岛市国际贸易中心城市建设纲要》，其中首次提出，全面启动创建青岛自由贸易试验区，争取试办自由港、探索推进具有青岛特色贸易投资便利化体制创新试点等若干重要内容。而与上海自由贸易试验区相比，青岛自由贸易试验区将主要突出发挥与日韩的区位优势和经贸合作优势。山东省希望抓住中日韩自贸区的谈判契机，将青岛列为自贸区金融先行试点城市，逐步打造面向日韩的离岸金融中心。

青岛市金融办对新加坡、中国香港、瑞士等全球财富管理中心进行了分析，提出财富管理中心的形成通常依据经济发达（包括第二、三产业发展成熟且处于较高水平）、政策到位、交通便利、优美宜居、产业配套和人才荟萃等6个内在因素，而青岛已经具备了这些因素，应当争取成为国家发展财富管理的重点地区，建设财富管理中心。在财富管理机构聚集方面，青岛已有了一定基础。但是，青岛离财富管理中心的目标还有很长距离要走。

（三）山东金改创新对于升级版山东经济的意义

山东省的金融发展落后是很多人的共识：在政策上太保守，思想意识落后于市场的发展要求，具体事宜上又存在手续烦琐的问题。同时，山东省内的金融机构倾向于向钢铁、化工等传统产业的大企业放贷。一方面，这种放贷产生的社会收益明显偏低；另一方面，在山东金融业中，银行业比重过高，而且营利能力较差。我国的利率市场化改革已经接近尾声，如果再依靠这种通过吃政策饭来获取盈利、进行竞争的话，银行是没有出路的。

1. 山东金改创新是中国地方金改的试金石

十八大以来国家相继出台了一系列的金融改革政策，涉及人民币国际化、金融支持经济结构调整和转型升级、民间资本阳光化、利率市场化、多层次资本市场建设等多个金融领域，掀起了金融改革的一场大风暴。这无疑促使各省市面临金融与经济发展的巨大机遇和挑战。山东的金融改革不仅为整个山东勾勒出金融发展的新蓝图，发出了积极的信号，明确了金融支持实体经济这一实际命题，一个全新的山东省金融平台系统有望形成。

"山东金改22条"推出以来，以省政府名义发出的关于金融的指导文件就有7个，对金融业的重视力度前所未有。典型表现之一是人才引入。山东省启动了与中央金融主管部门和金融企业的人事双向交流，开创了每个地市都配备一个懂金融的副市长之举。典型表现之二是重点推进"建立健全地方金融监管体制"：推进地方金融管理体制改革创新，逐步建立健全地方金融监管机构，积极探索符合山东省实际的金融监管体系。可见，山东金融改革的真正目标在于打造一个升级版的山东经济，如何通过做大做强金融业来推动山东的经济结构不断优化，这种改革的经验必然具有相当高的借鉴和推广价值，并已经成为国内众多专家学者关注的热点。

2. 山东金改创新的积极效应初步显现

2013年国内金融业界备受关注的山东金改从3月份郭省长的就位到22条意见的颁布，再到即将举行的发展论坛，无论是在政令制定还是在具体行动等方面都取得了令人瞩目的成绩。随着这些成绩的积淀，必将推动山东经济结构的升级与优化。

（1）山东金融业的对外交流效应提升。市场方面，山东省与上交所签署了全面战略合作协议。银行方面，国家开发银行、农业银行、中信银行等均对山东金融改革表示支持。2013年5月在香港启动的"香港山东周"里，举办了山东国际金融机构交流会等一系列活动，来自全球的众多顶级金融机构对山东表示出浓厚的合作意愿。

（2）金融业凸现促进经济增长的正能量。2013年前三季度，山东省社会融资规模增加8839.1亿元，同比多增1644.2亿元。不但金融对重点领域和薄弱环节的支持力度进一步加大，而且受益于"金改"效应，全省多层次资本市场发展迅速。银行方面，不仅前三季度新增存贷款分别居于全国第三位和第四位，而且中长期固定资产贷款稳步增长，较好地支持了山东省在建续建项目和基础设施建设，"涉农"和小微企业贷款增长也较快。相信在未来，金融机构会将更多的资金投向重点建设项目、重点区域、社会民生、"三农"和小微企业等领域。

（3）金融领域的亮点层出不穷。"山东金改22条"是迄今为止山东省政府出台的关于金融业发展的最专业、最全面和最具体性的纲领性文件，它不仅提出了非常明确的政策目标，体现出前瞻性、专业性等明显特点，而且通过一系列定量指标的设定为以后具体落实目标责任奠定了基础，更为突出的是其中表现出来的各种金融亮点，并且这些亮点正在逐步变成现实。

例如，设立覆盖省市县的地方金融监管部门。地方金融监管局是为顺应市场经济发展和金融产业发展的要求成立的，近年来，山东金融业发展迅速，小额贷款公司、融资性担保公司等各类新型金融组织不断涌现，但由于不在中央金融监管部门监管范围，发生金融风险的压力较大。所以，设立地方金融监管部门可以覆盖盲区，避免政府职能缺位，也可为一行三会监管服务。12月10日，潍坊市地方金融监督管理局正式挂牌成立。这是山东省第一个挂牌成立的市级地方金融监督管理局，而根据山东省制定的《建立健全地方金融监管体制的意见》，各市县均要设立地方金融监管机构，并于2013年底前挂牌运转，以推动地方金融工作职能加快向服务和监督管理并重转变。

（4）金融人才引进及科研阵地建设如火如荼。如前所述，郭省长公开指出金融人才是山东金融的战略短板，于是在中央政府的大力支持下，山东掀起了全国罕见的金融人才流动热潮。中央金融部门和企业已选派了30名官员陆续到山东挂职，这些官员都具有高学历、年轻但拥有丰富的金融系统工作经验，他们将是山东"金改"的具体执行者和推动者，必然为山东金融业的发展注入活力和动力。

除去人才，充分发挥当地科研院所的作用也是推动金融改革创新取得成功的重要力量。"山东金改22条"指出要依托高等院校组建山东金融发展研究院，打造有影响力的金融智库，目前山东省金融办已与山东财经大学金融学院达成设立山东金融发展研究院的意向。同时，省政府还积极为各高校科研院所与国内重要金融机构牵线搭桥，促进学术界与实际部门的沟通交流，为建立高质量、国内领先水平的金融智库奠定基础。

三 深化山东金融改革创新的对策措施

发展战略新兴产业、改造提升传统产业是山东"金改"的战略目标，具体目标则是在"山东金改22条"中明确提出的"到2017年年底，全省金融业增加值占生产总值比重达到5.5%以上，占服务业增加值比重达到12%以上，社会融资结构明显改善，金融开放水平明显提升，金融风险防控能力明显加强"。为此，我们建议在未来进一步深化山东金融改革创新的过程中应该切实做好以下几个方面的工作。

（一）必须深化金融服务于实体经济的意识

无论从国家层面还是地方层面，实体经济发展都对金融发展起着基础性作用，金融发展不能脱离实体经济，不能就金融论金融。山东省的"金改"创新不能违反这种经济运行的基本规律，要明确金融在经济发展中的地位，从而最大限度地为经济发展服务。

1. 金融改革的最终目的是为实体经济服务，而不应成为国民经济的主体

"山东金改22条"的出台掀起了全省各地金融改革创新的高潮，许多地市都做出了迅速的反应，颁布了当地发展金融业的相关意见，并同样提出了一些定量指标和具体规划。但是需要注意的是，不能每个地市都确定要将金融产业发展成为当地的支柱产业，这不仅是因为金融产业的发展本身也需要一些特定的自然或社会条件的支持，而且现代通信信息技术已经十分发达，并早已广泛运用于金融业务活动中，实体经济部门完全没有必要固守于当地金融部门的资金支持。现代金融对经济的推动作用更多的是通过金融工具的功能、金融机构的运作以及金融市场活动实现的，当然金融业自身的产值增长也是一个很重要的组成部分。但是金融存在的根本在于对实体经济发展的助推作用，而不是取代实体经济，失去实体经济的支撑，金融业将变成无源之流、无根之木；同时，只有金融有效发挥出了其应有的作用时，金融产值才能真正持续增长。

全省各市在制定本地金融业发展规划的过程中，应该首先明确本地区核心的产业是什么，依据产业发展规划确立当地的金融发展规划，还可以联合地域邻近、龙头产业相似的几个市制定统一的小区域金融产业布局规划，从而提高金融业的空间运营效率，也避免各地的重复建设和资源的浪费。

2. 山东"金改"要与转方式调结构和发展非公有经济紧密相结合

作为一个GDP居于全国前三的经济大省，山东的最大问题是经济结构偏重、国资氛围浓厚，而根据金融与经济之间关系的分析，我们也清楚地看到山东金融业既受到这种经济结构限制而发展相对落后，又由于本身表现出来的资本化和证券化程度相对薄弱的突出问题反过来拖累了山东经济的发展。所以，山东"金改"的目的在于盘活现有资金、用好增量资金去推动山东省经济结构，尤其是产业结构的调整和优化，于是各市应该在梳理清楚当地产业结构的现状及存在问题，并在确立好本地区经济发展方式与结构转换调整的规划基础上设计金融改革的方案，切实体现出金融服务于经济的根本性质。

具体落实的重点应集中在两个方面：一是加快发展中小微金融机构。这里又需要分两条腿走，一条腿是要大力发展中小商业银行，包括民营银行的建立、农村信用合作社的改造，山东现在正在把农信社改成农商行，好多地方都建立了村镇银行，这都是解决民营企业融资问题的一个办法；另一条腿是重新定位城市商业银行的市场业务，比如齐鲁银行、青岛银行等，要改变它们目前开展的业务跟大型银行基本同质的状况，将其服务对象定位于中小企业，着力开展相应的金融服务，并督促其逐渐形成自身的业务特色和市场品牌。二是放松金融管制，鼓励、至少不抑制民间银行的发展，给予民营资本真正进入金融领域的机会和空间，从而缓解中小微企业融资难、融资成本高的问题。

（二）必须进一步细化制度设计和强化具体落实

十八届三中全会为整个国家的全面深化改革指明了方向，也明确提出推进市场化改革要"加强顶层设计和摸着石头过河相结合，整体推进和重点突破相促进"。这就是说，改革不能只靠自下而上的局部突破，必须有顶层设计相配套。

对于金融业来说,所谓顶层设计就是制度设计,如果整个金融制度体系,甚至经济制度体系不改变的话,地方金融改革最后还是会碰到"天花板",很多东西还是不能突破。正如济南大学孙国茂教授所言,前些年山东省政府也出台过不少将金融做大做强的相关文件,但结果是金融落后的状况并没有得到改变,"山东金改22条"并不是开创性文件,尽管其中出现了诸多令人兴奋的创新点,但是在制度设计上仍然需要进一步细化,并加强具体落实。

细化制度设计方面,我们以"山东金改22条"中提出的建立各类要素交易平台建设为例。文件中指出"重点抓好金融资产交易、土地交易、能源交易等平台筹建工作,同时加快推进知识产权、排放权、农村产权等交易平台建设",那么接下来就需要进一步提出关于金融资产交易平台、土地交易平台、能源交易平台等具体的设计方案,需要考虑诸如这些要素平台是无形交易还是有形交易,借助怎样的技术手段,在哪里设立平台中心,交易的各种制度安排如何确定,交易风险如何管理等多方面的细节问题,只有将制度设计得更加细致和全面,才能有利于未来的具体执行和责任落实。

具体落实方面,我们以"金改"的一个重要环节——多层次资本市场建设为例加以说明。"山东金改22条"文件中说,要按照"管理科学、运作规范、功能健全、风险可控"的原则,对齐鲁股权托管交易中心实施公司制改造和功能提升,近期目标是将其打造成为全省中小企业投融资平台,中远期目标是建成以资本要素为特征的金融综合交易平台。目前,齐鲁股权托管交易中心的公司改制已经于2013年11月顺利完成,但是要真正达到确定的目标,还需要做很多具体的工作,特别是要把齐鲁股交中心做强做大还需要进行一些创新和借鉴,孙国茂教授的建议是:第一,必须突破挂牌企业和投资者的地域限制,实现跨区域发展,让更多的机构和投资者参与进来;第二,必须提升齐鲁股交中心的交易功能。他指出,虽然很多中小企业到齐鲁股交中心挂牌的目的是为了融资,但股交中心首先是一个交易平台,其融资功能是由交易功能派生出来的,如果股交中心的交易不活跃,那么挂牌企业就很难进行融资。最近一年多的现实情况就证明了这一点,由于参与的机构和投资者不多,交易不够活跃,2013年以来的挂牌企业很难融资。如果把股交中心的交易功能最大限度地发挥好,其他的功能自然就派生出来了。如果股交中心交易活跃的话,挂牌企业即使不能通过股权融资，也可以通过债权融资。因为只要有交易，企业的股权就有价值，企业可以用股权进行银行抵押贷款。在这一方面，上海股权托管交易中心做得非常成功，值得借鉴——凡是到上海股交中心挂牌交易的企业，中信银行、浦发银行等商业银行都可以优先贷款，因为商业银行跟股交中心捆在一起，形成了战略同盟。

（三）应以农村金融为突破口

山东是个农业大省，尽管近些年来第二、三产业在产业结构中的比重一直持续上升，但是全省第一产业的占比仍然偏高，特别是省内存在大量涉农产业集群，集群中的中小企业资金支出集中、融资需求旺盛，但是相应的农村金融发展却十分滞后。长期研究农村金融问题的王家传教授认为，区域金融改革创新必须要以农村金融作为突破口，这主要是基于国家金融体制纵向管控的制度安排、区域经济社会发展中的城乡二元格局以及农村经济发展现况已经成为制约山东省地方经济协调发展的短板等诸多原因得出的，而且目前农村金融与城市金融相比很多方面都存在较大差距，农村金融资源配置的滞后已经成为农村乃至全省经济社会稳定协调发展的瓶颈。所以，山东"金改"应该重点突破农村金融体系的建设，具体工作应该围绕以下三个方面开展。

1. 科学构建县域金融资源配置机制

中国自古以来就有"县乃国之基"的说法，县域涵盖城镇与乡村，是国家最基本的经济社会单元，是沟通条块、联结城乡的枢纽，是农业与非农产业、宏观和微观、城市和农村的接合部，是统筹城乡发展的关键载体，可见，县域经济发展地位的重要性。为此，山东"金改"不仅在文件中专门提到了县域金融改革创新的问题，并已经开始将县域金融创新发展试点工作扩大到全省范围。

下一步的关键在于构建一个科学而富有活力的县域金融运行机制，从而促使县域金融体系充分发挥其高效配置资源的功能。首先，应鼓励各县建立更多的县域贴农服务方面的金融机构，对于县域贴农服务类型的金融机构在审批上可适当放宽条件，在政策上应给予一定的倾斜，但是倾斜要控制好度，不能超越区域行业盈利水平，目的是促进涉农金融服务形成竞争机制；其次，应提升县域金融服务质量与水平，利用创新试点，以点带片，不断完善农村金融市场的运行机制；最后，应加强县域金融生态环境的建设，工作重点在两个方面：一是要加强县域金融机构人员的金融业务水平和服务能力，可利用省内高校和科研院所的师资力量定期对县域金融机构的工作人员进行培训，并鼓励金融专业的高校毕业生走入县域金融机构去工作；二是要加强农村诚信制度建设，尽快建立并完善当地农户信用档案，并通过互联网加强农村经济发展中的跨地区信息管理，对于讲诚信的农户及农业企业进行广泛宣传和奖励，提高农村地区的信用意识和水平，各地政府应发挥优势推动农村信用体系的建设，因为这种公开透明的信息传递机制将非常有助于激发农村金融对农村经济发展的支持力度，也同时会进一步激发农村金融机构贴农服务的积极性。

2. 完善、创新农村金融机构体系

农村金融内生于我国农村经济社会改革与发展的实践中，农村经济、产权制度以合作经济为主、以社会关系中的家庭及其姓氏为主，尽管劳动力、农产品生产和交易已经商品化，但主要财产要素，如土地、房屋、宅基地等产权关系仍没有明晰，因而农村金融交易活动及其交易条件尚没有形成市场化。山东省的情况也是如此，所以农村金融机构的建立应该注意到这种经济背景和社会基础，推进农村金融体制改革必须要依靠深化县域经济体制改革的同步进行，相互促进、共谋发展。

目前，我国农村银行类金融机构主要包括政策性银行中的农业发展银行，商业银行中的农业银行和中国邮政储蓄银行，农村合作金融机构中的农村信用社、农村商业银行和农村合作银行，以及新型农村金融机构中的村镇银行、农村资金互助社；农村非银行金融机构包括农业保险、资产管理公司、农村小额贷款公司等。上述机构目前对于山东省农村经济的发展都起到了重要的作用，特别是近些年潍坊、莱阳、滨州等地的农信社紧密联系农业经济发展中的资金需求，积极寻求产品、服务的创新，诸如海域使用权抵押、厂商银、信用联盟、港银通等，积累了很好的经验，在"金改"的具体执行中应该把这些经验进行推广。同时，在进一步规范主要农村金融机构发展的前提下，针对前面提到的农村金融交易活动及其交易条件尚没有形成市场化的情况，应该大力推行普惠金融，以农民或中低收入阶层为服务对象，重点是发展一些具有准公益性的小型金融机构或推动原有农村金融机构启动普惠工程，真正在解决农民和小微农业企业融资难问题的基础上还能够对他们给予一定的扶持性资助，而党的第十八届中央委员会第三次全体会议通过的《中共中央关于全面深化改革若干重大问题的决定》也正式提出要"发展普惠金融，鼓励金融创新，丰富金融市场层次和产品"。

3. 以土地金融带动农村金融发展

在针对如何推进山东省农村金融发展的建议中，不少专家都提出如何围绕土地发展金融是很重要的一个方面，认为农村土地确权会有助于农村金融的发展，用土地金融来促进土地流转，促进农村的城市化，促进农业现代化。农村土地确权以后，一方面是要素市场的灵活性会提高，产权市场也能进行很好的流动，对新型城镇化的建设、规模化的现代农业建设、现代设施农业建设等诸多方面都能够起到一定的促进作用；另一方面农民作为土地的所有者可以享受到土地财产增值的收益，同时由于农民可以通过土地来抵押，其担保能力将会增强，农村金融市场上可交换的产权也会增多，资金的流通相对就会比较多。显然，土地金融对农村金融的建设将起到决定性的作用。

十八届三中全会指出，允许农民承包地用于抵押贷款时的抵押物，然而，仅有党中央的文件规定，还不能成为银行的操作依据，要把文件的规定转化为可供银行和农民作为依据的法律。那么银行就找到了法律依据，进而可以给农民发放抵押贷款了。除了土地抵押贷款的形式，土地金融还可以呈现出更多样、更高级的方式，例如土地银行，以专门吸存农民暂时不用的土地、再出租土地，从而获取收益的银行，其资本金可以来自当地政府，也可以发行股票，抑或是大型商业银行的分支部门。又如土地资产的证券化，把土地使用权或土地未来收益转化成有价证券。

十八届三中全会让土地变成资产，让资产变成资本，让农民获得更多的资产权益。所以，土地金融的创新将会显著拉动山东农村经济的飞速发展。

（四）应以现代金融体系和区域性金融中心为建设重点

山东"金改"势在必行，不仅是因为山东金融产业发展滞后，成为山东经济发展的短板，也是因为国家产业结构的调整战略迫使山东省必须要进行经济结构优化调整和转型升级，进而要求金融体系的发展也要跟上这一步伐。纵观山东省经济结构的症结和金融结构的现状，"金改"的重中之重就是要建立现代金融体系，也就是能够满足山东省社会融资需求的金融体系，其基本特征是不存在金融抑制、体系健全、运行高效。同时，现代金融体系还应当包括具有强大影响力的区域性金融中心，以发挥其集聚和辐射效应。

1. 构建山东省内的现代金融体系

一方面，三中全会提出市场在整个资源配置中占基础性作用变成决定性作用，应进一步发挥市场机制的经济形态；另一方面，山东省金融垄断问题突出，四大国有银行占据了金融市场的绝大部分份额，而其他金融机构不论在数量、规模，还是整体实力上都存在较大差距。这种融资来源的不平衡导致企业过度依赖银行信贷，间接融资比例远远超出直接融资。但是，由于国有银行的贷款审批严重倾向于国有大型企业，导致中小微企业融资困难，金融资源配置效率很低。所以，基于国家提出的战略指导思想和山东省金融发展存在的弊端，山东下一步肯定要进一步完善市场体系，特别是金融市场体系，加快金融主体的建设，并以此为基础，再发挥市场对资源配置的作用。

面对利率市场化改革已接近尾声、经济开放程度日益加深、短期资本流动跨境套息异常繁荣的形势，我们需要格外关注正在不断累积的金融体系的脆弱性。为此，山东"金改"应尝试着突破我国金融体制固有的那些顽疾，例如金融垄断格局带来的国企经济垄断，又如财政决定货币、风险转向金融。重点在于：

（1）深化金融组织体系的商业化改革。加快推进省内设立民营银行的进程，并在政策上给予一定的支持，帮助刚成立的民营银行站稳脚跟，再促进其逐步做大做强，形成与大型国有银行在省内市场的竞争态势，需要注意的是政府只能营造一个良好的市场竞争氛围，而不可参与民营银行的经营行为中，防止出现国进民退的现象；鼓励民间资本参与现有金融机构重组改造，积极探索设立民间资本发起的自担风险的金融租赁公司、消费金融公司等非银行类金融机构。在国家尚未放开金融管制的情况下，要想增加民营银行还非常困难，但是发展小额贷款公司、典当公司、PE 公司和阳光私募基金等类金融机构却相对容易，因此，山东应当在这些机构的设立方面进行大胆尝试；同时应加快推进增加市场约束、降低道德风险的改革,探寻建立地方存款保险制度的可行性和具体路径,在地方金融制度的设计上进行突破创新。

(2)加大竞争机制的推进力度,积极展开金融创新。根据这一年来国家颁布的重要经济金融政策以及成立上海自贸区等重要举措,显而易见的是2014年中国的金融改革路线图已逐步清晰:金融终将"脱虚向实",无论是降低金融行业准入门槛,大力发展民营金融,还是建立以市场化为导向、层次多元的金融体系,或是提速利率市场化以推动资金要素的市场定价机制的发展,其根本目的就是服务实体经济,促进金融机构回归理性增长,防范潜在泡沫和风险。山东"金改"的根本出发点亦是如此。因此,构建一个充满活力、敢于创新的竞争性金融体系无疑是实现"金改"蓝图的唯一选择。如何提升山东省金融业的竞争性呢?我们认为首先需要省政府进一步推动省内金融业向民营资本的开放力度,鼓励以"纯民资发起、自愿承担风险、承诺股东接受监管、实行有限牌照、订立生前遗嘱"等原则,设立自担风险的民营银行、金融租赁公司和消费金融公司等不同性质的金融机构。其次,省政府应制定好竞争规则,一视同仁,不能对国有或国家控股的金融机构有所倾斜,更要防止市场上出现以大欺小或恶性竞争的现象。最后,省政府应鼓励各种金融创新,特别是针对农村经济、小微企业等领域的产品创新和服务创新,只有不断推陈出新,才能保障金融竞争机制的持续存在。

(3)强化审慎监管体制和提升危机处置能力。毫无疑问,民间资本是未来我国金融市场发展中的最大活力和"催化剂",放宽金融行业的准入门槛,将民间资本有序进入金融领域可以带来一个更有生命力和竞争力的金融系统。但是,应该清楚地认识到我国金融业目前的竞争环境要比过去严酷多了,国有银行和股份制银行在经营管理方面都已经有了极大的提升,而且面对利率市场化改革的深化,中小金融机构要立足也会遇到比以前更加严峻的挑战,所以,省政府对于民营资本进入金融业不能只看到机遇而忽视其面临的挑战与风险。例如,在山东"金改"的具体实施过程中,民间资本管理公司等新型的服务机构发展迅速,当然不能否定这类机构发挥的重要作用,但也需要警惕其数量泛滥,尤其值得注意的是,要防止高利率的融资市场效应,如果更多实体企业借政策东风"脱实向虚",都涌入金融领域,那么潜在的金融风险就会加大,

"金改"也会失去原有的意义。为此,省政府应协同济南人行、省银监局、省证监局和省保监局,强化审慎监管体制,严格执行中国版的"巴塞尔Ⅲ"——《商业银行资本管理办法》,同时可尝试对省内主要大型金融机构和具有一定规模的民营金融机构推行压力测试,并适当公布其财务状况,增加透明度和公信力,也有助于这些金融机构加强自身的风险意识,并督促其主动提升危机处置能力。

2. 双核型区域金融中心的建设

山东"金改"中明确提出了济南建设区域金融中心、青岛建设财富管理中心的双核型区域金融中心的做法,既解决了济南和青岛多年来的中心之争,又充分考虑到两个城市的优势特点给予了不同的定位,还适应了山东省蓝黄两区具体经济发展战略的现实,所以从理论和现实选择上是可行的。但是在具体执行上,我们应注意能否建成区域性金融中心,并不取决于建多少高楼和CBD,关键在于金融产业的聚集,更要依托实体经济的基础,切不可盲目发展。山东省和济南市、青岛市两级政府应该出台更详细、更优惠的政策,只有不断吸引高端的金融机构和金融人才聚集于济南和青岛,才能真正建成区域性金融中心。

(1)两城市经济金融区位建设的提高建议。2012年中国各大城市在经济实力20强排名中青岛居第8位,济南则不在其中,如果综合竞争力100强排名中(包括港澳台)青岛居第10位,济南居第35位。由此可见,济南和青岛两市虽然在全省经济发展水平中属于前列,但总体来说,经济基础依然薄弱,这对区域金融中心建设是不利的,必须采取措施提高两市的经济实力。

就济南而言,一方面应尽快转变经济发展方式,发展特色产业。济南的特色产业是电子信息、食品制药、机械设备等支柱产业,因此可以重点开发国家信息通信国际创新园项目、齐鲁软件园项目,重点扶持齐鲁制药、福瑞达等企业,支持高端装备制造业中的法因数控等企业;同时建立综合性高技术产业基地,争取成立高层次的技术中心、研究中心,培养创新型、成长型企业。另一方面,应尽快改变目前间接融资比重过大的金融结构,积极推进多层次资本市场的建设。目前,随着"金改"的推进,已经看到诸如济南高新区资本市场发展示范区的路演、山东金融资产交易中心(筹)第一次产品创新研讨会的召开等促进济南实现区域金融中心的举措,期待更多的金融改革措施出现来推动济南金融产业的发展。对于济南市设定的"两核三区"的金融业空间发展格局,我们认为有必要根据金融业的特点突出一下重点,并应进一步明确各区不同的业务重点,特别是不能仅以金融产业的增加值或税收收入来考核其业绩,避免各区之间形成不必要的竞争。

就青岛而言,尽管已经基本具备财富管理中心的条件,但是离成为财富管理中心的目标还有很大的差距,为此,青岛市应该做好以下三方面的工作:第一,营造更好的金融生态环境,吸引更多私人银行及财富管理机构聚集到青岛。既要在政策上争取到中央和省政府的特殊支持,形成一个更为宽松和自由的金融运行环境,又要在财富管理中心的配套产业和人才储备方面加大发展力度;第二,鼓励现有的金融机构积极进行金融创新,特别是与财富管理相关的金融改革创新。财富管理涵盖的业务范围非常广,却又具有私密性和高端性,如果不能针对客户的不同要求不断推出新的产品和服务,财富管理终将失去其存在的根本,因此省政府和青岛市政府应该给予金融机构开展自主创新更大的空间,减少行政干预和政策障碍;第三,突出特色、形成品牌。目前,青岛建设财富管理中心有两个非常有力的支撑条件要充分利用,一个是争取将中日韩自贸区的总部设定在青岛,如果谈判成功,就可以从国家层面争取到市场化的金融运营环境,必将有助于青岛金融生态环境的改善;另一个就是国家已经批复的蓝色经济试验区,青岛作为"龙头"城市其金融产业的发展必然至关重要。无论是前者形成的保税区加离岸中心的模式,还是后者带来的蓝色经济试验区模式,青岛财富管理中心的建设都应该结合依托的经济背景突出自己的特色,并逐渐在国内外市场上形成一定的财富管理品牌效应。

(2)基于区域金融中心形成理论的其他因素考虑。学者们对于区域金融中心形成的各种理论研究表明,除了区位优势,经济发展水平、商业环境、金融活动的广度和水平、金融法律体系和金融制度、交通与基础设施状况以及地方政策的作用力等因素也起着重要的作用。根据统计数据显示的结果,济南和青岛已经具备了部分影响因素所要求的条件,但是仍然还有一些因素未能达到标准,应该抓住"金改"带来的机遇,积极推进城市基础设施建设、加快完

善金融制度和鼓励金融创新、充分发挥地方政策的推动力，促使两市金融业的总体水平和质量得以大幅提高。重点的工作集中在以下几个方面：

第一，济南和青岛两市政府应积极争取省政府的政策支持。两市政府应针对区域金融中心的建设做好近期、中期和远期的详细规划，依据各个时期具体的目标和相应的举措向省政府申请配套资金和政策的全面支持，让地方政策的作用力带给中心建设正能量。

第二，完善金融体系，加强信息交流。区域金融中心的金融集聚既体现在金融机构数量的集聚，也体现在金融机构种类多样性的集聚，就目前的情况看，济南和青岛两市都应该采取进一步的优惠措施吸引各种类型金融机构，特别是本地空缺或发展薄弱的金融机构，以丰富金融体系，并引入民营资本做大地方性中小型金融机构，更好地发挥地方金融立足地方经济、吸纳地方资源以服务于地方经济建设的优势。与此同时，完善的金融体系需要一个强有力的信息平台才能发挥出其应有的作用，所以两市都需要加强征信系统的建设，不仅要建立全市的社会信用数据库，而且要加强跨区合作交流平台的建设，实现信息共享。

第三，鼓励金融创新，开拓金融市场。创新是金融发展的源泉和动力，作为区域金融中心更应该高度重视金融创新的作用，因此济南和青岛应该依托自身的金融综合竞争力优势，配套政策去充分调动当地金融机构展开创新的积极性，特别是引导和鼓励金融机构涉足碳金融、互联网金融等具有发展前景的新领域。

第四，改善城市环境，营造有利于金融发展的城市氛围。现代城市的资源都十分紧张，交通堵塞、空气污染、载体有限等外部环境的恶劣也会影响到优质金融机构和高端金融人才的引进，所以两市政府要对城市建设和布局做出详尽、科学、长远、理想的规划，不可盲目而短视。

(3) 双核型区域金融中心需要加强合作。"金改"中确立了济南区域金融中心和青岛财富管理中心的地位，就是要发挥两者各自的优势，但在全省的层面上考虑，两者不应该是竞争关系，而更应该强调相互配合、共同发展的战略合作关系。根据我们的测算，在以半径为229.03千米的范围内济南能辐射的城市有：滨州、莱芜、淄博、泰安、枣庄、济宁、菏泽、聊城和德州共9个；

在以半径为228.06千米的范围内青岛能辐射的城市有：威海、烟台、潍坊、东营、日照以及临沂共6个，其中东营、淄博、潍坊、莱芜、临沂这5个城市是济南和青岛共同辐射区域，覆盖了全省17市。所以，两大金融中心只有通力合作才能促使山东省金融业在总量和结构上都有所改进，并进而促使全省经济结构优化调整、蓝黄两区得以发展。在两市的配合上可以采取的一些措施建议有：一是两市在金融发展政策上要打破地方保护主义，在遵循市场基本原则的基础上相互给予支持；二是要在信息上实现共享，可建立两市信息交流平台和共享数据库；三是可举行定期的金融机构交流会，包括商业性金融机构运营经验的交流研讨和监管机构关于监管实践的探讨；四是打破户籍限制，鼓励高端金融人才的跨市流动。

（五）必须加强地方监管，防止发生新的金融风险

当前，单一的垂直金融监管体制与经济和金融发展之间的矛盾日益突出，导致金融资源配置的"马太效应"愈演愈烈，建立中央和地方双层监管体系刻不容缓。反观山东，过去十年的金融领域也是风险频发。为此，"山东金改22条"中专门提出了"完善金融风险防控工作体系"等具体的金融风险防范措施，表明了省政府的态度，加强地方监管势在必行。我们认为要真正实现山东"金改"的目标更是需要地方监管的有力配合和保障，而考虑到省内存在地区、城乡之间的不平衡以及不同规模微观经济体之间的差异性，因此山东省内也需要推行分层监管体制。具体的建议有如下几条。

1. 强化省级监管部门的指导和监督

建议由人民银行济南分行和省政府牵头，银监局、证监局、保监局参加，邀请省内外有关专家，尽快开展专题调研，结合山东"金改"的战略规划和山东金融业的发展现状及趋势，起草建立山东省分层金融监管体系的指导意见和实施方案，明确各级监管部门的法律地位、管理对象和职权范围，从根本上加强对山东省地方金融监管机构体系设立、运行的指导和监督。

2. 分步实施山东省分层监管体制

山东省分层监管体制的形成可通过在省内各市设立专门的金融管理局实现，并赋予其相应的监管职权。金融管理局可以在各地金融办及其他相关机构

的基础上组建形成,初期可先负责监管当地的小额贷款公司、融资性担保公司等非公众、非存款类金融和准金融机构;同时承担监管县域农信社和资金互助社,负责引导与规范民间金融的职责。后期可以逐步整合对典当、信托等金融机构的金融监管职能。

3. 强化地方金融监管机构自身建设,切实提高监管能力

将金融监管放权于地市政府及相关部门是提高金融监管效率的一个可行方法,但是最后的实施效果如何还要取决于地方金融监管机构的监督管理水平和能力。所以,还需要在制度设计、信息技术、行业自律、人才培养等诸多方面下功夫,才能形成一个高效、合理的地方金融监管体系。

第一,加强建立健全地方金融监管规章制度。要建立严格的金融机构准入和退出机制,严格审查对小微金融和准金融机构在注册资金、经营场所方面的基本要求,以及股东资质、法人代表及机构风险控制能力等方面的软性要求,并严格执行退出机制。

第二,不断完善、规范信息处理制度。一方面,要做到准确、及时、全面的信息统计。省级以下地方金融监管部门要重点推动小微金融机构建立全部核心业务运营的计算机信息系统。省级金融监管部门则要建立全省的地方小微金融信息中心,形成全省统一标准的地方性小微金融信息系统。另一方面,要尽快完善并扩大省级征信系统,健全企业个人和小微金融机构的信息。

第三,建立规范的批发供资机构和资金流转平台。应加快建立规范的全省批发供资机构以及市级资金流转平台;挑选合适的全国性政策银行、大型商业银行、全国性股份制银行和有条件的本地区中型金融机构承担批发供资职能;通过地域性的资金流转平台,吸引各类社会资金向小微金融机构注资。

第四,推动建立小微金融行业自律组织和社会性小微金融业评级机构。行业自律组织对于促进小微金融机构的市场规范、公平竞争、风险防范和健康成长起着不可替代的作用,能充分发挥其为小微金融机构提供服务、反映诉求、规范行为、合作交流及自我监督的作用,降低监管成本和提高监管效率。积极推动小贷公司、融资性担保公司、城乡小型商业银行等小微金融机构的社会性评级机构的设立和发展,有利于提高小微金融机构的自身经营管理水平,降低融资成本,还有利于投资者有效评估金融风险并降低成本。

第五，着重加强地方金融监管机构的人才培养。监管部门的工作人员必须具有深厚的金融背景，因为只有真正懂金融的人、熟悉金融部门业务流程的人才能发现金融机构经营过程中的问题所在，才能切实行使好监管的职责。所以，要给各地金融监管部门配备金融人才，主管领导更应该是熟悉金融政策和实务操作的高端金融人才。同时考虑到现代金融业的发展日新月异，各地金融监管部门的领导和工作人员还应该定期接受有关金融发展和研究前沿的培训，保证监管人才的金融理念和意识走在实际部门业务开展的前面，实现监管的专业性和前瞻性，从而真正提高全省金融监管的效率。

B.9 2013~2014年山东财政运行状况分析与财政改革发展对策

徐春义 张念明*

摘　要： 2013年，在"调低增速、提升质效"的改革发展导向下，山东省经济、财政运行总体平稳，财政收支结构进一步优化。与此同时，财政运行过程中也暴露出诸如主体税种增长乏力、小税增速回落、支出刚性加大等问题。进一步优化财政运行，需加快现代财政体系建设步伐。山东省现代财政体系建设存在理念不足、边界不清、责权财不匹配、管理模式创新不足、运行效率有待提升等一系列问题。进一步建立健全现代财政体系，应针对上述问题与不足，立足山东省情、财情，从理念、制度、机制、技术等各层面全面推进财政体制改革的深化。

关键词： 财政运行　现代财政体系　改革

2013年以来，山东省大力调整经济结构，在保持合理经济增速的同时，更加注重经济增长的质量与效益，注重经济发展与资源集约、环境保护的统筹协调，产业结构升级步伐不断加快，财源结构不断优化。总体而言，全省经济运行平稳，财政收支状况稳健。同时，在经济、财政稳步增长的背后，仍存在诸多影响经济财政健康、有序发展的潜在问题与矛盾，尤其对于全面深化改

---

* 徐春义，山东省财政厅国库处；张念明，山东社会科学院财政金融研究所。

革、健全现代财政体系而言，经济转轨、财税改革的范围与力度尚需进一步加大与深化。

一 山东财政运行状况分析

（一）前三季度财政运行状况及主要特点

2013年1～9月，全省公共财政收入完成3481.81亿元，占预算的75.2%，同比增长11%；全省公共财政支出完成4375.47亿元，占预算的68.6%，同比增长13.4%。前三季度，全省财政收支呈现出以下几个特点。

1. 收入保持合理增长，总体运行平稳

2013年以来，全省收入运行较为平稳，累计增幅一直在11%～13%区间浮动。1～9月，全省收入增长11%，比上半年回落1.5个百分点。增幅有所回落，主要原因是税务部门金税三期税收管理信息系统上线，自9月22日起暂停办理税收征收业务，税收征缴减少了7个工作日所致。如扣除此因素，全省收入增长在12%左右，总体仍保持稳定运行。从全国情况看，1～9月，全国地方公共财政收入增长12.7%，比上半年回落0.8个百分点。在东部沿海省市中，山东省收入增幅高于上海（9.1%）、浙江（10.6%），低于广东（13.6%）、江苏（12%）。

2. 税收持续较快增长，收入结构有所改善

前三季度，全省税收收入增幅始终高于公共财政收入和非税收入增幅，实现持续较快增长。1～9月，全省税收收入完成2608.25亿元，同比增长15.7%；非税收入完成873.56亿元，同比下降1.1%。税收收入保持较快增长，推动了收入结构的改善。1～9月，全省税收收入占公共财政收入的比重为74.9%，比上半年提高0.9个百分点，比上年同期高3个百分点。其中，增值税、营业税、企业所得税、个人所得税等4个主体税种共完成1549.68亿元，占税收收入的比重为59.4%，比上半年提高1.4个百分点。

3. 支出有保有压，结构不断优化

1～9月，全省财政支出完成预算的68.6%；同比增长13.4%，比上半年回落3.9个百分点。2013年以来，各级认真落实中央八项规定精神，公务支出等明显压减。1～9月，全省一般公共服务支出增长8.6%，低于财政支出4.8个百分点，其中省级下降12%。从支出项目看，民生支出增长较快。1～9月，全省涉及民生的相关支出增长14.2%，增幅比财政支出高0.8个百分点；占财政支出的比重为55.9%，比上半年提高0.4个百分点。全省社会保障和就业、医疗卫生、农林水事务支出分别增长16.4%、16.5%、17.3%，均高于全省支出平均水平。

4. 财政体制改革有序推进，"营改增"顺利实施

自2013年9月起，各级财政收入按新的财政体制入库，省级将部分增值税、营业税、企业所得税、个人所得税等收入下划至市县，市以下收入大幅增加。1～9月，省级共下划税收207亿元。按照直比计算，1～9月，省级收入完成188.76亿元，下降48.3%；市及市以下收入完成3293.05亿元，增长18.8%。如按原体制计算，省级收入增长7.5%，市及市以下收入增长11.4%。"营改增"试点也于2013年8月起实施，增值税规模明显增加。9月，全省营业税改征增值税5.64亿元，比上月增加5.34亿元。1～9月，全省增值税增长6.6%，比上半年提高2个百分点。

（二）2013年财政运行态势分析

1. 主体税种增长乏力

前三季度，全省主体税种完成1549.68亿元，同比增长11.8%。受经济增长放缓的影响，进入二季度后，主体税种增幅在11.2%～12.7%波动，低于同期地方小税增幅10个百分点。

——增值税。1～9月，全省增值税完成339.93亿元，同比增长6.6%，其中工业增值税仅增长4.3%。下降最多的是煤炭、化工、原油增值税，分别下降24.8%、12.9%、11%，拉低增值税增幅3.7个百分点。

——企业所得税。1～9月，全省企业所得税完成349.29亿元，同比下降1.2%。企业所得税增幅下降，其主要原因，一是2012年企业效益不佳，2013年汇算清缴企业所得税下降较大。如，1～9月，国税部门汇算清缴企业所得税下降9.3%。二是2013年预缴的企业所得税低速增长。1～9月，国税部门预缴企业所得税增长4.8%。三是2012年清缴企业所得税等一次性因素较多，相应抬高了同期基数。

——营业税。营业税是4个主体税种中，唯一持续高增长的税种。1~9月，全省营业税完成782.11亿元，同比增长22.3%。其中，金融业营业税完成140.6亿元，同比增长7.6%；建筑业营业税完成196.2亿元，同比增长18.4%；房地产营业税完成240.7亿元，占营业税总量的1/3，同比增长42.8%，主要是上半年受"新国五条"实施细则出台预期影响，房地产市场需求成交活跃，成为支撑营业税等相关税收大幅增长的主要力量。进入下半年以来，房地产税收出现放缓迹象。预计第四季度，房地产业税收增幅将继续回落，对税收收入的支撑力度也将降低。

2. 地方小税增幅逐月回落

前三季度，地方小税完成1058.57亿元，同比增长21.8%。从趋势分析，2013年第二季度后，地方小税逐月回落态势明显。上半年增长28.6%，第三季度末增长21.8%，下降了6.8个百分点。其中，9月份，全省房产税、城镇土地使用税分别下降58.4%、63.6%。随着新财政体制的实施，以及各地规范地方小税征管，地方小税进一步增收的空间受到挤压，高速增长的情况将不可持续，对税收增长的贡献也将随之降低。

3. 减收增支的因素较多

2013年全省继续加大结构性减税力度，大幅度清理行政事业性收费项目，省级收入项目缩减到25项，加上中央取消、停征的51项收费项目，将减轻企业和社会收费负担6.58亿元，其中省级减收3.38亿元，市县减收3.2亿元。实施"营改增"试点后，预计后3个月影响地方财政减收12亿元以上。而刚性增支因素有增无减，年初测算全省必保的增支额达550亿元以上，预算执行中又出台了一些新的增支政策，财政收支矛盾十分突出。另外，1~9月，中央专款共下达山东省560.26亿元，比上年同期减少139.63亿元。主要是2013年中央财政收入增速大幅下滑（前9个月仅增长4.5%），财政部相应压减和调整了对地方的转移支付预算，如对地方政法部门的转移支付增量资金不再安排，取消了预算安排的补助地方化债支出，年初预留的部分项目增量资金不再使用或减少使用等，都对地方预算平衡造成一定的影响。

(三)进一步优化财政收支结构的路径选择

针对财政运行面临的主要矛盾和问题,应继续按照促改革、调结构、转方式的基本要求,深度优化财政结构,全面拓展财源,着力控制支出,推进山东财政健康、稳健地运行。

1. 全力推进财政应收尽收

当前,财政收入增幅已低于年初预算增幅,收入形势较为严峻。要密切关注财经形势,切实加强收入组织工作。加强对主体税种、骨干税源和重点企业的税收调度,引导有关方面严格税收管理,挖掘税收增收潜力,努力做到应收尽收,力争完成全年收入预算,并切实重视提高收入质量,做实财政收入,提高税收比重。

2. 着力压减一般性支出

认真贯彻落实中央八项规定、国务院的约法三章和省委、省政府的实施办法,厉行节约,反对铺张浪费。现在各级财政都十分困难,要切实把不该花的钱节约下来,将有限的资金用在刀刃上。完善措施,严控"三公经费"及其他一般性开支,对行政事业单位一般性支出按不低于年初预算的5%进行压减。同时,进一步加快支出进度,大力压缩结余结转资金,充分提高资金使用效益。

3. 进一步落实民生政策

围绕年初确定的十个方面的民生实事,加快教育、文化、医疗卫生、社会保障和就业、环境保护、城镇化建设等方面预算执行,力争在节约支出的基础上,进一步提升民生支出比重,突出解决民生领域的薄弱环节。集中力量办好十件民生实事,即加大农村中小学校舍改造力度、扩大免收中职院校学生学费范围、改善乡镇敬老院服务条件、提高城乡居民基础养老金发放标准、提高农村五保供养标准、扩大老龄补贴发放范围、支持农村幸福院建设、加强市县残疾人康复服务机构建设、提高村级组织运转经费保障水平、加强农村文化建设。

4. 大力支持经济发展

紧紧围绕转方式、调结构的核心任务,积极落实支持经济发展各项财政政策。落实高校毕业生就业政策、农民工就业创业政策，积极支持扩大就业。整合资金，加大投入，着力支持淘汰落后产能、火电脱硫脱硝改造、黄标车报废、新能源产业发展等重点工程，为改善大气环境质量创造条件。落实城镇化发展政策，充分发挥小城镇建设等专项资金的作用，积极支持解决进城务工农民在教育、社保、医疗卫生、住房等方面的待遇问题，逐步实现城镇常住人口基本公共服务均等化，努力提高城镇化的质量和水平。

二 山东现代财政体系建设面临的主要问题

在全面深化财税体制改革的大背景下，地方财政体系建设是国家财政体制完善的重要组成部分，但地方财政体系的运行和完善除考虑本土区域特征外，应放在国家整体财政体制完善、建立健全现代财政体制的高度来审视和考量，如此始能在顶层设计之下，有效推进地方财政体系的完善以及地方财政的有效运行。山东省地方财政体系建设初见成效，但仍存在诸多问题与不足，具体而言有以下方面。

（一）现代财政理念尚未深入人心，仍需进一步培育与强化

财政建设，理念先行。现代财政体系的建设与运行，源于三个层面的契合与层层推进，即理念层面、制度层面与执行层面。理念层面解决现代财政"应该是什么样子"的应然问题，是现代财政体系构建的逻辑起点和观念基础，有了科学定位的财政目标、逻辑内洽的财政规则思想，在经济社会发展的特定阶段，始能根据本土财情，建立起符合经济社会发展诉求的现代财政体系；制度层面解决现代财政"法律规定是什么样子"的法律问题，在现代治理体系下，一切的制度构建与完善均应该通过法治框架与既定程序规则进行，通过刚性的法律制度确立起现代财政的基础框架体系，所有的财政活动在此制度规则内进行；执行层面也即制度实践层面，解决财政运行的实然问题，由所有的财政主体及其相关参与者按照财政制度规定的权力、责任、权利与义务展开财政行为，进而将融入了现代财政理念的财政制度落到实处，实现财政资源配置的效率与公平。

从现代财政理念看，财政作为嵌置于经济基础与上层建筑之间的统合性范畴，是现代国家治理的基础和重要支柱，是推进国家治理能力及治理体系现代化的核心支点。一方面，现代财政立基于现代市场经济之上，现代财政为市场型财政。在传统计划经济体制下，财政虽然也处于国家治理的中心环节，但其更多是服务于中央计划目标的"统收统支"指令，是政治统摄财政、财政供给经济、经济包办社会的逻辑运作产物，缺失财政独有的基础价值以及对国家治理的核心支柱地位。现代财政与之不同，市场在资源配置中起决定性作用，凡是能够排他和独占的私人品均由市场供给，在市场不愿或不能进行资源配置的公共品或准公共品领域，导出公共需求，由此诉求财政代表社会公益对市场失灵领域进行配置。由于在现代混合市场经济条件下，市场不能自足的公共品日渐增多，公民对公共品供给的诉求也更为强烈，并成为市场主体生活方式不可或缺的重要组成部分，财政已经作为经济运行的内置构成，成为国家治理的基础。另一方面，财政具有优化资源配置、公平收入分配、健全宏观调控、实现社会稳定的公共功能，其对有效供给公共产品和服务、合理调节收入分配差距、熨平经济周期性波动、构建社会一般安全网具有重要意义。

受传统文化的深刻影响，包括山东省在内的我国政府部门、官员、公民等并未完全养成对现代财政理念的深刻认知，在具体的经济财政行为中也未能有效践行现代财政的实质诉求。要么仅仅将财政当作国家筹钱、拿钱的，并未养成良好的财政法治和规则意识，也并未将财政的职能定位于公共需求所引致的公共品提供上；要么奉行财政工具主义，认为财政是国家进行管理和宏观调控的重要工具，并未认识到财政在国家治理中的基础和支柱地位；对财政的功能认识也不完全，仅限于从收入和支出的角度来看财政，并未看到财政所具有的配置资源、公平分配、优化调控等所具有的整体性功能。要么奉行财政万能主义，期许所有的事情都由财政来埋单，扰乱资源配置的公共与私人边界，不仅导致了资源配置的低效、无效，造成资源浪费，也影响了财政应该具有的公益、公正品质；更有甚者，在对财税政策的评判上，出于部门和个人利益考虑，凡维护和增强本部门和本人利益的财税政策即支持，凡减损自己既得利益和福利的财税政策即反对，完全忽视财政本身的公共属性。

（二）财政与市场配置资源的边界仍存模糊，尚需进一步厘清与界分

根据现代财政配置资源的基本逻辑规则，财政支出的领域应该局限于市场缺位或市场无效的领域，而这就需要在尊重市场对资源配置的决定性作用的基础上，科学界定政府财政支出的整体责权范围。一般而言，市场对资源配置起决定性作用的领域是私人产品和服务，具有排他性和独占性，成本收益能够内部化；财政对资源配置起主导性作用的领域是公共产品和服务，具有非竞争性和非排他性，成本收益具有外溢效应，不能或不能完全内部化，由政府通过公共财政统一配置资源，满足社会公共需求，而财政资金的筹措不是像市场机制那样通过单独付费的价格通道进行，而是通过公共付费的税收通道进行。其中，划定政府与市场的基本边界，明晰政府支出的整体事权是公共财政能够有效运行的逻辑基础，进而，市场与财政在各自的事权范围内进行资源配置，始能实现效率、公平与公益。如果市场与财政不能各司其职、各担其责，就会导致效率与福利损失。实际运行中，由于市场权力是私人权力，财政权力是独占性强制权力，相较而言，后者处于强势地位，出于权力与收益的最大化考量，财政权力往往容易介入市场私人品的竞争性领域，对市场产生挤出效应，出现"越位"，同时，又可能对公共领域不作为，出现"缺位"，这成为财政运行低效的基本困境。

改革开放以来，我国采取了渐进性的市场化改革路径，通过放权让利，政府权力对资源配置的干预逐步减少，长期以来被计划经济体制束缚的生产力得以极大释放，市场在资源配置中的作用被逐步强化，价格机制逐步成为配置资源的基础机制。时至今日，价格机制在商品市场中已发挥资源配置的决定性作用，但在要素市场方面，尚存在较为深入的政府管制和干预，在某些能够通过市场价格机制有效调节的领域，仍留有政府财政介入的影子，政府部门与民争利的现象时有发生，政府营利性行为屡禁不止，而在涉足基础民生的某些方面，政府财政支出仍存在投入不足的状况，同时，实践中又存在以民生名义的财政支出效率不高甚至花冤枉钱的现象，导致政府财政的"越位"干预与"缺位"并存。究其原因，即是政府财政的整体事权范围未被明确划定，政府与市场的行为边界并未明确厘清，法律制度尚未形成对政府行政权力有效的边

际约束。进一步建立健全现代财政体系,应首先从基础环节科学界定好政府财政的支出范围和活动边界,细化政府应该做什么、应该怎么做、不该做什么,从而做到财政资源运用的高效、公平,在发挥市场对资源配置的决定性作用的同时,更好地发挥公共财政作用。

(三)纵向财政运行体制仍需进一步理顺,责、财、权尚待科学划分与合理配置

现代财政体制构建的基本逻辑是一个三维结构,首先是在法律框架下明确政府与市场的基本边界,明确政府财政的整体事权和责任范围;其次是在政府财政的纵向结构方面,合理界定和划分各级政府的支出责任和事权范围,进而配置相应的财力;再次是在同级政府的横向结构方面,科学划定各公共部门的责权和财力。其中,财政与市场的边界划分是基础,纵向财政结构配置是核心,横向财政结构安排是关键。纵向财政运行机制之所以重要,是因为财政运行是靠各级政府实际运作的,而各级政府能够做什么,应该做什么,则是需要明确细化、界定的首要问题,这要求政府级次不应过多,否则会导致事权划分、财力分配冗杂。若事权划分不合理,事权与财力不相匹配,会导致财政资源配置的低效,并会扭曲政府财政行为,从而导致政府的越位与缺位,还会导致政府间财政支出的错位与乱位。

为解决财政收入占GDP比重过低、中央财政收入占全国财政收入比重偏低的"两个比重偏低"困境,我国1994年分税制改革确立了中央与省两级分税制财政体制,省以下财政体制由各省因地制宜。1994年分税制改革使得"两个比重偏低"问题得到逐步缓解,且随着财政体制运行的日渐深化,中央财政收入比重逐步提升,已基本形成中央与地方五五分成的财力分配格局。但如上所述,由于政府与市场之间的边界并未科学界分,1994年的分税制改革也并未科学、合理划定中央与地方之间的事权范围和支出责任,由此导致无法对财力分配格局的合理与否做出清晰、科学的判断。近年来,随着时间推移,中央的事权范围逐步缩减,支出责任逐步下移,地方支出责任与财力不对称的现象日益突出。有数据显示,地方用50%的财力承担了85%的支出责任,由于中央政府与地方政府的事权并未明确划分,省及以下各级政府的事权也未明

确划分,支出责任的逐步下移成为体制运行的惯性,政府层级越向下,支出责任与财力的不相匹配越严重,而其中的财政收支缺口激发地方政府动用其尚掌控的要素资源开辟财力,由此导致地方政府的土地财政、违规收费罚款、地方性债务问题突出,尤其是基层政府的财政收支更是艰难,由此也导致政府与民争利、侵犯公民财产权的现象时有发生,因土地财政等引发的群体性事件、恶性刑事案件也日渐频发。

(四)横向财政运行"政出多门",趋于散落化,责、财、权尚需适度集中

横向财政体制主要是指财政资金与财政政策等在同级政府的不同公共部门之间的分布格局及运行状况。根据私人部门的公共需求状况,各级政府均会设置职能不同的公共部门,而各部门根据职责需要和分工要求,需要出台具体的部门政策,其履行职能和落实政策需要财政资金的支持,因此,许多部门政策的实质仍属于财政政策。这其中的关键之点在于部门财政资金和财政政策的集成度,如果各公共部门的财政资金、政策统筹集中,则财政管理、运行的效率会相对较高;若分散度过高,会导致政策多头、重复交叉,各部门过多考虑自身利益会导致膨胀本部门的预算规模,出台更多的部门政策,导致财政资金的散落化、碎片化,财政资金运用的集成效应会较差,并会引致专项资金林立、"跑部钱进"、转移支付结构失衡等一系列负面问题。

改革开放以来,我国高度重视中央与地方之间分权的纵向财政体制建设,从20世纪80年代的放权让利到1994年的分税制财政体制改革,再到2013年十八届三中全会关于全面深化财政体制改革的决定,均对纵向财政体制给予了高度关注,对横向财政体制的理论与实践探索则处于相对弱化与不足的状态。实际上,包括山东省在内的我国横向财政体制长期存在着过于分散的问题,这突出表现在同级政府的各公共部门大都拥有较为独立的财政资金使用权和财政方案制定权,而本来横向财政体制的相对集中更有利于财政运行的高效。这主要表现为,一方面,各部门都能出台具有财政性质的部门方案,政出多门,相互交叉重叠,且政策出台未能充分倾听与遵从财政部门的合理意见,有的部门政策属于政府"越位"的范畴,由市场机制即可实现资源配置效率,有的依据现行政府财政承受能力不宜实施或不宜现期实施,而忽视了本土财情和支出事项的轻重缓急,导致有限的财政资金未能运用到最急迫需要的项目和领域。另一方面,各公共部门掌握的专项资金数量过多,规模过大,导致下级相应部门与相关企业"跑部钱进",增加了财政资金运行的内耗成本,且许多专项转移支付的绩效不佳,有违财政资金设立的初衷。同时,横向财政分权过于分散,导致财政资金较多地被部门以专项资金的方式挤占,对下级政府财力一般性转移支付的空间被挤压,形成转移支付的扭曲性结构,而下级政府的一般性财力不足,又会反过来挤占专项转移支付资金,由此形成尾大不掉、恶性循环的困境格局。

(五)预算管理与收入控管仍需进一步强化,财政运行效率有待进一步提升

一是预算管理机制仍需进一步完善。当前,公共财政预算、政府性基金预算、国有资本经营预算、社会保障基金预算并未"摆到同一张桌子上",各类预算编制并轨运行,全口径的预算编制远未形成,尤其是国有资本经营预算封闭运行,政府性债务预算编制远未确立,政府的综合财务报告制度的建立仍然面临诸多约束。同时,部门预算编制仍存在诸多问题,如各部门的自有收入、以前年度结转收入与财政拨款并未实现充分的统筹融合,对投资发展类项目的跨年度滚动预算管理机制尚未形成,各部门的财务管理仍需进一步加强。

二是对政府各项收入的掌控能力仍需进一步提升。一方面,在2003年与2006年分别取消农业特产税和农业税、2011年将耕地占用税和契税征管划归地税后,财政部门对税收管理的职能趋于弱化,对税源的底数掌握不清,影响对税收收入的组织与预算安排,同时,自2008年国际金融危机以来,以结构性减税为契机,我国先后推出了名目繁多的减税方案,但囿于诸多约束,对以税收优惠形式推出的税式支出管理薄弱,难以掌控税式支出的数量与规模,不能有效评判税式支出的绩效。另一方面,对国有资源如土地、海域、探矿权、采矿权等的有偿使用管理仍需进一步强化,对国有资产经营收益的收缴管理仍需加强,拓宽国有资本经营预算的实施范围,提高国有企业税后利润上缴比例。此外,税费结构仍需进一步优化。应本着"清费正税"的原则,大力清

理、规范行政事业性收费，为进一步全面深化税制改革腾出空间，同时实现合法合理收费的应收尽收，确保财政收入的质量与规模。

三是财政管理的整体联动模式有待进一步强化。山东省并未形成整体有效的集预算编制、预算执行、绩效评价与财政监督一体化的财政管理运行机制，各环节的衔接融合度不足。具体表现为，预算编制的完整度与财力统筹调配度不足，一般性行政支出的规模及比重仍然偏大；国库集中支付制度仍需完善，单位重复设置账户的现象仍然存在，资金运用效率不高，执行权责不到位，平时资金闲置、年底突击花钱的现象仍然存在；绩效评价的科学性与有效性仍有待提高，绩效评价的指标体系构建仍需进一步科学化、规范化，专家、第三方评价的建库工作亟待强化，绩效管理信息系统需要进一步完善；财政大监督的机制尚未建立，并未实现对财政运行全过程的全方位监督，财政监督仍然存在盲区。

（六）财政绩效管理模式创新不足，财政信息一体化建设仍需进一步强化

一是结果导向的财政绩效管理模式构建不足。绩效管理是现代财政管理的核心与灵魂，有效的绩效管理能够切实提高财政运行的效率，提升财政资金使用的实效。当前，山东省绩效监督并未形成整体联动、逻辑闭合的有机体系，绩效目标管理亟待加强，绩效目标的设定并未能充分考量经济社会发展规划、部门职能、政策诉求，资金需求的测算未能与绩效目标恰当契合；全程跟踪、即时反馈的预算绩效评价机制尚未健全，预算支出绩效运行与绩效目标的偏离现象时有发生，对涉及面广、影响重大的民生类、发展类项目，绩效评价的有效性及纠偏功能需要进一步强化；绩效评价的结果应用度不足，绩效评价结果并未形成有效、通畅的报告制度，未能对改进预算管理、完善预算安排、优化资金配置形成良好的引导与参考作用。

二是财政信息一体化建设存在不足，各自为政、信息孤岛现象仍然突出。由于缺少顶层设计和部门联动，各级开发的部门预算、国库集中支付、政府采购等信息管理系统各自独立、封闭运行，信息联通融合度较低，衔接协调力不足，制度化有效运行的信息共享机制远未形成，财政各职能部门之间、上下级

财政部门之间、财政部门与预算单位之间，缺乏统一打造的交互式信息共享网络和平台，在业务、信息资源和技术各层面尚未实现无缝对接和有效融通，财政信息孤岛现象仍然存在，数字化、信息化理财水平有待进一步提升。

此外，山东省的财政透明度尚不充分，总预决算和部门预算尚未实现全面、充分的公开，已经公开的事项，时间不及时，科目细化度不足，普通公民难以洞明其中堂奥，财政在阳光下运行的广度和力度不足，公开、公正、民主的现代理财模式仍需进一步转型创新。

三 山东财政改革与发展的对策建议

进一步推进山东省财政改革，建立健全现代财政体系，应当按照十八届三中全会关于全面深化财税体制改革的顶层战略部署，结合山东实际，针对存在的问题与不足，以系统性、总体性、结构性思维为指导，从理念、制度、实践各层面全面推进联动性、协同性改革，以切实增强改革的实效，并对其他各项领域的改革深化形成配套支持。

（一）培育现代财政理念，确立财政改革的观念基础

财政改革，理念为先。进一步推进山东财政改革，建立健全现代财政体系，应树立现代财政理念，形成对现代财政制度的全方位、深层次认知，明确现代财政制度的构建逻辑与运行规律，明晰现代财政制度所具有的收入筹措与经济调控的整体功能，如此始能为现代财政制度的确立打造坚实的观念基础。具体而言：

一是应明晰"财政是国家治理的基础和重要支柱"的职能定位。财政是国家治理的基础，是因为财政一方面是国家政治权力运转的物质保障，是政府履行公共职能的财力支撑，国无财不立，而且，财政又是市场经济有效运转的基础匹配系统，是弥补市场失灵、化解外部效应的基础机制。财政是国家治理的重要支柱，是因为财政是推进国家治理能力与治理体系现代化的重要一环，无论是经济范畴内的转方式、调结构、惠民生，还是政治范畴内的公权力优化配置、推进国家法制化，财政均是改革的重要支点和突破口，具有牵一发而动

全身的整体联动功效。

二是应明晰现代财政制度构建的基本逻辑。现代财政制度作为嵌置于经济基础与上层建筑之间的综合范畴，其构建具有自身的逻辑结构与体系规则。首先，应科学界定财政与市场的关系。划定财政的活动范围，财政能干什么，不能干什么，这是必须明确的问题。财政权力与市场权力的边界厘定，是现代混合市场经济条件下财政制度构建的逻辑基础。其次，应科学划分纵向财政体制。在明确财政的整体事权范围的基础上，应根据公共事务属性，进一步将财政事权在各级政府之间具体细化，划定好事权与支出责任范围，才能为财权与财力划分提供科学、客观的分配依据。再次，应科学配置横向财政体制。在确定了每一级政府的事权、支出责任、财权与财力的基础上，应以提高财政运行效率和收益为导向，将财政资金的分配、使用进行科学划定与配置，避免政出多门、资金分散、效率低下的状况，形成合理分工、适度集中、总体统筹、运行高效的横向财政运行机制。只有如此构建财政体制，始能有效地界定好财政权力边界，分配好财政资金布局，提高财政运行的整体效率。

三是应树立现代财政制度的整体功能观。应摒弃传统财政工具主义、财政万能主义的观念，充分认识到财政在效率、公平与稳定等方面的整体功能。财政不仅是钱进钱出的国家"钱袋子"，其具有更加深厚的制度内涵和整体功能，其能够化解市场机制的无效与低效，实现公共品的有效配置，通过对中低收入者的转移支付和对高收入者的税收调节机制，实现对收入分配的公平调节，进而实现社会稳定和国家长治久安。同时，财政还具有重要的宏观调控功能，在经济下行时，通过减税、增支或两者并用的积极财政政策实现经济止跌回升，在经济过热时，通过增税、减支或两者搭配的紧缩财政政策实现经济平稳运行。对现代财政整体功能的全方位认知，有助于在制度建设时摒弃仅重收入和支出本身的狭隘财政观，而是在宏观视域中构建科学、合理的现代财税体制。

（二）科学界定财政活动边界，消除财政"越位"与"缺位"

进一步推进山东财政改革，消除财政运行存在的越位、缺位、错位并存现象，应全面科学界定财政的活动范围，明确哪些是财政有效的领域，哪些是财政无效和不应介入的领域,而这首先需要在更宏观和更顶层的制度和法制框架内进行。为此,应在国家层面尽快推出中央与地方之间的事权范围与支出责任具体清单,按照十八届三中全会关于全面深化财政体制改革的顶层战略部署,将全国性公共产品提供和公共事务的管理,如国防、外交、国家安全、市场规则与管理等,划归中央事权范围,由中央财力负担支出责任,而将基础社会保障、大江大河治理、跨区域基础设施、大范围环境污染与生态破坏等重大基础项目建设作为中央与地方的共同事权,理顺中央与地方政府的事权关系,并适当加大中央支出责任。将区域性公共服务作为地方政府事权,并通过收入划分与转移支付配备相应的财力。

在中央与地方事权范围、支出责任与财力科学、合理配置的基础上,应结合山东省情、财情、税情,依据市场规律与公共财政原理,组织专家学者、政府官员、基层党政负责人、相关企业等进行探讨论证,并通过深入调研,形成全面、系统、客观、可操作性的调研报告,找准问题,把握重点,全面清理无效、低效、应由市场配置资源的财政支出项目,整合、规范应由财政负担的交叉重叠、功能重置的公共品支出项目,进一步补足由于历史和制度原因形成的财政欠账项目,将财政支出退出竞争性领域,将更多的财政资源投向非竞争性领域,切实实现财政的公益品赋。

(三)进一步理顺纵向财政体制,合理配置各级政府的责、权、财

一是按照十八届三中全会关于全面深化财税体制改革的顶层战略部署,在科学、合理界定中央与地方的事权与支出责任的基础上,结合山东实际,按照公共事务的层级性与外溢性,合理划分省、市、县、乡的事权范围和支出责任,省级政府承担全省范围内的公共事务和支出责任,市县政府分别承担其辖区区域内的公共事务,省级政府对下级政府的基础教育、基本医疗、社会保障、交通建设等涉及公民基本生存权和发展权的事项,设立特定专项转移支付,按合理比例或规定项目承担支出责任。同时,囿于财政纵向级次过多不利于财政运行的弊端,应积极创新财政纵向分权模式,积极深入探索省直管县、乡财县管等扁平化财政管理模式,进一步提高财政运行的效率。

二是在合理界定各级政府事权与支出责任的基础上,按照事权支出对财

政资金的需求量，依据财政收入的种类属性和调控职能，按照中央部署，结合税制改革，制定科学、合理的财力分配规则，区分各级政府的独享性收入与共享性收入，并以明确、稳定的方式确立分享比例，提高各级政府的财政分配预期。同时，全面清理、整合、规范专项转移支付，缩减专项财政资金的规模和比重，扩大一般转移支付的规模和比重，实现上级政府对下级政府一般财力的有效补足，以满足各级政府尤其是基层政府因履行支出责任对财力的一般需求。

（四）深入改革横向财政体制，实现同级政府部门责、权、财的适度集中

一是强化各级财政部门在财政运行过程中的主导性作用。应发挥财政部门的专业优势、经验优势与实践优势，赋予其一定权限范围内的预算管理主导权，如对预算工作的统筹指导权，对部门支出预算与政策的审核权、建议权，对预算执行的监督权等，充分发挥各级财政部门对预算编制和执行的重要参谋作用。

二是赋予财政部门对其他部门各类财政政策的统筹审核权、论证权。为有效缓解有限的财政资源供给与无限的财政资金需求之间的矛盾，切实提高财政资金的公共性、实效性，应当由财政部门按照统筹平衡、优化结构、轻重缓急、重点突出的原则，对同级其他公共部门拟提议出台的财政政策或方案进行综合分析和评判。从定性角度看，拟议政策是否属于财政支出的边界范围，是否与现有政策构成交叉、重叠甚至抵触，是否属于最迫切需求的领域等，以保障财政政策或方案的合法、规范、简约、集成与适切。从定量的角度分析，拟订的政策对减收与增支会有何影响，是否在现行山东省财政的可承受能力范围内，以避免"政策推出浩浩荡荡、政策落实财力式微"的状况，切实提高政府政策的可信度与执行力。

三是应进一步加大财政部门对行政事业单位、国有企业的国有资产管理与公共投融资管理的权限和力度，进一步消减分散管理的流弊。同时，在一定范围内赋予其他公共部门对本单位预算资金的安排权、调剂权，并相应明晰其绩效责任、预算执行进度责任等，并强化审计部门的财政监督职能。

（五）全面改革预算管理体制，实现全口径、一体化管理

一是实施全口径管理，提升对政府各类收入的控管能力。应强化财税银合作，定期开展税源普查，完善社会综合治税体系，摸清税源底数，并强化财政监督检查，建立健全全面、有效的税源控管长效机制，全面提高财政部门的税源控管能力。强化税式支出管理，通过深入调研与科学测算，全面、客观地评估税式支出的数量、规模与成效，严控违规出台税收优惠政策，有效发挥税式支出对产业结构调整、经济发展方式转变的支持功能。进一步强化非税收入管理，清理规范与依法征收并举，按照清费正税的原则，继续大力清理规范各项行政事业性收费，优化税费结构，为进一步推进税制改革拓宽税基空间，同时，对合法、合理、规范收费项目收足收实，确保足额入库；强化对国有资源有偿使用的管理力度，增强对土地出让金、海域使用金、探矿权、采矿权等有偿使用费的征收管理，将要素资源禀赋转化为财政的"真金白银"；按照十八届三中全会的决定要求，扩大国有资本经营预算实施范围，提高对国有企业税后利润的收缴比例。通过打造完善的政府投融资平台，健全地方政府债券发行机制，拓宽地方政府资金来源渠道，同时，加强风险控管与预警机制建设，有效化解地方性债务风险。

二是实施一体化管理，确立整体联动、衔接有序的财政管理机制。以综合预算编制为导向，在公共财政预算、国有资本经营预算、政府性基金预算、社会保障基金预算编制进一步规范的基础上，积极探索编制地方政府性债务预算，将各项政府财力与支出项目统筹管理，摆到同一个台面上来，以化解政府各项财力分散管理、分割使用的碎片化格局，推动形成政府财力一体化管理与运行的大预算体系。强化部门预算管理，推进标准预算管理，实现日常基本支出的标准化，支出项目的科学化；推进试点中期预算管理，实施跨年度滚动预算机制，将周期长的发展类、民生类项目实施跨年度管理，预算部门应每年上报三年期预算项目内容，并将当期预算收支计划与后两年预算跨期统筹。确立集预算编制、预算执行、财政反馈与财政监督"四位一体"的财政管理流程。提高预算编制的完整性，着力削减一般性行政支出，提高对经济社会急需的薄弱领域（如基础民生、海洋公共基础设施等）的财政支出力度；深化国库集

中收付制度改革，取消预算单位重复设置的账户以及过渡型账户，强化预算执行的责任制度，尤其要强化预算支出进度的执行责任，消除资金年初闲置、年末突击花钱的不合理状况；构建预算绩效管理系统，从资金与政策两个层面推进预算绩效评价；强化财政监督，实施全方位、全过程监督，切实增强财政执行的实效。

（六）着力推进财政绩效化、信息化管理，全面提升理财水平与效益

一是实施结果导向的财政绩效管理模式。应构建预算绩效目标管理、预算绩效评价与绩效评价应用"三位一体"的绩效管理模式。在预算绩效目标管理方面，应该根据经济社会发展的一般规划、部门职能、客观公共需求，科学、合理地确定支出政策与资金需求，并提出明确、细化、可操作的衡量目标，由财政部门对绩效目标设置的科学性、相关性、可行性、合理性进行评价，预算经人大批准通过后，绩效目标作为预算单位预算执行事中监控与事后评价的基本依据。在强化预算绩效评价方面，应完善绩效目标的全程跟踪监控机制，发现预算执行实际状况与绩效目标偏离时，应及时纠偏，预算执行后，应形成预算绩效报告，由财政部门复核，并积极引入专家学者库、第三方评价库等机制，对重大项目和支出进行综合绩效评价；在强化绩效评价结果应用方面，应确立完善的绩效评价报告制度，将绩效评价的结果作为及时纠偏预算执行、改进预算安排、合理配置资金的重要参考依据，以切实增强预算绩效评价的实际应用价值。

二是大力推进交互共享式财政信息管理。应破除财政信息化建设各自为政、部门分割的碎片化格局，强化顶层设计与统筹平衡，推进各级财政内部之间、上下级财政部门之间、财政与同级预算部门之间的技术对接、信息共享与业务协同，构建互通互融、横纵共享的财政信息大平台，破除"信息孤岛"格局。通过统一规划与业务协调，实现横纵各部门的业务衔接一体化，建立信息互动共享的财政信息管理基础平台，统一口径，规范系统，完善财政信息的采集、归类、开发、利用、存储与管理，实现各部门信息共享，力求在一体化的信息操作平台上，综合反映各类财政信息、资金收支流向、绩效评价、财政监督等情况，充分发挥财政信息化系统对预算决策、管理、服务、监督各环节的整体支持功能，全面提升山东省信息理财、科技理财的水平和实效。

此外，进一步提高财政透明度，逐步推进总预决算与部门预算公开的广度、力度与深度，实现广大纳税人对财政运行全过程的参与权、批评权、质询权与建议权等基本权利，推动形成财政大监督格局，也是山东省进一步推进财政改革，完善现代治理体系，推进财政法治化进程的应有举措。

区域发展篇

Regional Development

B.10 构建山东"两区一圈一带"区域发展新格局

石晓艳 范玉波 侯效敏*

摘　要： 2013年,继"蓝黄"两大国家战略之后,山东开始推动省会城市群经济圈和西部经济隆起带区域发展重大战略。至此,山东"两区一圈一带"的区域发展格局以各自不同的自然禀赋、区域定位和扶持政策吹响了山东经济全面发展的号角。山东"两区一圈一带"的形成,是山东贯彻落实党的十八大和党的十八届三中全会精神,深入推进区域重点带动战略,增创发展新优势,加快经济文化强省建设,打造山东经济升级版的重大举措,对促进全省区域经济协调发展、实现富民强省新跨越具有重要意义。

关键词： "蓝黄"两区　一圈一带　发展战略

---

* 石晓艳,山东社会科学院科研处；范玉波、侯效敏,山东社会科学院经济研究所。

一 "蓝黄"两大国家战略引领山东区域经济发展

山东凭借依黄滨海的独特地缘优势,在蓝黄两大国家级区域发展战略的带动下,加快产业结构调整,围绕"蓝色经济"和"高效生态经济",通过融合发展、错位发展和一体发展,优化、配置发展要素,推动特色优势产业集群发展、园区集聚,探索高效生态经济和现代海洋经济发展新模式、新途径,增强区域综合竞争力,引领山东省区域经济加快转型升级,有效拉动了全省经济的可持续发展,成为山东省经济发展的重要战略引擎。

(一)"蓝黄"两区整体发展态势良好

(1)特色优势产业培育成效显著。"蓝黄"战略实施以来,山东选择具有基础优势、发展潜力、带动能力强、富民富财政的十大产业作为培育重点,强化政策支持,突出科技创新,加大资金投入,推动产业集群化发展,着力构建现代海洋和高效生态产业体系。2012年,蓝色经济区实现地区生产总值2.36万亿元,占全省生产总值的比重达到47.3%;黄三角地区以发展现代农业、石油装备制造、汽车及零部件、轻工纺织、现代物流及生态旅游为重点和突破口,探索高效生态发展模式,特色产业初具规模,高效生态经济发展迅速。2012年,黄三角地区实现地区生产总值7274.0亿元,占全省生产总值的比重达到14.5%。

(2)园区集聚效应明显。为更好地推进特色产业园区发展,山东省从资金、用海用地、科技平台等方面重点扶植了青岛海洋生物园等37个海洋产业园区,以及寿光蔬菜生产基地等20个高效生态产业园区。目前,蓝色经济区范围内有省级以上园区68个,其中国家级园区16个;黄河三角洲地区省级以上园区数量达到29家,黄河三角洲地区已形成各类特色园区85个,其中主营收入过50亿元的各类特色园区19家。

(3)重大项目持续推进。围绕"蓝黄"两区建设,山东已经扶持了近300项现代海洋和高效生态产业项目,每年着力推进50个重点项目。其中,山东科瑞陆地9000米石油勘探装备技术水平全球第一,山东金麒麟汽车刹车片产品国内市场占有率30%以上，魏桥纺织产品生产规模和经济效益居全国同行业首位，东营30万亩现代渔业示范区成为全国规模最大、标准最高的单片滩涂养殖区，中澳集团是全球最具竞争力的肉鸭专业生产企业，肉鸭综合生产能力位居全球同行业前列，首创的"公司＋标准化农场＋农户"的订单式发展经验入选为联合国扶贫开发案例。黄三角被列为全国第一家开展规划实施中期评估试点的区域。①

（4）科技核心支撑力增强。青岛蓝色硅谷核心区建设全面启动，海洋化工研究院海洋涂料科研与中试孵化器、国家级海洋药物工程技术中心等一批项目建设初见成效。目前，"两区"共建立省级以上各类科技创新平台1202个，其中，企业科技创新平台占80%，这些平台正成为"两区"发展的动力之源。

（二）生态建设成效显著

"两区"作为生态建设的示范区，在全国率先进行海洋资源有偿使用和生态损害补偿探索，在重点流域建立重点生态功能区补偿机制，生态文明建设取得显著成效。重点体现在：（1）加强自然保护区、海洋特别保护区等生态功能区建设，积极推动国家在"蓝黄"两区开展区域性生态补偿试点和海洋生态补偿试点。（2）严格执行环境保护标准和污染物排放控制制度，加强环境保护、河海兼顾、一体化治理机制，切实提高环境承载能力，加快实施一批海陆污染同防同治工程。（3）积极探索资源集约节约和持续利用的有效途径，建立完善资源开发保护长效机制，推进土地、水、矿产和海域资源高效利用，加快循环经济示范园建设，构筑生态环保产业链，稳步推进九大集中集约用海片区规划建设。

（三）政策支持力度不断加大

"蓝黄"两区强化政策扶持，"政策红利"得到有效释放。表现在：（1）加大财政支持的力度。充分发挥省级专项资金和中央财经资金的引导示范和扶

---

① 新华网，http://www.sd.xinhuanet.com/lh/2013-12/24/c_118684468.htm。

持作用,将政府资金集中用于优势产业、特色园区、科技创新平台、未利用地开发等重点领域。着力撬动社会资本,大力推动民间资金、社会资金对"两区"建设的投入力度。(2)加大金融支持力度。加大金融机构对"两区"建设的信贷支持。搞好银企对接,对支持"两区"建设成绩突出的银行类金融机构给予奖励。大力拓展直接融资渠道,积极推动青岛等4个国家级高新区开展"新三板"试点工作。加强金融组织体系建设,鼓励和引导股份制商业银行、证券期货机构、保险公司等向"黄蓝"两区倾斜,优先在"蓝黄"两区内设立村镇银行、小额贷款公司、融资性担保机构等各类新型金融组织。

(四)区域一体化发展持续推进

为统筹推进"两区"建设,山东省在规划政策衔接、基础设施建设、重大项目布局、要素资源配置、生态环境保护、重大活动组织等方面,实现融合发展、一体发展,有效促进资源共享、优势互补、互利共赢。(1)推进体制机制创新。组建了领导机构和工作机构,建立了"两区"建设协调推进制度,设立了现代农业、现代制造业、土地开发利用等11个重点工作协调推进组,明确责任分工,加大推进力度,形成强大的工作合力。(2)加快重大基础设施建设。山东"两区"统筹推进了港口、铁路、公路、能源、水利、信息等基础设施项目建设,区域基础设施一体化取得重要进展。目前,青岛港董家口港区30万吨级矿石码头等基础设施项目、国电潍坊滨海风电场一期等能源项目、胶东调水主体工程等水利项目正持续推进。2014年,"青烟威荣"城际铁路将建成通车,济青高铁规划出炉,年内将要动工建设,这将大大缩短济南到胶东半岛的通行时间,为"蓝黄"两区建设和区域一体化的推进提供强有力的保障。(3)抓好重点产业和重点园区。制定现代海洋和高效生态示范园区建设标准和管理办法,以打造青岛西海岸、烟台东部、潍坊滨海、威海南海四大海洋经济新区为重点,加快建设中德生态园、日照国际海洋城、潍坊滨海产业园三大中外合作园区,以此推动海洋产业联动发展示范基地和黄河三角洲国家现代农业科技示范区发展。(4)推进未利用土地开发和集中集约用海。山东省"蓝黄"两区土地未开发面积巨大,为我们提供了巨大的发展空间。据统计,黄河三角洲未利用土地792万亩,自2011年,滨州、东营已开始启动大面积未利用土地的开发,采取世界上最先进的暗管排碱技术改良土壤,组建实体机构、实行项目化管理、搭建省级土地指标交易平台,进行高效生态经济建设。目前,35万亩未利用土地开发已经启动。预计今后10年,山东省黄河三角洲地区将开发未利用土地200万亩。同时,山东省还准备高标准推进9个集中集约用海片区规划建设。①

二 "一圈一带"是对山东区域发展战略的进一步优化和完善

(一)山东区域发展战略的演变主线

随着改革开放的进行,山东结合国家政策,区域发展由沿海向内地逐渐展开。20世纪90年代以前,主要基于山东省东部比较发达、西部相对滞后地区发展的差异性现状,山东省推进的主要区域战略为"东部开放,西部开发,东西结合,共同发展";随着改革开放的深入,区域发展战略演变为"全面开放,重点突破,梯次推进,东西结合,加快发展";进入21世纪提出实施"龙头带动,重点突破,促强扶弱,协调发展"区域发展战略;近几年按照统筹兼顾、分类指导的原则推进区域协调发展,形成"两区一圈一带"区域发展格局。

尽管在不同的发展阶段山东的区域发展战略会有一些调整,结合时代特征注入新的内涵,但是区域发展战略的演变主线却始终未断。连续的区域发展主线一方面说明区域经济发展格局虽有调整变化,但板块特点仍然明显。这主要是由资源禀赋差异、市场分割等造成的,真正实现市场一体化和要素的自由流动困难比较多。同时也说明了真正弥合区域发展水平的差异,不是几年甚至不是几十年能完成的,需要相当长的时间。

---

① 新华网,http://news.xinhuanet.com/politics/2012-03/06/c_111609511_2.htm。

表1 山东省曾经提出的主要区域发展规划

区域规划名称	推出时间	规划范围
西部经济隆起带发展规划	2013.8	枣庄、济宁、临沂、德州、聊城、菏泽6市和泰安市的宁阳、东平2县
省会城市群经济圈发展规划	2013.8	济南、淄博、泰安、聊城、滨州、德州、莱芜
山东半岛蓝色经济区发展规划	2011.1	山东全部海域和青岛、东营、烟台、潍坊、威海、日照6市及滨州市的无棣、沾化2个沿海县所属陆域
黄河三角洲高效生态经济区发展规划	2009.11	东营和滨州两市全部以及潍坊北部寒亭区、寿光市、昌邑市,德州乐陵市、庆云县,淄博高青县和烟台莱州市
胶东半岛城市群和省会城市群一体发展规划	2008.6	胶东半岛城市群青岛、烟台、威海、潍坊4市,省会城市群济南、淄博、泰安、莱芜、德州、聊城6市
鲁南经济带区域发展规划	2008.2	日照、临沂、枣庄、济宁、菏泽5市
济南都市圈规划	2007.12	济南、淄博、泰安、聊城、滨州、德州、莱芜
山东半岛城市群区域发展规划	2005.3	济南、青岛、烟台、威海、潍坊、淄博、日照、东营

资料来源:作者整理。

1. 从黄河三角洲开发到黄河三角洲高效生态经济区

"黄河三角洲开发"被较早提及,20世纪90年代初期大量出现在政府工作文件当中,1995年省政府工作报告提到"搞好黄河三角洲开发,在利用外资、发展创汇农业、石油和石油化工、盐化工方面取得较大进展";1996年政府工作报告提到"黄河三角洲开发,要以建设成为农牧渔业、石油化工、盐化工为主的外向型经济区为目标,选准带动项目,先易后难,逐步建设;'九五'期间,要在解决好水资源紧缺问题的基础上,搞好1000万亩农业综合开发,充分利用优惠政策,积极吸引国内外资金,发展石油替代产业,培植主导产业,力争本世纪末初具规模"。随后的每年省政府工作报告几乎都有提及。黄河三角洲高效生态经济区国家战略的形成有很长的历史渊源和积累,是区域发展战略的体现。国家战略的形成使其发展思路得到提升和完善,也使其发展进一步加快。

2. 从"海上山东"到山东半岛蓝色经济区

1990年,在我国第一次海洋工作会议上,山东作了《开发保护海洋,建设海上山东》为题的汇报。这是"海上山东"的概念首次在官方文件中被提出。随后在重大的省委会议决议和历次的省政府工作报告均有体现。1995年山东省政府工作报告"大力发展海洋经济,实施'科技兴海',加快'海上山东'建设",1996 年"'海上山东'建设,要以发展高产高效海洋水产业和陆上水产业为突破口,以科技为先导,振兴传统产业,发展新兴产业,加快建成海水养殖、海洋食品与药物、港口交通、盐化工和油气化工五大海洋产业群,建成一批以海洋产业为主体的大型企业集团"。"海上山东"的区域发展思路为山东半岛蓝色经济区国家战略的形成提供原动力,国家战略也使得山东发展海洋经济的思路得以升华。

3. 从鲁南经济带到西部经济隆起带

鲁南经济带是山东省区域经济的重要板块之一,2008 年的《山东省人民政府关于印发鲁南经济带区域发展规划的通知》,加快了鲁南经济带规划建设。最初"鲁南经济带"是山东西部经济隆起带的核心区域,主要增加了聊城、德州等地区,基于这些地区工业体系相对完备,中心城市、县城和重点镇错落分布,具有较强的影响力和辐射力,发展邻边经济优势明显。综合考虑自身发展阶段、生产要素、周边环境等因素,从当地实际出发,充分发挥自身优势,走具有西部特色的发展道路。以区域性中心城市和重点镇为骨架,以特色产业为支撑,形成若干发展高地,对周边地区产生聚吸优质生产要素的"海绵"效应和商品流通、产业辐射的"泵压"效应,利用后发优势实现跨越发展。

4. 从济南都市圈到省会城市群经济圈

2007 年山东省《济南都市圈规划》对外发布,规划范围和省会城市群经济圈发展规划范围相同,但是后者实质内容有了进一步提高。区域内各市距离省会济南均 150 公里左右,人脉文化相通,经济联系密切,具有构建城市群经济圈的良好条件。通过建设城市群经济圈,济南可进一步发挥聚集辐射功能,在带动周边地区发展中提高自身实力和竞争力,而周边六市可以在承接中心城市的辐射带动中,对接吸纳资源要素,做强自己的优势产业和特色产业。另外,该区域位于承东启西的位置,可以对全省经济起到重要拉动作用。要把省会城市群经济圈做大做强,形成核心带动、圈层推进、效应扩散的发展格局,成为连接沿海与广大中原地区发展的战略高地。

（二）区域发展战略的完善与提升

1. 从点、线到面转变

"九五"期间及以后提出总的区域发展构想构筑起大、中、小城市和重点建制镇四个层次相互配套的城镇体系，建成胶济、新石、京九、德东四条产业聚集带，建设胶东沿海、鲁中南山区、鲁西北平原三个各具特色的现代化农业区，实施"海上山东"建设和黄河三角洲开发两大跨世纪工程，形成和完善"四四三二"布局框架。由于当时的基础设施建设相对滞后，仍然是单个城市形成集聚，这是点的集聚，以及以主要交通干线为依托促进若干点的集聚，点的集聚就演化成了带的集聚。随着经济的发展以及交通设施的逐渐完善，山东的区域发展战略调整为"面"的战略，表现为网或城市群的集聚，形成"蓝黄"的国家战略，以及"省会城市群经济圈""西部经济隆起带"。

2. 从对口支援到区域联动

早期为了促进欠发达地区的发展，山东通过省直部门、强县、大企业与中西部地区"四方结对、对口支援"，鼓励市县与市县、企业与企业自主选择合作对象，建立稳固的经济技术协作关系，带动西部地区的发展。由于欠发达市县主要集中在西部，发达市县集中在东部，山东省专门出台了《关于加快县域经济发展的意见》，强调坚持促强扶弱带中间，实施"双30"工程，突出抓好30个经济强县和30个欠发达县，对经济强县下放权限、创造环境，实现率先发展，对欠发达市县加大转移支付力度、培育自身"造血"能力，促进其跨越式发展。同时强化对口帮扶、落实帮扶政策，不断增强县域经济活力，提升县域经济的整体竞争力。随着市场在资源配置中的基础性地位越来越明显，需要各区域发挥比较优势和特色，功能互补，相互促进，协调发展。打破行政区域限制，使各类生产要素自由流动、优化配置，加快区域一体化进程，促进区域经济相互融合联动发展。

3. 从注重地市建设到重视城市群发展

山东省区域发展战略一直重视青岛、济南两个城市的带动作用，为现在城市群发展打下了基础，但更多的区域发展特征是17地市行政边界也非常明显，地区大量的发展要素仅仅围绕小区域内的中心城市展开，忽视大区域内的城市联动。山东今后以城市群为发展思路，特别是以青岛、济南为龙头，打破地域行政边界限制，加强内在联系，聚合而成高密度、联系紧密的城市空间，共同构成一个相对完整的城市"集合体"。通过各城市群内的资源沉淀、积聚、裂变，促使城市群的区位变化和自然区域的扩张，以此实现城市发展变迁目标。

4. 从注重产业合作到全面一体化

早期的区域发展战略更多关注区域产业之间发展与合作，注重区域之间的产业承接、产业转移，在合作中加强产业分工、优化资源配置、扬长避短、扩大经济规模，发展优势产业。随着经济的发展，合作领域不断拓展，内涵不断深化，合作项目从产业合作向资产异地重组、市场开拓、劳动开发、基础设施、旅游、科教文卫等领域延伸，合作要素向科技、人才、信息等领域扩展。"省会城市群经济圈"中的济莱协作区建设，推进交通、通信、户籍管理同城化。济聊协作区推进发展规划一体化、基础设施一体化、产业发展一体化、要素市场一体化、生态保护一体化、公共服务一体化。

5. 从松散合作到全面对接

早期区域合作较为松散，主要因为当经济发展初期，区域之间竞争特征较为明显，区域内产业相似度高、互补性差，分工协作不密切，区域统筹发展的工作机制、推进措施不健全。随着信息化飞速发展与快速交通体系的建成，地理位置将逐渐淡化，使得同城效应越来越明显，大大降低了人们的交易成本，其中出行成本和时间都有较大节省，区域合作带来较大便利，网络效应凸显，有利于实现产业互补，促进经济的更快发展和生活质量的更快提高。区域一体化的广度与深度日益拓展，后期的发展战略越来越注重区域统一发展规划的制定，区域发展的制度化因素越来越得到体现。诸如为了落实"省会城市群经济圈"建设，出台大量的制度文件，如《省会城市群经济圈联席会议制度》《推进省会城市群经济圈建设重点工作》、省发改委与济南市政府签订了《关于加快建设省会城市群经济圈战略合作框架协议》等。

三 推进"两区一圈一带"协调发展的主要对策

深入实施重点区域带动战略，把培植产业优势和实施重点区域带动结合起来，打造特色优势发展新高地，形成区域联动协同效应，创新体制机制，用好"政策红利"，带动全省区域经济协调发展。

（一）坚持特色优势和品牌优势相结合，打造特色优势产业高地

按照"面上推开、点上突破、融合互动"的思路，把区域发展与产业培植有机地结合起来，以重点园区、企业和项目为依托，着力培植区域特色优势产业，拉伸产业链条，大力发展品牌经济，提升产业发展层次，培育完善的产业生态系统，形成若干特色产业发展高地。

1. 发挥"蓝黄"两大国家战略的引领作用，增创区域发展新优势

（1）发挥蓝色经济优势，加快建设山东半岛蓝色经济区。立足山东半岛在海洋产业、海洋科技、改革开放和生态环境等方面的突出优势，以培育战略性新兴产业为方向，以海洋生物、装备制造、能源矿产、工程建筑、现代海洋化工、海洋水产品精深加工等产业为重点，打造带动能力强的海洋优势产业集群[1]，抢占蓝色经济高地，全面提升对我国海洋经济发展的引领示范作用。大力发展海洋运输物流业和海洋文化旅游业等海洋第三产业，加快构建现代化的海洋运输体系，突出海洋特色，推动文化、体育与旅游融合发展，将其建设成为中国以海洋经济为显著特征的崭新区域经济增长极。

（2）发挥高效生态优势，加快建设黄河三角洲高效生态经济区。以资源高效利用和生态环境改善为主线，大力发展循环经济和生态经济，使黄河三角洲高效生态区由资源型向高效型转变，由高耗能、高污染型向节能、减排、生态型转变，形成以高效生态农业为基础、环境友好型工业为重点、现代服务业为支撑的高效生态产业体系。[2] 坚持生态优先，加强生态建设和保护，搞好节能减排、环境整治，大力发展循环经济，形成一批国家级的生态示范市、示范县和循环经济示范基地，将黄河三角洲高效生态经济区建设成为全国重要的高效生态经济示范区，全国重要的特色产业基地，全国重要的后备土地资源开发区，环渤海地区重要的增长区域。

---

[1] 国家发展和改革委员会：《山东半岛蓝色经济区发展规划》，2011年1月。
[2] 孙可奇：《基于动态均衡理论的山东区域经济发展战略研究》，天津大学博士学位论文，2012。

2. 发挥同城一体化优势，加快建设省会城市群经济圈

加快建设济南省会城市群经济圈，强化省会济南对周边六市的极化、辐射和带动作用，将其建设成为全国重要的区域性经济中心、金融中心、物流中心和文化中心，实现济南省会城市群经济圈同城化发展。①（1）大力发展总部经济，提升济南的核心带动力。与国内其他省会城市相比，济南的首位度不高，表现在城市规模偏小、人口规模偏少、经济实力不强、辐射能力偏弱，已成为制约经济圈加快发展的首要问题。济南应利用和抓好本身所具有的区位优势、政治优势、金融中心优势、科教文化优势，学习国内外其他城市的先进经验，大力发展总部经济，提升综合服务能力。（2）积极培植城际协作区，实现省会城市群经济圈一体化发展。区域一体化涉及很多方面，所以要按照统筹谋划、分步实施、先易后难、重点突破的原则逐步向前推进，目前重点要在综合交通体系建设、产业协作配套、旅游业融合发展、物流业发展、基础设施共建、区域环境同治、人才资源共享、济莱协作区8个方面进行突破创新，实现联动发展、融合发展、一体化发展。重点打造济莱协作区，将济莱协作区作为同城化的先行区，发挥济南大城市的引领带动作用，通过在交通、通信、户籍管理、公共服务、资源配置等领域做到先行先试，使莱芜成为打造济南产业转移的首选地、城市发展的新空间、经济增长的新引擎，疏解和承接省会城市部分功能，实现与济南的"同城发展、同步建设"。积极推进济聊一体化建设，努力在空间布局上做好对接，将"聊茌东大三角"作为聊城融入济南的前沿阵地和主战场，两地共同争取将济聊城际铁路作为省级启动的首条城际铁路，力争在规划、交通、产业、要素、生态等5个方面创新思路、创出路径，使聊城在"一圈一带"中迅速崛起。（3）发展邻边经济，扩大集聚扩散效应。既要做好省内东部、西部和中部的有效对接，也要注重省会城市群经济圈与苏、豫、皖、冀等周边省份的区域合作。向东，做好与蓝黄两区的密切呼应，为蓝黄两区发展提供有力支撑；向西，要发挥比较优势，扩展自身发展腹地，带动西部地区加快发展；向南、向北，主动加强同长三角、京津冀的经济协作，积极探索经济合作方式

---

① 山东省人民政府：《省会城市群经济圈发展规划》，2013年8月。

和渠道，实现共同发展。①

3. 发挥后发优势，实现西部经济隆起带强势隆起

西部地区如要打破路径依赖和资源依赖，必须在战略取向上正确处理好西部地区与鲁东、鲁中地区，苏冀豫皖地区的合作共赢关系，通过打造四大发展高地，实现后发地区的强势隆起。（1）发挥民营特色和文化优势，将临沂建成"两型社会"和商贸物流高地。临沂是全国著名的革命老区，是山东省人口最多，面积最大的城市，用好临沂的人口资源、文化优势和沂蒙革命老区参照执行国家中部地区的政策优势，发挥文化产业、商贸物流和民营经济的特色优势，打造沂蒙精神政治品牌、红色产业文化品牌、中国市场名城，实现民营经济大发展，使临沂在"两型社会"和商贸物流高地中强势崛起。（2）创造循环低碳新模式，将德州、聊城建成统筹跨越和生态低碳发展高地。德州市新能源产业成效卓著，新能源产业涉及太阳能利用、风电装备、生物质能、热泵应用、新能源汽车和节能环保六大领域。聊城市积极探索绿色低碳循环高速发展的新型工业化道路，在全国全省较早开展了建设生态文明市的实践，生态文明理念深入人心，经济结构加快转调升级，循环经济模式普遍推广，被各界称为"聊城现象"。要充分利用德州、聊城在新能源和循环经济方面的优势，通过探索园区的高效生态性，创新发展农业高效生态经济园区；重视智慧城市对统筹跨越的作用，大力发展智慧产业；发挥新能源优势，建设"中国太阳谷"，深入探索生态低碳的发展模式，将其建设成西部统筹跨越和生态低碳发展高地。（3）重视精神文化品牌的建设，将济宁、枣庄打造成转型升级和经济文化融合发展高地。济宁、枣庄实现转型升级和经济文化融合发展高地，可以借助"孔子文化"和"水浒文化"的优势资源，深入挖掘文化精髓，通过以孔子文化中的"信"文化品牌和水浒文化中的"忠"文化品牌为突破口，拉长文化产业链条，将文化产业和企业、项目结合起来。（4）重点打造创意性产业品牌，将菏泽建成鲁苏豫皖四省交界处科学发展和邻边经济高地。发挥菏泽地处山东半岛至中西部地区咽喉位置的区位优势，扩大蓝区对黄河流域的

---

① 姜异康：《在全省推进省会城市群经济圈和西部经济隆起带建设动员大会上的讲话》，《大众日报》2013年8月30日。

辐射作用，深度挖掘菏泽优势资源，发挥区位优势、"中国牡丹城"优势、劳动力资源丰富的优势、农业资源优势、书画之乡优势、大企业的优势，重点打造菏泽无水港、菏泽牡丹、菏泽书画城等创意性品牌，推动菏泽真正成为鲁苏豫皖科学发展和邻边经济发展高地。

（二）加强与周边区域的合作，形成区域联动协同效应

协作型竞争是实现区域经济一体化的重要理论，通过协作型竞争实现区域经济一体化发展，进而促进经济地理优化重组的良好绩效，近年来在世界范围内得到了充分的实证检验。国内学术界对珠江三角洲、长江三角洲以及环渤海地区通过协作型竞争实现区域经济一体化发展的良好绩效，也提供了许多有价值的实证检验。

1. 加强周边区域的合作

"对接""互动"在山东成为热词。在山东半岛蓝色经济区，潍坊市、日照市积极加强与青岛市的对接，在产业发展、基础设施建设等多领域与青岛开展合作，借助青岛的辐射带动加快发展。省会城市群经济圈各市之间的合作不断加强，发起成立了山东高铁旅游城市联盟和京沪高铁城市旅游联盟，德州与济南签署"融入济南服务省会经济社会发展战略框架协议"，提出双方将深入实施规划衔接、基础设施共享和产业合作。如，拥有 792 万亩未利用土地资源的黄河三角洲高效生态经济区，通过设立"飞地经济区"，承接山东半岛蓝色经济区产业转移，促进了两大经济区之间生产要素的合理流动与优化配置。①

2. 打造特色产业区

2013 年，山东正积极推进特色产业协作区的发展，并开始进行了一系列的探索，如济莱协作区的实施就是山东为推动省会城市群经济圈所做的先行先试。做好特色产业协作区这篇文章，支持"两区一圈一带"与京津冀、中原经济区、长三角地区等省外相邻区域加强合作；支持"蓝黄"两区一体化协调发展；支持德州市实施"南融北接"，与济南合作共建产业协作区；支持聊

---

① 山东社会科学院课题组：《山东经济转型发展的创新与启示》，《大众日报》2012 年 5 月 29 日。

城、菏泽市强化中原地区资源输出和南北区域交流合作的战略通道及经济纽带功能，建设鲁西内陆开发试验区；加强在城市规划、信息网络、能源基础网络、城市供水等方面的对接；加强产业合作，与周边县市在产业集聚与产业链条方面加强合作；突破行政壁垒，促进经济与社会较好发展；鼓励共同建立绿色优质生活圈，建立污染联防联治机制，开展治理环境污染、共建跨境生态保护区、保护水库集水区，加强实施清洁生产等方面的合作，建设具有经济效益的区域能源供应销售网络。

（三）树立整体性治理理念，创新区域协调发展的体制机制

区域合作首先要实现理念、观念的变革，树立起"整体性治理"的理念。

1. 组织机制上打破"行政区经济"壁垒，建立跨区域组织协调机制

（1）构建网络化新型治理模式。山东区域发展正面临更多复杂的公共事务，解决超越地方政府管理边界的跨界治理问题，应在原有基础上引入企业和非营利组织，发挥政府、企业、非营利组织在治理主体上的作用，构建网络化新型治理模式，实现各利益主体的协同共治。（2）建立区域内重大事项协商制度。区域合作应由省政府有关部门牵头建立各市、各部门、各行业协商沟通平台和一体化工作机制，举行各种层次的联席会议，定期进行交流，及时了解各方需求意向，实现信息、市场和资源要素共享，推进同一部门、同一行业在不同层级、不同地区政策执行标准一体化进程，增强发展融合，促成项目对接。（3）建立经常性的沟通制度。充分发挥区域专家咨询委员会建言献策的作用，对区域合作发展涉及的重要事项，利用公共论坛、项目对接、对口支援、部门协作等方式进行论证和咨询，为决策提供科学依据。（4）完善区域间合作一体化机制。统筹设计区域内的产业优化和布局，实施区域发展战略一体化；共建基础设施，实现共建共享和成本分摊，实现区域信息同享一体化；加强政策合作，实现政策领域的互惠合作，推进区域政策一体化；发挥非营利组织在区域一体化中的重要作用，以民间力量推动经济合作；加强公共管理和公共服务领域的合作，实现公共管理和公共服务一体化。

2. 治理目标上兼顾绩效、补偿和法制，保证治理有效运行

（1）改进地方政府官员的绩效评价体系。① 地方政府官员考核体系要摒除以GDP为核心的评价体系，应采用一个综合的指标体系，关乎经济总量、增长速度、经济质量、社会效益和环保等综合指标。（2）完善以转移支付为核心的利益补偿机制，通过纵向的转移支付补贴相对利益受损者或者通过横向地方政府之间的利益流动，实现地区间各利益分配的公平和区域公共服务水平的均衡。（3）建立网络化治理主体的纠纷仲裁机制，发挥公正协调的作用。地方政府自行决定是否进行合作以及如何进行合作。（4）建立区域一体化的法规体系与合作框架。如建立区域公约制度，对区域内的共性问题进行协商和规范，避免不必要的浪费和协调成本；建立统一的信息化互动平台，避免重复建设和决策失误；建立跨区域金融、科技、交通运输、人力资本等统一高效的服务支持体系。

（四）用好国家政策的叠加效应，最大限度地释放"政策红利"

细数一下，山东"两区一圈一带"中许多城市都隶属于几个经济区，如"蓝黄"两区有11个县（市、区）相互重叠，西部隆起带所包含的6市20县区域，亦或多或少隶属于国家战略区域，德州有一部分属于黄河三角洲高效生态经济区，同时整个城市又属于省会城市群经济圈。可谓是国家战略与省级战略相叠、省内战略与省际战略相套、综合发展战略与产业发展战略相加，这必将表现出推动发展的深厚力量。至此，山东省在东南西北四个方向都有国家战略和政策支持：东有"蓝区"，南有临沂享受国家中部地区政策，西部有西部经济隆起带，北有"黄区"。国家战略是推动发展的国家级发动机，其品牌效应与政策效应是顶级的，山东"两区一圈一带"要充分运用好这些政策带来的后发机遇，最大限度地发挥政策的叠加优势，加快推动区域经济一体化发展。

---

① 王佃利、梁帅：《网络化治理视角下山东半岛蓝色经济区区域合作探析》，《东方行政论坛》2011年第12期。

B.11 加快省会城市群经济圈建设

颜培霞 程臻宇 李树香*

摘 要： 省会城市群经济圈是山东"一圈一带"发展战略的重中之重，经过几年的发展，经济实力持续增强，区域一体化发展加速，经济圈发展进入成长期。由于起步晚、发展基础相对薄弱，发展中还面临着较多问题与挑战。因此，未来应从加快基础性保障体系建设、推动产业转型升级、提升经济圈生态形象等方面采取相应措施，积极推进省会城市群经济圈跨越发展。

关键词： 省会城市群经济圈 产业发展 一体化

省会城市群经济圈是指以省会济南为核心，与泰安、淄博、莱芜、德州、聊城、滨州等周边6市组成的都市圈区域，区域内共有52个县（市、区），国土面积5.2万平方公里，占全省的33%；2012年总人口3265万，占全省的34.0%。省会城市群经济圈战略地位重要，既是促进中西部崛起的重要平台，也是带动山东省经济社会发展的增长极。

一 省会城市群经济圈建设现状分析

近年来，省会城市群经济圈建设受到高度重视。2007年之后，历次山东省政府工作报告中，均体现了"深入实施重点区域带动战略，发挥省会经济

---

* 颜培霞、程臻宇：山东社会科学院经济研究所；李树香，山东营特建设项目管理有限公司。

的辐射作用,带动省会城市群经济圈加快发展"的战略思路,并提出重点推进区内交通、旅游、信息、环保一体化建设。2012年,山东省第十次党代会做出了"继续发挥济南优势,加快科学发展、建设美丽泉城,带动省会城市群经济圈做大做强"的决策部署。在省委省政府一系列战略决策的指导下,省会城市群经济圈建设和社会发展取得显著成就。

(一)省会城市群经济圈综合经济实力持续增强

2012年,省会城市群经济圈实现地区生产总值17912亿元,占全省的35.9%,经济圈的总人口占山东省总人口的34%,经济圈经济在省内的地位略大于相应的人口比重,说明经济发展水平高于全省平均水平,2013年1~9月经济圈实现地区生产总值14126亿元,占全省的35.6%;2012年地区生产总值是2002年的4.7倍,年均增长16.7%,经济实力明显增强;2012年人均地区生产总值54861元,比全省平均水平高2770元,是2002年人均地区生产总值的4.5倍,人均地区生产总值年均增幅达16.2%,人民生活水平持续提高;2012年公共财政收入1193.2亿元,占全省的38.8%,是2002年的2.76倍,2013年1~9月公共财政收入达1090亿元,占全省的31.3%,经济效益日益优化;2012年固定资产投资10070亿元,占全省的37.6%,对经济拉动

表1 省会城市群经济圈2012年区域发展现状

指　　标	全省	省会城市群经济圈	占全省比例(%)
土地面积(万平方公里)	15.8	5.2	33
总人口(万人)	9601	3265	34
地区生产总值(亿元)	50013	17912	35.9
人均地区生产总值(元)	52091	54861	—
地方财政收入(亿元)	3074	1193.2	38.8
三次产业结构	8.6∶51.4∶40	7.5∶51∶41.5	—
固定资产投资(亿元)	26782	10070	37.6
社会消费品零售总额(亿元)	19177	6989	36.5
城镇化水平(%)	52.4	53.3	—
城镇居民人均可支配收入(元)	25755	27150	—

资料来源:《山东统计年鉴2013》。

作用显著；2012年社会消费品零售总额6989亿元，占全省的36.5%，2013年1~9月社会消费品零售总额5732亿元，占全省的36.9%，2012年人均社会消费品零售额达21404元，人均消费水平大幅提高，更好地促进经济发展；2012年城镇化发展水平为53.3%，高于全省平均水平0.9个百分点；2012年城镇居民人均可支配收入为27150元，高于全省平均值1395元。

（二）省会城市群经济圈产业发展层次不断提升

2012年，省会城市群经济实现农业增加值2330亿元，占全省的36.9%，区内农林牧渔中占全省最大的是农业，达到37.6%，整体上区域内农业产业化、现代化水平较高，都市型、城郊型农业发展初具规模。2012年，区内规模以上工业企业总产值39259亿元，占全省的35.1%，其中，高新技术产业占规模以上工业企业总产值的27%；制造业层次整体较高，济南是以交通设备、电子信息、冶金钢铁、石化纤维、食品医药等为支柱产业的新型都市，并已成为区域性的高新技术产业聚集地，2012年济南市完成高新技术产业产值1702亿元，高新产值超过亿元的企业达到195家，其中重汽集团完成产值400亿元、浪潮集团230亿元、齐鲁制药及圣泉集团超过50亿元、轨道交通及二机床等25家企业过10亿元；淄博形成了以化工、医药、新材料为主导方向的专业化制造基地；德州的电子信息、化工、装备制造业等产业呈较快发展态势；聊城以机械制造、医药和冶金等为特色；莱芜钢铁等具有独特的发展优势；滨州纺织、盐化等产业已形成一定规模，城市群各城市之间形成了一定的产业关联。服务业发展层次不断提升，金融保险、科技信息、旅游会展、现代物流等新兴行业脱颖而出，成为第三产业发展的新亮点，2012年第三产业增加值7423亿元，占全省的37.1%，占地区生产总值的比重高于全省平均水平1.5个百分点。区内三次产业结构由2002年的18.4:50.8:30.8变为2012年的7.5:51:41.5，一产比重明显下降，二产比重小幅上升，三产比重则大幅提升，产业结构得到较快的升级和优化，产业竞争力全面提升。

（三）省会城市群经济圈基础设施建设渐成系统

截至2012年年底，省会城市群经济圈区域内公路里程9.5万公里，约占全省的38.7%，其中高速公路里程1661公里，占全省的33.4%，依托于济青（南北）、京台、京沪、青银等区域性高速公路，以济南为中心基本形成了放射状的高速公路网络，除滨州外，济南与其他5市均有高速公路直接相连，但国道220线也将济南与滨州直接联系起来；通过胶济铁路和济青客运专线等主要铁路通道，济南已成为东接淄博，西连聊城，北接德州，南连泰安、莱芜的铁路枢纽；同时，区内拥有全省第二大空港济南机场，公路、铁路、航空等多种方式交织的交通网络渐成体系，"一小时都市圈"交通网络基本形成，为区域内生产要素便利流动，强化互动发展，放大城市辐射带动作用，提升产业集聚能力，最终实现一体化发展，奠定了坚实基础；在南水北调东线一期山东段干线及配套工程水利建设的基础上构建区域统一水网体系，信息、能源等其他公共服务设施加大投入，综合服务功能不断完善，基础设施支撑和保障能力不断增强。

（四）省会城市群经济圈内部联动发展态势逐步增强

近年来，区域内各市之间内部联系密切，联动发展态势逐步增强。在区内一体化发展战略的引领下，各市之间先后落实具体合作发展事宜，省会城市群经济圈交流日趋紧密。2007年以来，济南先后与德州签署"德州市融入济南服务省会经济社会发展战略框架协议"，确定了交通联网、旅游联手、信息联通、生态联保、经济和社会发展联动等重点合作领域，与莱芜市签订"进一步发展两市交流合作关系框架协议"。淄博市提出"西融东接"战略，向西融入省会城市群经济圈，向东承接东部先进产业辐射，全力打造省会城市群经济圈次中心。聊城市围绕建设山东"东引""西拓"桥头堡，加快发展商贸物流、文化旅游等服务业，大力推进新型工业化，加快基础设施建设，超前谋划聊城至济南城际铁路建设工作。滨州市出台了"南融济南，北接天津"的实施方案。同时，济南牵头与周边城市签订"旅游合作发展协议"，根据协议各市将运用行政和市场手段，打造区域旅游联合体。在快速轨道交通、旅游一体化、信息一体化等方面，省会城市群经济圈也正全力争取成为全省区域战略核心。

在城市群内部融合发展的过程中，各市主要经济指标的变化反映了融合过程中各城市之间的相互影响和作用。核心城市济南市一、二、三次产业的比值由2007年的5.9∶45.2∶48.9变为2012年的5.3∶40.3∶54.4，区内其他城市均以第二产业为主，第二产业比例均在50%以上，其中，淄博第二产业比例最高为59%；区内规模以上工业产值由2007年主要集中在济南、淄博、滨州转为主要集中在淄博、德州、聊城三个城市，2012年淄博、德州、聊城三市规模以上工业产值共占城市群总量的59.5%，三市规模以上工业企业共占城市群总量的63.9%，三市规模以上大型工业企业共占城市群总量的51.4%。2007~2012年，济南规模以上工业产值年均增长率仅为3.3%，远远低于城市群平均增长率18.8%，且济南规模以上工业企业数出现了负增长。2012年淄博高新技术产业总产值为2984亿元，居城市群首位，占城市群总量的28.7%；济南次之，占城市群总量的16.6%，但济南市高新技术产业占规模以上工业产值的比例历年来一直稳居城市群首位，2012年占比高达49.7%，这一方面反映出在经济发展过程中，济南产业层次不断提升，经济带动能力、高新技术转化能力明显增强，辐射力、吸引力、竞争力日益凸显；另一方面，济南根据自身转型升级的需要，将一些产业加速向周边城市转移，省会城市群经济圈内部的其他城市成为首要的承接地，特别是淄博作为区内次中心城市，正在逐步形成现代产业基地和全省东西部融合发展的重要连接枢纽。区内其他城市除莱芜外规模以上工业发展速度均高于全省平均水平，省会城市群经济圈规模以上工业、高新技术产业发展均高于全省平均水平。

表2 省会城市群经济圈产业结构、规模以上工业发展情况分析

城市		产业结构	规模以上工业总产值（亿元）	规模以上工业企业数（个）	规模以上大型工业企业数（个）	高新技术产业总产值（亿元）	高新技术产业占规模以上工业产值比例（%）
济南	2007年	5.9∶45.2∶48.9	2911	1820	20	1151	39.5
	2012年	5.3∶40.3∶54.4	3427	1647	43	1702	49.7
	年均增长率	—	3.3%	-2.0%	16.5%	8.1%	—
淄博	2007年	3.8∶64.6∶31.6	4422	2832	28	1426	32.2
	2012年	3.5∶59∶37.5	10333	3177	85	2984	28.9
	年均增长率	—	18.5%	2.3%	24.9%	15.9%	—

加快省会城市群经济圈建设

续表

城市		产业结构	规模以上工业总产值（亿元）	规模以上工业企业数（个）	规模以上大型工业企业数(个)	高新技术产业总产值（亿元）	高新技术产业占规模以上工业产值比例(%)
泰安	2007年	10.8∶56.2∶33	1925	1322	16	565	29.4
	2012年	9.1∶50.7∶40.2	5296	1788	71	1270	24.0
	年均增长率	—	22.4%	6.2%	34.7%	17.6%	
德州	2007年	13.4∶55.5∶31.1	2137	2721	6	438	20.5
	2012年	10.9∶54.2∶34.9	6444	3226	52	1537	23.9
	年均增长率	—	24.7%	3.5%	54.0%	28.5%	—
聊城	2007年	15.1∶59∶25.9	2104	1591	17	481	22.9
	2012年	12∶55.3∶32.7	6581	2332	43	1303.9	19.8
	年均增长率	—	25.6%	7.9%	20.4%	22.1%	
滨州	2007年	10.6∶62∶27.4	2242	1254	14	305	13.6
	2012年	9.5∶52.6∶37.9	5706	1122	42	1368	24.0
	年均增长率	—	20.5%	-2.2%	24.6%	35.0%	
莱芜	2007年	6.2∶66∶27.8	841	318	7	113	13.4
	2012年	7∶57.8∶35.2	1473	382	14	241	16.4
	年均增长率	—	11.9%	3.7%	14.9%	16.4%	—
省会城市群经济圈	2007年	8.6∶56.2∶35.2	16582	11858	108	4479	27.0
	2012年	7.5∶51.3∶41.5	39260	13674	350	10405.9	26.5
	年均增长率	—	18.8%	2.9%	26.5%	18.4%	
全省	2007年	9.1∶57.3∶33.6	47730	36145	341	14775	24.1
	2012年	8.6∶51.4∶40	111892	37625	938	33661	29.1
	年均增长率	—	18.6%	0.8%	22.4%	17.9%	—

资料来源：《山东统计年鉴（2008）》《山东统计年鉴（2013）》，山东省及各市统计公报。

（五）省会城市群经济圈内部发展差异性大

在经济总量方面，济南、淄博市整体实力较强，GDP分别为全省第三位

223

和第五位,两市GDP之和占省会城市群经济圈总量的46.7%,泰安市经济实力位于经济圈第三位,德州、聊城、滨州市经济实力相近,分列全省第11~13位,实力中等偏下,莱芜市由于市域面积较小,经济总量较小,处于全省的最后一位,GDP为631.41亿元,是省会城市群经济圈内GDP唯一不足千亿元的城市;济南、淄博市人均GDP分别高出全省人均GDP平均值34%、50%,泰安市人均GDP略高于全省平均水平,其他四市人均GDP均低于全省平均水平,德州、聊城市最低,仅为全省平均水平的70%左右;区内公共财政预算收入仅占全省的38.8%,民生保障能力总体不强,区内城市间差异较大,德州、聊城、莱芜市公共财政收入均不足百亿元,德州、聊城市人均财政收入仅为全省平均水平的50%左右;区内城镇化水平略高于全省城镇化平均水平,主要是依靠济南和淄博两个城市的贡献,两市城镇化水平均超过60%,其次是泰安和莱芜分别在50%以上,而德州、聊城、滨州均低于50%,在全省平均水平以下。

表3 省会城市群经济圈内各城市2012年主要发展指标差异性分析

城市	地区生产总值 数量(亿元)	地区生产总值 在全省位次	人均地区生产总值(元)	公共财政收入(亿元)	人均公共财政收入(元)	城镇化水平(%)
济南	4803.67	3	69444	211.4	3470	65.7
淄博	3557.21	5	77876	195	4593	64.8
泰安	2547.01	9	46130	116.8	2116	52.6
德州	2230.55	11	39710	92.9	1609	46.2
聊城	2146.75	12	36573	77.3	1300	43.0
滨州	1987.73	13	52591	150.5	3947	49.7
莱芜	631.41	17	48212	42.0	3323	54.2
省会城市群经济圈	17912	—	53338	1193.2	2713	53.3
全省	50013	—	52091	3074	3202	52.4
经济圈占全省比重(%)	35.9	—	—	28.8	84.7	101.7

资料来源:《山东统计年鉴2013》,山东省及各市统计年鉴。

(六)省会城市群经济圈发展已进入成长期

根据城市群的整体发展水平和一体化程度,可以将其分为雏形期、成长期和成熟期3个不同的发展阶段。雏形期主要是通过发挥政府推动作用,协调城市群内部及区际之间的区域性基础设施及公共设施建设,引导城市化集聚发展,增强区域自我发展能力,促进区域一体化发展,该阶段是核心城市开始发挥辐射扩大功能,但总体上核心城市辐射功能较弱,一体化发展正在萌芽的阶段;成长期主要是在政府一体化发展规划的引导下,通过发挥市场主导作用,联合发展产业集群、现代服务等,形成有竞争力和带动力的产业,促进城市群一体化发展,该阶段是城市群功能逐渐一体化,但行政区划束缚和地方政策差异等问题依然存在,区域协调机制不够健全的发展阶段;成熟期主要是以城市群内部的协调为重点,提高城市化发展质量,强调协调区域内部空间发展矛盾,按照比较优势的原则,进行合理分工、合作和竞争,形成产业融合发展、交通、信息能源、水利等基础设施共建共享和互联互通的发展态势,促进各种要素随市场需求自由流动,发挥区域整体优势,是城市群内部各城市间行政隶属关系逐步弱化,横向联系进一步强化,一体化协商机制逐渐形成的发展阶段。近年来,省会城市群经济圈建设取得显著成就,核心城市济南"三二一"的产业结构和发达的社会服务业对于带动省会城市群经济圈发展具有较大优势,在省会城市群经济圈一体化战略引导下,各城市间主动对接,融合互动发展,已进入成长期发展阶段。

二 省会城市群经济圈建设面临的主要问题

城市群是指在特定地域范围内,以一个特大城市为核心,由至少三个以上都市圈或大城市为基本构成单元,依托发达的基础设施网络而形成的经济联系紧密、高度一体化的城市群体。省会城市群经济圈由于起步晚、发展基础相对薄弱,在经济圈由发育阶段走向成熟阶段过程中还面临着许多问题与挑战。

(一)中心城市综合实力不强,对区域的辐射带动作用偏弱

随着经济的发展和区域一体化水平的提高,过去单一城市的竞争已经转向区域之间综合实力的竞争,以大都市为核心的城市群和经济圈成为加快产业和人口聚集、推进工业化城市化进程的重要地带。山东省欲将省会城市群经济圈

打造成为全省的文化强省主导区和具有全国意义的战略性城市群经济圈,成为促进山东省中西部崛起进而推动区域经济协调发展的重要平台。但是,与目前全国比较有影响力、同处成长发育期的经济圈如武汉经济圈、长株潭城市群、山东半岛蓝色经济区相比,省会城市群经济圈的成长发展空间依然很大。如表4所示,省会城市群经济圈与同处山东板块的山东半岛蓝色经济区相比,二者人口规模大体相当,省会城市群经济圈在区域面积上略小于山东半岛蓝色经济区,但在经济总量、人均GDP、固定资产投资、地方财政收入等方面,省会城市群经济圈仅相当于山东半岛蓝色经济区的70%左右;如果对区域中心城市济南市和青岛市进行对比,二者差距更大,青岛市的GDP、固定资产投资、地方财政收入分别是济南市的1.52倍、1.9倍、1.75倍。与面积相当的武汉城市群相比,城市群发育水平相差不大,但中心城市武汉市的人口数量、经济规模要远远大于济南市发展水平。与长株潭城市群对比后不难发现,在区域面积和人口规模上,省会城市群经济圈具有无可比拟的优势,但在可对比指标人均GDP方面,长株潭城市群及其中心城市长沙市的人均GDP(68506元、135401元)远远高出省会城市群经济圈及其中心城市济南市的人均GDP(分别为53338元、69444元)。总体上看,省会城市群经济圈与武汉经济圈、长株潭城市群、山东半岛蓝色经济区在城市群整体发育水平上大体处于同一水平,它们最大的差距在于省会城市济南经济规模偏小、偏弱。经济圈或城市群

表4 2012年省会城市群经济圈与其他区域对比

区域 (中心城市)	面积 (万平方公里)	人口 (万人)	GDP (亿元)	人均GDP (元)	固定资产投资 (亿元)	地方财政收入 (亿元)
省会城市群经济圈(济南)	5.2 (326)	3265 (694.96)	17912 (4803.67)	54861 (69444)	10070 (2186.1)	1193.2 (380.82)
山东半岛蓝色经济区(青岛)	6.4 (0.325)	3343.6 (886.85)	23645.8 (7302.11)	70720 (82680)	15028.8 (4153.9)	1750.7 (670.18)
武汉经济圈(武汉)	5.8 (0.85)	3062.85 (1012.0)	13883.58 (8003.82)	45329 (79089)	9761.8 (5031.25)	1149.64 (828.58)
长株潭城市群(长沙)	2.8 (0.19)	1383.42 (297.9)	9443.62 (4033.60)	68506 (135401)	6000.38 (2538.68)	710.86 (387.93)

资料来源:《山东统计年鉴2013》《湖北统计年鉴2013》《湖南统计年鉴2013》。

的中心城市一般是一个国家或区域的经济、政治、文化中心和交通枢纽，是产业发展的高地，既是国家或地区的先进制造业基地，又是商贸物流、金融服务、旅游会展等现代服务业中心。济南市综合实力不强、品牌优势不突出，对省会城市群经济圈的协调、控制和引领的中枢作用难以发挥，成为制约经济圈加快发展的首要问题。

（二）产业层次偏低，转型升级面临巨大压力

"十二五"时期，"结构转型""创新驱动"成为省会城市群经济圈经济社会发展的基本路径。但从省会城市群经济圈产业发展来看，都市圈内产业层次效益低，致使转型升级面临巨大压力。

一是产业层次总体偏低。省会城市群经济圈呈快速发展态势，三次产业结构比例由2010年的8.9∶54.7∶36.4演进为2012年的7.5∶51∶41.5，但七市之间产业发展水平严重不平衡、一产比重过大、三产滞后的问题依然突出。从七市来看，只有中心城市济南市5.3∶40.3∶54.5的产业比例结构呈现出较为高级化的"三、二、一"结构，其余六市都是典型的"二、三、一"结构，第二产业优势突出。进一步对比发现，聊城、德州、滨州的一产比重均在10%以上，远高于全省8.6%的平均水平；第三产业比重分别落后于全省平均水平10.6、5.1、7.4个百分点。从总体上看，省会城市群经济圈产业发展水平落后于省会城市群经济圈和山东省产业发展的平均水平。

二是在规模以上工业企业中，对工业产值或利润贡献最大的产业，更多地集中于传统产业，高新技术产业比重偏低。近年来，济南、淄博、泰安的产业转型升级能力不断提高，装备制造业、战略性新兴产业的比重越来越大。但是，传统产业比重依然过高，特别是莱芜、德州、聊城、滨州更多依托于传统的钢铁、重化产业。2012年，莱芜市钢铁产业一业独大，钢铁与非钢产业结构为52.15∶47.85；聊城的轻重工业之比为31.5∶68.5，支柱产业纺织行业、食品制造业、机械零部件制造业等多个行业处于产业链的低端。从高新技术产业发展（见表5）看，省会城市群经济圈的高新技术产业产值占规模以上工业比重落后于全省5.74个百分点，除济南市高新技术产业产值比重（39.55%）高于全省平均水平（29.11%），其余六市均低于全省平均水平。

表5 2012年山东省会城市群经济圈各市经济发展部分指标对比

地区	三次产业比例	高新技术产业总产值（亿元）	高新技术产业产值占规模以上工业比重（%）
济南	5.3:40.3:54.5	1702.04	39.55
淄博	3.5:59.1:37.5	2983.83	28.88
泰安	9.1:50.7:40.2	1269.47	23.97
莱芜	7.0:57.8:35.2	241.19	16.37
德州	11.0:54.2:34.9	1536.88	23.88
聊城	12.0:55.4:29.4	1303.86	19.82
滨州	10.0:54.6:32.6	1367.69	23.97
省会城市群经济圈	7.5:51.0:41.5	12575.75	23.37
全省	8.6:51.4:40.0	33661.13	30.09

资料来源：《山东统计年鉴（2013）》。

三是第三产业以传统服务业为主，现代服务业发展明显滞后。在一个城市群逐步发育成熟的过程中，中心城市的职能由制造业中心向信息中心、现代服务业中心转变，产品设计、技术研发、市场营销、金融保险等生产性服务业发展成为中心城市的主导产业。可以说，现代服务业发展水平体现了一个城市群的发展水平，既是城市群高度发展的结果又是城市群持续、快速、健康发展的不竭动力，中心城市与外围城市的极化与扩散效应正是通过资金融通、中枢管理、科技研发等服务活动的高度集聚实现的。2012年，济南市金融商贸、会展旅游、软件信息技术服务业等现代服务业实现增加值1273亿元，比上年增长10.5%，占服务业增加值的比重48.6%。虽然现代服务业取得了长足发展，但服务业所占比重偏低、发展滞后的问题依然存在，与其省会城市群经济圈的中心城市地位，与其作为山东省的政治中心、科教文化中心、金融中心的地位极不相符。省会城市群经济圈其他六市的服务业发展缓慢，对经济的贡献度不高；并以批发零售、住宿餐饮、交通运输等传统服务业为主，现代服务业发展不足。

（三）外向型经济发展水平不高，改革开放红利尚未全面释放

目前，我国政治、经济、社会改革都已经进入深水区和攻坚区，只有找准突破口，在重点领域和关键环节上深化改革开放，进一步发掘和释放改革开放的红利，即靠开放促改革，靠制度创新释放红利。处于改革开放前沿地带的山

表6 2012年济南市服务业发展情况

	增加值(亿元)	增长率(%)	占服务业增加值比重(%)
交通运输、仓储和邮政业	334.4	11.2	12.8
批发零售业	588.9	10.6	22.5
住宿餐饮业	158.3	7.9	6
金融业	411.3	22.6	15.7
房地产业	273.5	5.9	10.4
会展业	3.7	13.4	—
软件和信息技术服务业	1040	25.3	—

资料来源：济南市统计信息网，http://www.jntj.gov.cn/E_ReadNews.asp?NewsID=2593872。其中，会展业数值是直接营业收入，软件和信息技术服务业数值是业务收入。

东省，具备实现改革开放红利最大化的良好基础和条件。但是，从实际利用外资规模和进出口总值看，省会城市群经济圈的对外开放水平并不高，外向型经济对省会城市群经济圈经济发展的推动力相对较低。2012年，省会城市群经济圈实际利用外资287736万美元，总量不足全省的1/4。进出口总值375.32亿美元，仅占全省的15.3%，这一数值远远落后于山东半岛蓝色经济区（77.8%）；出口总值195.35亿美元，占全省出口总值的15.2%；进口总值179.97亿美元，占全省进口总值的15.4%。从省会城市群经济圈内部看，七市对外开放水平差距较大，济南、淄博对外开放水平明显领先于其他五市。

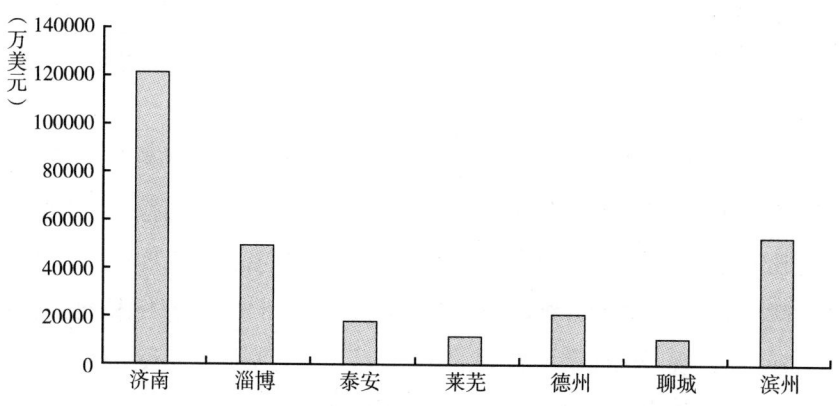

图1 省会城市群经济圈各市实际利用外资额

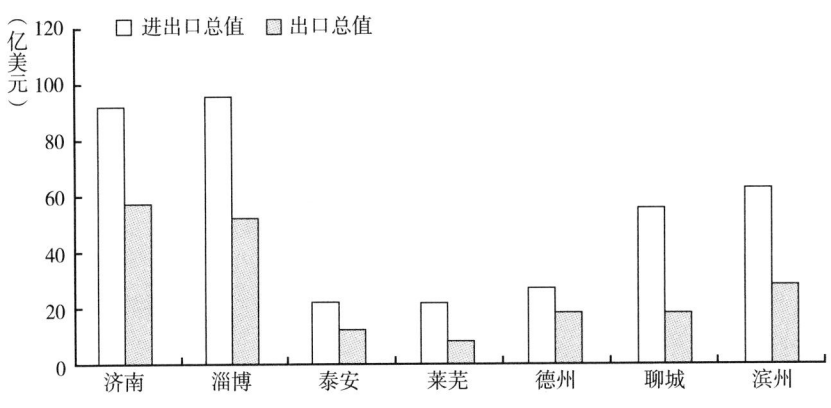

图2 省会城市群经济圈各市进出口额

"十二五"时期是我国全面提高对外开放水平的重要战略机遇期，如何扩大对外开放水平，形成全面改革开放的新格局，以最大限度地挖掘、释放改革开放红利，是省会城市群经济圈必须重视的问题。

（四）经济圈处于起步发育阶段，区域一体化程度相对薄弱

早在省会城市群经济圈规划发布以前，济南市与一些地市已经积极推动一体化发展，济南、德州签署了《德州市融入济南服务省会共同发展战略合作协议》《关于进一步加强济南市与德州市合作交流的实施意见》，济南、莱芜签订《关于进一步发展两市交流合作关系的框架协议》等。这些战略合作协议的签订对推动省会城市群经济圈的一体化起到很大的推动作用。但省会城市群经济圈由于起步晚、合作基础薄弱，整个经济圈基本处于松散无序状态，整体联动效应很难有效发挥出来。

从基础设施建设看，省会城市群经济圈正加快构筑"一小时经济圈"，正在推动的济莱同城化已经实行公交化城际交通。未来不仅要更加强化济南全国性综合交通枢纽地位，还要加强地市间的通达能力，促进省会城市群经济圈交通的网络化发展。济莱通信并网升级已经实现，但济南与其他五市的一体化信息网络仍遥遥无期。要实现区域性市场建设一体化、城乡统筹与城乡建设一体化、环境保护与生态建设一体化、社会发展与社会保障体系建设一体化更需时日。

从产业发展和产业协作看，省会城市群经济圈七市之间在产业上缺乏职能

加快省会城市群经济圈建设

上的分工与协作,产业结构同化、产业互补功能较差。核心城市济南市的产业结构已经呈现高级化的"三、二、一"的发展态势,但是受其首位度不高、经济总量偏低等的制约,与外围城市在经济社会方面的相互作用较小,功能联系偏弱,整合的功能性空间较小,人口-经济集聚效应、扩散效应难以有效发挥。七市之间一些传统产业如冶金、纺织、建材、机械制造等,几乎各市都有,由此导致各城市从原材料到产品市场的争夺。而在产业发展方向上,又把发展高科技、高附加值的新材料、电子工业、石化工业等列为经济发展的支柱产业,极大影响区域内产业错位发展和经济主体差异互补功能的充分发挥。以济南为中心,以产业为纽带,形成城市间的专业化分工还有很长的一段路要走。

(五)资源环境保障程度不高,生态环境面临巨大挑战

省会城市群经济圈正处于工业化、城镇化快速发展阶段,对资源的需求与开发利用强度较大。从土地资源看,省会城市群经济圈土地供需矛盾突出,区域内土地人口承载重,人口密度高达620人/平方公里,是全国平均密度的4.3倍。特别是随着工业化、城镇化的推进,用地需求已难以有效满足经济社会发展需求,土地资源"瓶颈"效应日益凸显,据统计,济南市、泰安市、莱芜市、淄博市等地区人均耕地不足一亩,济南、淄博、聊城、莱芜等市建设用地缺口均在1万亩以上。但同时,土地资源又面临着开发利用方式粗放、效益低下等问题。以省会城市群经济圈内经济发展水平较高的济南、淄博两市为例,2010年,两市地均GDP分别为1.2亿元/平方公里、1.0亿元/平方公里,同期青岛、烟台地均GDP分别为4.0亿元/平方公里、1.6亿元/平方公里。从水资源看,山东省水资源总量不足,且时空分布不均,是典型的缺水省份。人均水资源占有量324立方米,不到全国人均水平的1/6,居全国各省(自治区、直辖市)倒数第三位,是国际公认的人均水资源量500立方米以下的严重缺水地区。由于地表水资源先天不足和利用困难等原因,省会城市群经济圈把地下水作为农业用水、城市用水的主要来源。一些城市严重超采地下水,地下水位大幅度下降,形成地下水沉降漏斗。

省会城市群经济圈主要以机械制造、钢铁、石油化工、食品工业、纺织服装、造纸、生物医药等产业为主,资源密集型产业比重过大、对能源矿产资源过

度依赖，使省会城市群经济圈万元 GDP 能耗等一直处于较高水平。从表7可以看出，万元 GDP 能耗、规模以上工业万元增加值能耗、万元 GDP 电耗等指标只有个别指标略低于全省平均水平，大部分指标均在全省平均水平之上。高能耗带来高污染、高排放，化学需氧量排放、氨氮排放、二氧化硫、烟（粉）尘等主要污染物排放总量居高不下，造成环境污染严重。2013年，省会城市群经济圈经常处于雾霾的笼罩之下，空气质量急剧恶化，PM2.5颗粒物浓度数据处于"严重污染"或"危险"水平。其中，济南市成为重度污染城市，按照环保部每月公布的城市环境空气综合质量指数评价，2013年多次位居全国空气质量相对较差的前10位城市之列。另外，对资源的大量消耗导致对矿山的过度开采，引发越来越多的生态环境问题，采矿造成的土地、植被、山体破坏和水、土污染相当严重，地面塌陷、滑坡、泥（渣）石流、山体开裂等次生地质灾害时有发生。

表7 省会城市群经济圈各市资源消耗对比

	万元 GDP 能耗 （吨标准煤/万元）	规模以上工业万元增加值能耗 （吨标准煤/万元）	万元 GDP 电耗 （千瓦时/万元）
济南	0.87	1.06	535.53
淄博	1.49	1.76	923.33
泰安	0.92	1.48	599.81
莱芜	2.77	3.56	1667.79
德州	0.96	1.52	917.89
聊城	1.03	1.80	1269.42
滨州	1.00	1.56	1014.6
全省	0.82	1.15	796.28

资料来源：《山东统计年鉴（2013）》。

三 加快省会城市群经济圈建设的对策措施

（一）加快基础性保障体系建设

1. 加快建立整体化的社会保障体系，率先在省会城市群经济圈范围内实现社保体系由碎片化向一体化的突破

"十一五"时期，山东省社会保障建设取得较大进展，各项社会保障制度逐步完善，社会保障覆盖范围显著扩大，社会保障水平大幅提高。但是从总体看，山东省社会保障体系还不完善，存在着城乡差别、地区差别和保障群体之间社会保障待遇差别，使得山东省社会保障体系还没有从根本上摆脱社保"碎片化"格局带来的各自为政的消极影响。这种情况在省会城市群经济圈中也同样存在。

经济升级、社会发展的最终目的是所有人共享发展成果，而在社会主义市场经济体制下，完善的社会保障体系是一张维护社会稳定的"安全网"。2013年发生的厦门公交纵火案、北京国际机场爆炸案突显了当前我国社会阶层急剧分化中的社会矛盾，而一个完善的、整体化的社会保障体系，可以起到很好的减压阀作用，安抚社会群体的焦躁心理，保护弱势阶层。随着新型城镇化进程的加快推进，将进一步加速人口流动性，这对于社会保障体系提出了更多的挑战和更高的要求。而目前社保体系的碎片化，在不同的社保群体之间形成了巨大的福利差距，固化了社会不公平，尤其造成了流动人口的社会保障流转困难，也无形中增加了区域一体化融合进程的难度。因此，整合城乡社会保障制度、衔接和推进管理服务一体化是打造省会城市群经济圈对山东省社会保障体系的根本性要求，建立以国民身份为基础的、整体化的社会保障体系是山东省必须坚持的努力方向，也是省会城市群经济圈发展的制度基础。

2. 积极吸收儒家文化和鲁商文化精髓，打造全国最优的营商环境

山东是儒家文化发源地，至今仍然受到儒家文化的影响，相对于粤、苏、浙、闽等东部沿海省份，山东的商业氛围并不浓厚、民营经济不算发达。但在几千年的历史长河中，也产生了诸如以范蠡、子贡、瑞蚨祥等为代表的鲁商群体，并形成了以仁、义、礼、智、信等儒家经典理念支撑的鲁商文化。良好的营商环境有助于企业的新陈代谢与发展壮大，也有利于高质量外资的引进，从而有利于地区的转型升级。根据山东省的相关规划，打造以济南为核心的省会城市群经济圈，必须下功夫营造良好的营商环境，科学地传承和吸收鲁商文明、儒家文化中适应现代市场化进程的精神和内容，打造中国"最诚信区域"，实现区域商业氛围的深刻转变，为区域内企业生存运营提供便利，这也是经济圈中各区域实现经济升级的必然要求之一。

3. 激励民间资本参与城市基础设施投资领域，形成"政""民"并重局面

城市圈的发展离不开城市基础设施建设的加强，2013年以来，国家政策频繁释放出利好，投融资体制改革大步推进，特许经营、投资补助、政府购买服务等多种多样的方式为民间资本参与经营性项目建设与运营提供了便利。目前，山东省民间资本正积极参与城市基础建设投资，但是，民间资本参与山东省基础建设投资的力度与发达省份相比，仍然不够大，一些重点项目中，民间资本占据半壁江山的要求还没有完全实现。在能源、交通、供水、供电等传统垄断行业和市政公用事业、金融服务业等行业，由于对民间资本开放的时间不长，民间资本占的比重不高。在新时期新形势下，地方政府过度依赖政府投资拉动经济增长的惯性思维必须适应现实进行转变，要加强对政府投资的调控，积极吸引民间资本参与基础建设，以省会城市群经济圈为载体，应该在全省内率先实现基础投资领域的"升级版"改造，由政府为主向"政""民"并重转变，促进省会城市群经济圈乃至山东全省的投资领域的市场化进程。

（二）提升省会城市群生态形象

1. 推动城市群生态文明建设，打造美丽都市城市群

山东省正处于工业化中期阶段，伴随着经济的快速增长，城镇化、市场化、国际化进程也逐渐提速，这使得包括省会城市群经济圈在内的山东各区域，发展过程中都面临着资源日益匮乏、生态环境渐趋恶化的局面。因此，必须高度重视生态文明建设。具体来说，应着力加强生态文明建设的宣传力度，增强公众生态意识；建立并完善相应的制度保障；依靠科技力量的推动，出台政策措施，保证居民和企业采用清洁机制生产、生活；同时积极有效地参与全球性课题研究，扩大国内合作、国际合作，形成山东城市群生态文明体系的影响力，实现由单纯节能减排向全面清洁机制转变，打造一个更加生态、更加美丽的山东省会城市群。

2. 推动城市雾霾污染联合治理，打造生态宜居城市群

进入2013年冬季以来，雾霾天气在我国东部地区频繁出现，山东省17地市的空气污染指数频频亮起红灯，其中山东省污染最重、雾霾天气持续时间最长的城市就包括济南、聊城、淄博等省会城市群区域内城市。频繁出现的恶劣污染天气，严重影响了山东省会城市群的生态形象，也为城市群经济圈经济社会的可持续发展带来了不良影响。

未来一段时期，省会城市群经济圈区域内所有行政区域应该加强城市间在雾霾治理方面的合作和协作，实现污染物控制联动机制，实施区域生态补偿机制，出台雾霾专项治理条例和规范，实现污染防治技术共享，并鼓励非政府力量参与雾霾污染治理。

3. 推动省会城市群经济圈休闲生态产业发展，打造省会城市群休闲生态品牌

我国已经步入休闲经济时代，城市成为重要的旅游目的地。而以长三角为例，以上海为中心的都市群促进了该区域旅游业的长足发展。都市群之间密集空间网格式布局对于旅游经济起到了放大效应，能够极大地促进当地经济的增长。

山东省省会城市群中，生态旅游、休闲旅游等资源都非常丰富，在生态、绿色、低碳等概念成为主流的当今时代，大力发展城市休闲旅游，对于促进区域经济跨越式发展、迅速提高区域竞争力意义重大。基于此，应该提升休闲产业，用城市群休闲产业集群替代之前的休闲旅游产业概念，这样可以涵盖当今诸多高增长型产业，如文化产业、旅游产业、医药产业、保健产业，也包括了传统农业和轻工业，如种植业、日用品业、饮料食品、设备制造业等，此外还涉及服务业中的餐饮、房地产、交通、物流等各业态，在城市群休闲产业集群这一概念推动下，各关联产业都可以在融合互动中寻找到新的利润增长点。

目前，省会城市群原本具有的休闲旅游及生态养生等产业所提供的产品种类还比较单一，主要是自然生态观光游，知名度并不高，竞争力也不强，文化以及生态内涵并没有得到充分发掘，需要开发出更加具有吸引力的产品，通过提升旅游产品的附加值，并依据区域现有生态资源，进行合理、适度的开发，实现区域旅游、休闲、养生等产业的联动式发展。旅游及休闲娱乐产业的开发、管理、经营必须尽快与国际惯例接轨，加强国际交流与合作，借鉴世界先进模式和成熟经验。在发展城市群周边乡村生态休闲旅游产业时，首先以改善当地居民的生活质量为前提，努力创建社区居民积极参与、共同管理的社区共管体制，引导当地居民真正参与生态休闲旅游发展中。尽快建立生态监测体系，在产业开发中，对生态旅游资源的资质进行实时质量监控，进行科学的规划和经营管理。应重点开发高层次、高质量的生态旅游项目和产品，同时加强高端人才引进，并注意将旅游休闲活动对环境生态带来的破坏降低至最小，实现区域生态与经济共赢。

（三）推动省会城市群都市圈产业结构快速升级

1. 参与全球价值链重塑，实现产业结构优化

省会城市群目前产业结构的缺陷比较明显，比如第一产业的产值仍然占有比较大的比重；而第二产业中重工业化率较高，高新技术产业发展不足；第三产业的发展速度较慢，与长三角、珠三角地区相比差距较大，这既有经济层面的原因，也有体制层面的原因。中国及山东省在过去把自己定位在全球价值链的低端地带，这种定位选择，是造成区域产业结构不合理的重要原因之一。金融危机后，在跨国公司的主导下，全球价值链加快了重塑的过程，生产布局多元化、产品设计研发全球化已经是大势所趋，省会城市群经济圈需要抓住这个难得的发展机遇，摆脱长期被锁定于全球价值链较低端位置的被动局面。要通过不断扩大开放，加强对外交流合作，致力于提高本土产品质量和服务品质，树立本土知名品牌的良好国际形象，抢占国际市场，在更高层次上参与全球价值链。同时，大力发展高端服务业、环保产业、新能源新材料产业、信息技术产业等，加快调整区域产业结构的步伐。重新确定省会城市群经济圈在全球价值链中的地位，把产业结构合理化、加快产业结构升级作为最重要的目标任务。

2. 以科技创新为引领，快速实现传统产业升级

省会城市群各地市工业基础差距较大，目前仍然存在一些传统产业较多、历史包袱较重的地区，这些市、县科技研发能力较为薄弱、缺乏吸引科技新兴产业的要素禀赋，因此未来时期内，省会城市群除了科技研发能力培养和科技新兴产业的培育，应该更加重视加强各地区传统产业的升级能力。需要把创新作为生产发展的一个关键要素。重点引导和支持创新要素朝企业聚集，坚持以企业为主体、以市场为导向、产学研结合的发展道路。按照布局重大创新项目、延长产业链、促进产业集聚的思路规划布局，通过创新驱动促进产业的中高级发展、提升经济质量效益，使省会城市群经济圈获得新的、更大的发展。

B.12
加快西部经济隆起带发展

朱孟晓　刘爱梅　徐光平*

摘　要： 加快建设西部经济隆起带是山东省继"蓝黄"两区发展战略和省会城市群经济圈发展战略之后又一重大区域发展规划，是全力打造山东经济升级版的战略选择和重大举措。加快发展西部经济隆起带，必须立足其地理区位、资源禀赋、特色产业和生态环境等众多优势条件，实施一系列的重大发展战略，拓展全省发展新空间，培育区域竞争新优势。

关键词： 西部经济隆起带　发展优势　转型

一　西部经济隆起带发展现状分析

西部经济隆起带是山东省又一重大区域发展战略，是山东省与苏豫皖冀交界的邻边地带，包含枣庄、济宁、临沂、德州、聊城、菏泽六市以及泰安的宁阳、东平两县。西部经济隆起带发展战略的实施对完善全省区域发展格局、打造山东经济升级版具有重要意义。

（一）经济发展规模

2012年，西部地区实现生产总值14620亿元，占全省的比重为29.2%；公共财政收入为914亿元，占省22.5%；固定资产投资8626亿元，占全省

---

* 朱孟晓、刘爱梅、徐光平，山东社会科学院省情综合研究中心。

28.5%;社会消费品零售总额为618亿元,占全省31.9%。而西部地区面积和人口分别占全省的42.8%和46.5%,因此,总体来讲,西部地区属于全省经济发展较为落后的区域。

从西部地区内部来讲,济宁和临沂两市的经济规模相对较大,地区生产总值超过3000亿元,财政收入也高于其他地区。而枣庄和菏泽两市的经济规模处于靠后位置,地区生产总值低于2000亿元。从地区生产总值来讲,德州和聊城两市的经济规模处于中间位置,但财政收入相对较低,与经济规模更小的枣庄、菏泽两市处于同列。另外,划入西部经济隆起带的泰安宁阳和东平两县的地区生产总值分别为281.4亿元和270亿元,公共财政收入分别为9.04亿元和7.59亿元,在县域经济中也处于较为落后位置(见表1)。

表1 2012年西部地区经济规模基本情况

单位:亿元

	枣庄	济宁	临沂	德州	聊城	菏泽	泰安两县宁阳、东平
地区生产总值	1702.9 (15)	3189.4 (6)	3012.8 (7)	2230.6 (11)	2146.8 (12)	1787.4 (14)	281.4,270
公共财政收入	116.4 (14)	245.6 (5)	170.1 (7)	120.2 (13)	104.5 (15)	140.3 (12)	9.04,7.59

注:括号内数字为全省17地市排序的位次。
资料来源:《山东统计年鉴(2013)》。

从全省17地市比较来看,西部地区各地市的生产总值和财政收入规模分布在全省中间和末端位次:济宁、临沂处于中间位次,枣庄、德州、聊城、菏泽处于末端位次。

(二)人均经济水平

考察西部地区的人均地区生产总值可以看出,各区域的人均生产总值都低于全省51768元的平均水平,其中枣庄的人均生产总值相对最高,为45262元;德州、济宁、聊城的人均生产总值处于中间位置,在35000元和40000元之间;临沂和菏泽两市最低,前者略低于30000元、后者仅略高于20000元。

泰安宁阳和东平两县的人均地区生产总值分别为3.7万元和3.4万元。从省17地市的比较来看，西部地区各个区域人均经济水平明显处于后端位次。

就城镇和农村居民人均收入指标来讲，西部地区与全省平均水平的差别相对于人均生产总值水平来讲较小。首先来看城镇居民人均收入情况，临沂的略大于全省平均；济宁、枣庄、聊城、德州略低于全省平均；而菏泽则最低，不足20000元。对于农村居民人均收入情况，济宁、枣庄、德州的皆高于全省平均，临沂、聊城和菏泽的低于全省平均。泰安宁阳和东平两县的城镇居民人均可支配收入分别为21091元和18014元，低于全省平均水平；农村居民人均纯收入分别为8432元和9496元，前者低于全省平均水平、后者高于全省平均水平。

综合以上可以看出，西部地区人均经济水平与全省其他地区相比较，在人均生产总值上差距较大，但在部分区域的城镇居民收入尤其是农村居民收入则并非处于劣势。可以说，全省其他发达地区的居民收入相对于经济增长相对滞后。西部地区在今后的跨越发展中需要引以为戒，解决好经济增长与居民收入增长的同步性问题。

表2　2012年西部地区人均经济指标情况

单位：元

	全省	枣庄	济宁	临沂	德州	聊城	菏泽
人均地区生产总值	51768	45262 (11)	39165 (14)	29808 (16)	39710 (13)	36573 (15)	21461 (17)
城镇居民人均可支配收入	25755	22960	25454	27624	22440	23685	19140
农村居民人均纯收入	9446	9606	10002	9149	9602	8872	8187

说明：括号内数字为全省17地市排序的位次。
资料来源：《山东统计年鉴（2013）》。

（三）投资规模和结构

2012年，西部地区各区域的固定资产投资增速快于全省平均水平。枣庄固定资产投资突破1000亿元，达到1044.62亿元，比2011年增长22.7%；济宁固定资产投资1854亿元，同比增长21.5%；临沂固定资产投资2016.7亿元，比上年增长22.7%；德州固定资产投资1401.62亿元，比上年增长23.4%；聊城固定资产投资1260.74亿元，比上年增长22.0%；菏泽固定资产投资687.11亿元，比上年增长23.5%；泰安宁阳固定资产投资238.5亿元，比上年增长22.8%；东平固定资产投资167亿元，比上年增长22%。各地市投资增长速度皆高于全省20.2%的平均值。

就固定资产投资结构来讲，2012年，枣庄第一产业投资12.1亿元，比上年增长34.9%；第二产业投资509.1亿元，比上年增长14.2%；第三产业投资523.4亿元，比上年增长34.0%，占全部固定资产投资比重首次超过1/2。济宁第一产业投资49.0亿元，比上年增长32.1%；第二产业投资883.2亿元，比上年增长20.8%；第三产业投资877.6亿元，比上年增长24.3%。临沂第一产业投资24.5亿元，比上年增长20.4%；第二产业投资1071.2亿元，比上年增长20.5%；第三产业投资920.9亿元，比上年增长25.4%。德州第一产业投资21.07亿元，比上年下降16.6%；第二产业投资725.45亿元，比上年增长29.6%；第三产业投资655.10亿元，比上年增长30.4%，高于全市投资平均增幅7.0个百分点。聊城三次产业投资结构由上年的1.9∶71.2∶26.9调整为2.0∶68.5∶29.5，其中，工业投资839.04亿元，比上年增长16.8%；第三产业投资371.91亿元，比上年增长32.7%。菏泽第一产业投资1.92亿元，比上年下降47.9%；第二产业投资341.27亿元，比上年增长24.4%；第三产业投资343.91亿元，比上年增长23.6%。泰安的宁阳县三次产业分别完成投资11.5亿元、143.9亿元和83.1亿元，第三产业投资比例达到34.8%，比上年提高0.85个百分点。泰安的东平县第一产业完成投资7亿元，比上年增长20.7%；第二产业完成投资95.1亿元，比上年增长31.2%；第三产业完成投资68.8亿元，比上年增长12.1%，可以看出泰安两县域投资仍是以工业为主。

综合来讲，西部各地的第三产业投资增速相对较快、所占比重加大，而第二产业投资增速相对放缓、所占比重下降，其中枣庄、菏泽等地的第三产业投资比重超过了第二产业投资比重。

（四）产业结构水平

西部地区的粮食总产量、规模以上工业主营业务收入、服务业增加值分别占全省的56.3%、29.6%、26.2%。2012年,西部地区产业结构比例为11.1∶53.1∶35.8,与全省平均数8.6∶51.4∶40.0相比较,西部地区总体产业结构低于全省平均水平。

西部地区各城市的产业结构与全省平均比较也大都处于偏低水平。就第一产业比重来讲,西部地区大都高于全省平均数8.6%,其中济宁、德州、聊城、菏泽超过10%。就第二产业比重来讲,枣庄、聊城、菏泽、德州、济宁高于全省平均数51.4%,临沂低于全省平均数。就第三产业比重来讲,全省平均数为40%,枣庄、济宁、德州、聊城、菏泽低于全省平均数4~8个百分点,临沂稍高于全省平均数。另外泰安的宁阳县三次产业结构为15.94∶46.63∶37.43,第一产业比重相对较大。因此,从全省产业结构优化升级的层面来看,西部各地的产业结构调整情况将对全省提升具有重要影响。

表3　2012年西部地区产业结构情况

单位:%

	全省	枣庄	济宁	临沂	德州	聊城	菏泽
第一产业比重	8.6	7.8	11.6	9.7	10.9	12.0	13.5
第二产业比重	51.4	58.2	52.5	48.5	54.2	55.3	54.5
第三产业比重	40.0	34.0	35.9	41.8	34.9	32.7	32.0

资料来源:《山东统计年鉴(2013)》。

(五)产业基础与优势

整体而言,西部地区的农业基础相对雄厚,农副产品产量在全省占的比重较大。具体来讲,西部地区各城市产业各有特色、各具优势。济宁、枣庄、菏泽主要依托资源优势建成煤化工、石油化工产业基地,聊城、德州建成新能源汽车和新能源特色产业基地,临沂成为长江以北最大的商贸物流中心之一。西部地区纳入《中国开发区审核公告目录》管理的各类产业园区或经济园区国家级的有5个、省级的有63个。

枣庄的重点行业拉动作用明显,2012年煤化工、非金属矿物制品、纺织三大行业完成增加值占规模以上工业的22.5%；通用设备制造、电器机械制造、专用设备制造3个行业完成增加值占规模以上工业的16.2%。战略性新兴产业的发展助推产业结构调整，鲁南装备制造园、华润三九工业园、锂电产业园等产业园区顺利推进。服务业发展获得重点突破，文化旅游业发展跨入新的阶段，台儿庄古城核心景区基本建成，国家5A级旅游景区、文化产业试验园区、版权贸易基地创建成功。

济宁拥有煤化工、装备制造、食品制造、能源工业四大千亿元级产业。实施"工业强市"战略，太阳纸业、华勤集团销售收入突破300亿元。加快建设文化强市，支持曲阜文化建设率先突破，尼山圣境、东方文博城等一批项目开始启动，兴隆文化园、水浒文化主题公园等项目加快推进。

临沂推动新型工业、特色农业和现代服务业协调发展，2012年市级六大主导产业产值达到4716.4亿元、增长29.9%，拉动规模以上工业增长19.2个百分点。临沂经济技术开发区被评为全国工程机械产业知名品牌创建示范区、国家级生态工业示范园区。收入过百亿元企业新增3家，达到8家，利税过千万元工业企业新增425家，达到1366家。大力推进商城国际化，全市物流业增加值占生产总值比重保持全省第一。主动对接蓝色经济区和日照钢铁精品基地，建设海洋产业联动发展示范区。

德州重点发展新能源、新材料、新医药、新信息、精密装备、精细化工、精新纺织项目，打造特色产业集群。2012年百家重点培植企业实现主营业务收入1800亿元，占规模以上工业的29%，过百亿元、过50亿元、过30亿元、过10亿元的分别达到2家、11家、19家和40家。

聊城实施工业发展"4455"工程，2012年四大支柱产业实现主营业务收入1690.42亿元，四大战略新兴产业实现主营业务收入202.87亿元，五大民营特色产业实现主营业务收入708.32亿元，50户重点工业企业实现主营业务收入2788.15亿元。

菏泽的主要工业产业有煤炭开采和洗选业、化学原料及化学制品制造业、纺织服装服饰业、医药制造业等。2012年，主营业务收入过10亿元的企业达到40家，过百亿元的4家，东明石化、玉皇化工跻身中国企业500强。服务业方面的商贸物流和旅游产业发展较快。菏泽义乌商品城、单县万隆国际批发城等开始运营。在文化旅游方面，菏泽被命名为"中国牡丹之都"，曹州牡丹园创建为国家4A级旅游景区。

泰安宁阳县的六大主导产业增势良好，煤炭开采和洗选业、农副食品加工业、纺织业、化学原料及化学制品制造业、非金属矿物制品业和通用设备制造业主营业务收入获得了快速增长。泰安东平县加快矿产开发，山钢集团彭集铁矿、盛鑫铁矿等项目建设获得重点推进，生物医药产业、空调产业等新兴产业加快建设。东平水浒文化产业园被列为国家级文化产业示范基地，被评为2012品牌山东县域旅游十强，东平湖景区被评为2012好客山东十佳景区。

（六）发展趋势和潜力

加快西部隆起带建设是山东促进区域协调发展、增创发展新优势的重要举措。西部各地区的资源丰富，区位优势明显，发展前景好，西部经济隆起带发展规划为各地科学发展、加快发展进一步指明了方向。西部各地可以统筹处理好自身发展与融入大区域战略的关系，更加注重内部各地的相互融合，主动在基础设施建设、产业项目布局、城乡统筹发展等方面搞好衔接；统筹处理好融入西部经济隆起带与对接全省其他战略的关系，主动承接东部产业转移和省会城市群的辐射带动，为全省形成优势互补、东中西联动、错位发展、共同崛起的发展格局发挥各自作用。

西部各地传统优势产业及新兴产业正在加快集群化发展，诸多优质项目、企业、产业园区正快速成长。例如，聊城市打造7个千亿元产业园，每个县都培育一个以上过百亿元的大型企业；菏泽市规划建设了8个主营业务收入过1000亿元、6个过500亿元的产业园区；济宁加快资源型城市转型升级，做大做强非煤产业，在文化产业、文化事业、文化体制改革等方面强力推动，争取突破；枣庄发挥区位交通优势、产业转型优势、园区发展优势和生态条件优势，倾力打造西部经济隆起带转型升级高地；德州借助25个重点特色镇列入西部经济隆起带发展规划，加快镇域经济隆起，借助8个现代服务业项目入选西部经济隆起带重点项目推动服务业大发展；临沂加快"商、文、旅"一体化发展，打造全国最大的现代专业市场集群和国际商品集散中心，做响做大沂蒙红色旅游品牌市场,建设现代商贸集聚示范区和"中国商贸名城"。西部地区的资源优势、市场潜力正转化为产业优势、发展优势。

西部经济隆起带各区域面临的转型和发展任务很重,区域战略性政策扶持的倾斜有利于加大区域融合力度,促进形成各地的合作发展机制,引导和支持各地基于自身的地理文化禀赋走特色发展道路,构筑欧亚大陆桥东部新的经济增长极和城镇带。通过竞合发展,西部经济隆起带可以在鲁西和鲁南经济区域形成中心型城市和城镇化高地,成为全省新的增长极和增长带。

二 西部经济隆起带发展面临的机遇与挑战

(一)西部经济隆起带发展面临的机遇

1. 区位优势较为明显

西部经济隆起带范围内人口数量多、土地面积广,煤炭、矿产等资源丰富,西部地区位于山东西南部,地处山东内陆,与江苏、河南、安徽、河北4省11市接壤,南与长三角城市群相连,北与京津冀城市群相接,东接山东半岛城市群,西连中原城市群,是山东与华东、华北和我国中西部地区联结的重要门户。区域范围内铁路、公路交错发达,京沪高铁、京九铁路等已有线路运输能力不断提高,京沪高速公路、日兰高速、德商高速公路,京杭运河等贯穿其中,公路通车里程达到11.4万公里,高速公路通车里程达到1774.2公里,济宁港总通过能力超过3000万吨,区域范围内有临沂机场和济宁机场,济宁机场开通了北京、上海、广州等10多条航线。铁路、公路、河运、航空相衔接的综合立体交通运输网络基本形成。西部经济隆起带区域交通优势明显,是全国交通、信息大通道的重要枢纽,地理位置优越,发展空间广阔,有利于形成合作联动的战略发展格局,为经济要素的空间联系和流动提供了条件,为发挥经济集聚与扩散效应提供了物质基础。

2. 资源丰富,土地面积广阔

西部地区土地面积广阔,所辖区域范围较广,面积67179平方公里,人口4481万,分别占全省的42.8%和46.5%,人口众多,劳动力资源充裕,劳动力成本低于山东省东部地区。① 西部经济隆起带区域内矿产资源丰富，煤炭储量占全省80%以上，是全国13个亿吨级大型煤炭能源基地之一。水资源相对丰富，南水北调工程贯穿南北，京杭大运河济宁、枣庄段已经通航。有许多重要的湖泊如微山湖、东平湖等，是水系汇集的区域，水资源总量占全省47.9%，是全省水资源调配能力较强的地区。西部地区是中华文明和儒家文化的重要发源地，区域范围内的曲阜、邹城分别是孔子、孟子的故里。有全国著名的红色旅游胜地沂蒙山，水浒文化的发源地梁山。拥有孔孟文化、运河文化、水浒文化、红色文化等多种文化资源，文化旅游资源优势明显，旅游资源开发潜力巨大。

3. 农业基础地位稳固，二、三产业发展初具规模

西部地区是山东省重要的传统粮食产区和农牧业产区，农业资源优势突出。2012年粮食总产3014万吨，占全省56.3%；有济宁、菏泽、德州3个国家级大型商品粮生产基地和47个国家新增千亿斤粮食产能建设任务县及后备县。肉类、油料、淡水产品、蔬菜产量在全省均占较大比重。二、三产业的发展具备一定规模，2013年1~9月西部六市规模以上工业主营业务收入27999.9亿元，占全省的28.87%；规模以上工业利润总额1789亿元，占全省的29.7%。枣庄、菏泽、济宁依托煤炭资源，建成了煤化工、石油化工基地，聊城、济宁和枣庄的工程机械、专用汽车、有色金属、精密机床、纺织新材料、生物技术等具备一定的优势。聊城市依托龙头企业建成新能源汽车产业基地和有色金属生产及深加工基地。临沂地区商贸物流较为发达，成为长江以北最大的商贸物流中心之一。

4. 区域协调战略迭出，区域发展态势良好

"十五"时期以来，山东省始终注重推进区域经济结构与布局的合理优化，形成整体发展优势，提升区域综合竞争力。"十一五"期间，山东深入实施"一个龙头、三个突破、东西联动、城乡统筹、促强扶弱、协调发展"的区域发展战略，带动了西部地区的发展。2009年11月和2011年1月，"黄河三角洲高效生态经济区"和"山东半岛蓝色经济区"上升为国家战略，为山

---

① 山东省人民政府：《西部经济隆起带发展规划》，2013年8月。

东半岛和黄河三角洲地区经济社会发展带来巨大机遇。同时,省委、省政府一直把推进山东西部发展作为一个大战略进行深入思考,并采取了支持菏泽打造科学发展高地等一系列措施,取得初步成效。为进一步促进西部地区发展,打造山东发展新优势,山东省政府于2013年8月印发了《西部经济隆起带发展规划》,提出了建设四大发展高地,构筑三条发展主轴,建设具有较强区域竞争力的经济隆起带的目标等。在各项政策的鼓舞下,西部各市加快转变发展方式,推动科学跨越发展的热情高涨。目前,西部区域经济社会加速发展,多数市主要经济指标发展速度高于全省平均水平,经济发展态势良好,为今后发展奠定了基础。

(二)西部经济隆起带存在的问题与挑战

1. 经济基础与综合实力仍然较弱

改革开放30多年来,西部经济社会发展取得了重大成就,人民生活水平有了很大提高。但是中西部地区发展水平还相对较低,在全省处于欠发达水平。2013年前三季度全省公共财政预算收入总计为3293.04亿元,西部地区的济宁、临沂、菏泽、德州、聊城、枣庄则分别为234.55亿元、165.87亿元、118.34亿元、112.94亿元、101.69亿元、97.55亿元,在全省17地市排名中分别排名第5、7、11、13、14、15位,六市公共预算财政收入总量占全省的23.9%。2013年前三季度全省规模以上工业主营业务收入总量为96993.92亿元,西部地区各地市则分别为:德州5436.92亿元、聊城5817.45亿元、济宁3943.83亿元、枣庄2670.33亿元、临沂6188.82亿元、菏泽3942.55亿元,六市规模以上工业主营业务收入占全省的28.87%。2013年1~9月全省城镇居民人均可支配收入和农民人均纯收入分别为20780元和10372元,西部地区的枣庄、临沂城镇居民人均可支配收入和农民人均纯收入则分别为19412元、9715元,22739元、10004元,与全省平均水平相比相对较低。"山东省的省级贫困村和贫困人口,大部分集中在西部,分别占全省贫困村和贫困人口总数的77%和73%。"[1]

---

[1] 姜异康:《关于建设山东西部经济隆起带的调研报告》,《光明日报》2013年9月16日。

表4 山东省各地市2013年1~9月公共财政预算收入及排名情况

公共财政预算收入	绝对量（亿元）	增长速度（%）	预算收入排名
青岛市	587.77	16.8	1
济南市	358.04	13.3	2
烟台市	325.95	14.7	3
潍坊市	296.41	13.7	4
济宁市	234.55	13.1	5
淄博市	208.71	6.1	6
临沂市	165.87	14.7	7
威海市	156.27	14.3	8
泰安市	150.64	1.5	9
东营市	142.33	10.7	10
菏泽市	118.34	5.5	11
滨州市	117.78	1.2	12
德州市	112.94	19.4	13
聊城市	101.69	19.1	14
枣庄市	97.55	2.0	15
日照市	78.20	12.2	16
莱芜市	40.00	2.3	17

资料来源：山东统计信息网。

2. 资源型产业比重较高，产业层次较低

与山东省东部地区相比，西部地区农业规模化程度不高，农业产业化、现代化水平仍然较低；产业层次低与产业结构雷同并存。西部地区的优势产业主要集中在煤炭、石油、天然气、铁矿以及石灰石、石膏等产业资源上，资源型、高耗能产业比重较高。产业链条不长，产业发展存在趋同现象，产业集约、集聚发展水平不高。大企业、大项目相对缺乏。服务业占比较低，现代服务业发展相对滞后。自主创新能力较弱，社会事业发展相对滞后。

西部地区由于地处内陆，外向型经济不够发达。2013年前三季度，西部地区的临沂、聊城、济宁、德州、菏泽、枣庄六市的进出口总额在全省排名情

况分别是第9、11、12、13、14、17位,西部地区进出口总额最高的临沂市仅占青岛市进出口总额的12%。西部地区六市的进出口总额208.33亿美元,仅占全省的10.8%。西部地区对外贸易欠发达,外贸依存度偏低,与山东省东部地区的青岛、烟台、威海等地差距较大。

表5　2013年前三季度山东省17地市进出口总额及排名情况

	进出口总额绝对量(亿美元)	增长速度(%)	进出口总额排名情况
济南市	71.85	3.2	7
青岛市	562.21	2.4	1
淄博市	67.13	-8.6	8
枣庄市	9.39	10.9	17
东营市	94.61	3.1	6
烟台市	322.39	0.8	2
潍坊市	121.22	7.3	5
济宁市	39.04	-1.0	12
泰安市	17.88	11.6	15
威海市	130.21	0.4	4
日照市	242.84	28.9	3
莱芜市	17.78	10.2	16
临沂市	66.63	14.4	9
德州市	25.81	24.4	13
聊城市	46.21	10.3	11
滨州市	64.36	43.2	10
菏泽市	21.25	-14	14

资料来源:山东统计信息网。

3. 环境污染较为严重,资源环境约束趋紧

由于西部地区传统的矿产资源型产业占比较高,煤矿、有色金属等传统型的高耗能、高污染、低层次、粗放式的企业相对较多,在带动地方经济发展、支撑财政的同时也带来了西部地区很大的资源和环境压力,济宁、枣庄、菏泽、聊城等市由于长期依赖煤炭等资源发展经济,造成资源几近枯竭,而且长期的粗放加工的产业发展形态,导致生态环境恶化。2012、2013年全省空气污染较重的地区主要分布在鲁西地区如济宁、德州、菏泽等。西部地区的城市生活环境和生态面貌与山东省东部地区差距较大。虽然西部地区是连接长三角、京津冀的重要门户，但其铁路、公路、航空等交通基础设施硬件条件还无法与经济快速发展中迅速成长的交通物流需求相适应，基础设施建设水平还有待提高。城市绿化、城市环境面貌有待改善。

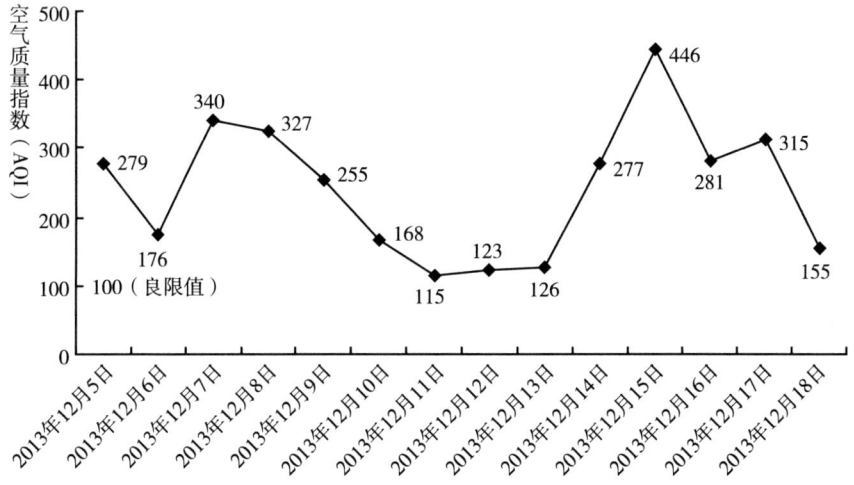

图1　2013年12月5~18日菏泽空气质量指数趋势

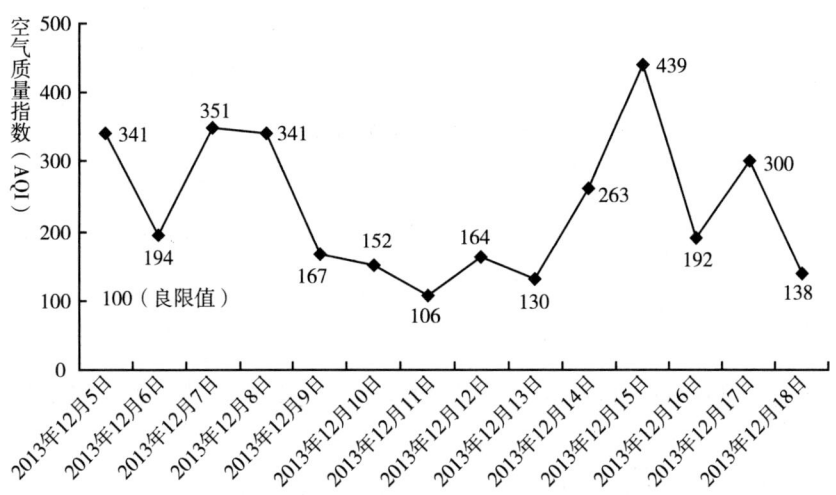

图2　2013年12月5~18日济宁空气质量指数趋势

4. 政策机制相对滞后

一是缺乏区域统筹发展的协调机制。由于西部地区受行政区划和各市政策差异影响，西部各市在招商引资、经济园区建设方面都存在过度竞争，不利于产业规模集聚，原材料、劳动力、土地、资金等尚未形成统一市场；区域统筹、协调发展的工作机制有待健全。二是营商环境有待改善。与山东省东部地区相比，西部地区缺乏大企业、大项目，民营经济具备良好的发展空间，而目前在民营经济发展过程中还存在创业门槛高，创业难的现象，金融体制、财税政策、行政管理体制等领域还存在不少制约市场主体活力的因素。三是环境保护机制有待进一步完善。由于环境保护政策在调整环境与经济利益关系的作用方面较为有限，西部地区的高耗能、高污染企业占的比重较大，部分地方不惜以牺牲环境为代价换取经济发展，缺乏对污染企业的有效监督和制约，导致环境污染较为严重。四是人才政策有待改进。人才是西部经济隆起带发展的保障，而受制于自身经济发展水平、人事制度、人才政策等方面的因素，西部地区对人才尤其是高层次人才和紧缺专业人才的吸引力不强，缺乏创新、创业人才，甚至本地的人才也"孔雀东南飞"。

5. 区域竞争压力加大

西部经济隆起带范围内缺乏辐射带动能力强、能带动地区经济增长的经济增长极，西部六市中临沂、济宁的经济总量相对较大，但是与先进地区相比差距还比较大，缺乏大的企业、大的城市综合体，产业集聚水平不高，对周边地区的辐射带动效应不明显。而目前西部地区的周边区域快速发展，竞争压力加大，区域竞争的态势十分明显。北边的京津冀城市群发展迅速；南边江苏地区围绕"加快苏北振兴"的目标在产业、财政、科技、劳动力等方面不断出台措施支持苏南、苏北挂钩，苏北地区发展势头迅猛，2013年1～9月徐州市的GDP达到2915.39亿元，增速达到13.3%；东边的半岛城市群具有先发经济优势，在蓝色经济区战略背景下发展优势进一步显现；西边的中原城市群发展态势良好。西部地区的周边区域发展势头强劲，如果西部地区再不加快发展、奋起直追，与周边地区的发展差距将进一步拉大，甚至被边缘化。

三 加快西部经济隆起带发展的战略思路和保障措施

(一) 加快西部经济隆起带发展的战略思路

1. 实施重点区域突破战略,积极培育西部经济隆起带增长极

西部经济隆起带属于山东省后发地区,区域内的枣庄、济宁、临沂、菏泽、聊城、德州六市以及宁阳、东平两县的发展差距并不大,区域内缺少特大中心城市和具有较强带动能力的增长极。实施重点区域突破战略,在西部经济隆起带培育经济增长极是后发地区在短期内实现经济跨越发展的战略选择,是贯彻落实西部经济隆起带发展规划的具体体现,对于加快西部经济隆起带发展具有重要的战略意义和重大的现实意义。培育西部经济隆起带增长极要重点做好以下几项工作:一是重点培育市级增长极,选取确定1~2个核心城市,如临沂、济宁等,作为市级增长极进行重点培育。通过行政区划调整,优化城市空间布局,扩大城市规模。通过推进城市主导产业升级改造,增强城市的辐射带动能力。通过与周边区域联动发展,形成城市群或城镇带。二是大力培育县级增长极,在每个市内选取县域经济较为发达的县城1~2个,作为县级增长极进行重点培育。县域增长极的发展重点是扩大规模、提升质量,成为具有较强影响力和竞争力的区域中等城市。三是积极培育镇级增长点,以百强示范镇建设为契机,立足资源优势,突出产业特色,积极培育一批经济实力强、人口规模大、生态环境好、基础设施较为完善的镇级增长点。总之,实施重点区域突破战略,积极培育增长极,就是在西部经济隆起带形成若干不同层级、不同规模、各具特色、富有活力的经济增长点,以点带面,形成合力,共同推动西部经济隆起带快速发展。

2. 实施新型城镇化战略,大力提升西部经济隆起带城镇化发展水平和质量

2012年西部经济隆起带的城镇化率仅有45.5%,比山东省平均水平低6.9个百分点,比全国平均水平低7.1个百分点。山东省城镇化发展报告的统计显示,2012年西部经济隆起带的枣庄、济宁、临沂、菏泽、聊城、德州六市以及宁阳、东平两县的城镇化质量指数分别为47.29%、48.29%、46.45%、

40.38%、43.67%、49.33%和51.55%、56.61%，均低于全省64.51%的平均水平。西部经济隆起带无论是城镇化水平还是城镇化质量都低于全省平均水平，在"两区一圈一带"新的区域板块中也是最低的。因此，实施新型城镇化战略，努力提升城镇化发展水平和质量，对于西部经济隆起带显得尤为重要和迫切。为此，西部经济隆起带要重点做好以下几项工作：一是优化城镇空间布局，加快构建城市群和都市连绵区，提升中心城市的竞争力和辐射带动能力。目前，西部经济隆起带还没有区域特大城市，区域中心城市普遍规模偏小，应尽快构建一小时都市圈，促进县城与中心城区同城发展，促进县城融入中心城区，形成城市群和都市连绵区。二是大力发展城镇产业，尤其是城镇服务业，吸引农村人口向城镇转移，推进农村人口就地就近城镇化。三是积极推进农业转移人口市民化，妥善解决进城农民工的社会保障问题，增强城镇综合承载能力，改善城镇人居环境，大力提升城镇发展质量。四是加快推进农村新型社区建设，鼓励和引导农民适当集中居住，逐步推进城镇基本公共服务向农村延伸，逐步形成以中心城市—县城—小城镇—农村社区为基本架构、四位一体的新型城镇等级体系。

3. 实施农业现代化战略，再创西部经济隆起带农业发展新优势

农业是西部经济隆起带的优势产业。鲁西北和鲁西南两大平原是山东省最重要的粮食产区，农业生产特别是粮食生产优势比较突出。加快西部经济隆起带发展要利用好农业这个根本，通过实施农业现代化，再创农业发展的新优势。一是加快调整农业产业结构，形成优势农产品生产区。重点打造鲁西北平原、鲁西南平原和鲁中南山地丘陵三大农产品供给区，在稳定优质"吨粮区"的同时，加快发展蔬菜、水果、畜禽、中药材等特色产业。二是构建新型农业经营体系，推进农业集约化经营。农业规模化经营是农业现代化的根本要求，应通过培育家庭农场、种植大户、农业专业合作组织等新型农业经营主体，加快土地承包权流转，扩大农业经营规模，提高农业经营效益。三是继续壮大农业龙头企业，提高农业产业化水平。大力推行创新战略和品牌战略，打造一批具有完整产业链、较强竞争力和较高知名度的规模化、集团化的农业龙头企业。四是改善农业生产条件，提高农业物资装备水平。农业生产条件的改善是农业发展水平提升的前提和保障，通过加大投入，提高水利化、机械化和科技信息化水平,加快建设高标准基本农田,加快中低产田改造,实现土地经营效益最大化。

4. 实施工业经济升级战略,打造西部经济隆起带工业经济升级版

西部经济隆起带的工业经济初具规模,但这一区域工业结构以能源加工、有色金属加工和机械制造为主,对资源能源的消耗较多,对生态环境的破坏较大,工业经济已成为这一区域加快发展的劣势和短板,因此,必须加快实施工业经济升级战略,打造西部经济隆起带工业经济升级版。一是做好煤炭工业的转型发展。煤炭工业是西部经济隆起带的优势产业和支柱产业,但随着煤炭资源的枯竭,煤炭工业面临重大挑战,积极探寻煤炭产业的接续产业和替代产业,是这一地区工业经济发展的首要任务。二是做好化工工业的升级改造。西部经济隆起带是山东省重要的煤化工、石油化工基地,随着环境约束压力的加大,传统的化工工业必须升级改造。规划建设现代化的化工产业园区,加快推进化工企业技术升级和设备改造,减少对生态环境的破坏和污染是化工产业发展的必由之路。三是做好有色金属加工业的升级改造。有色金属加工属于高耗能高污染行业,发展有色金属加工业,一定要以产业园区为依托,引进先进技术和设备,研发高附加值、高科技含量的产品,严格执行国家的环保政策。四是立足传统基础,大力发展装备制造工业,如工程机械、矿山机械、农林机械、农用车、数控机床、精密铸造等行业。五是立足资源优势,大力发展新材料、新能源、新医药等新兴产业。

5. 实施服务业提升战略,做大做强西部经济隆起带的优势服务业

西部经济隆起带的服务业发展基础较好,如临沂的商贸物流业、济宁和枣庄的文化旅游业等在省内外都是久负盛名,但西部经济隆起带的服务业发展还有很大提升空间,应立足资源优势和产业基础,进一步做大做强优势服务业。一是大力提高文化旅游业的发展水平。西部经济隆起带文化旅游资源丰富,拥有孔孟文化、运河文化、水浒文化、红色文化等多种文化资源,应充分挖掘文化资源优势,发挥文化资源底蕴,大力发展文化产业,积极发展文化事业,大力提升西部经济隆起带发展的文化软实力。西部经济隆起带拥有微山湖、东平湖、京杭大运河、蒙山、峄山等多种旅游资源,应统筹规划,抱团发展,避免恶性竞争,形成精品旅游线路,同时要改善旅游服务质量,提升旅游品牌形象。二是继续做大做强商贸物流业。临沂作为长江以北最大的商贸物流集散地，在省内外已经具有一定的知名度，应充分利用这一优势，加快推进临沂国际商贸城等项目建设，进一步将临沂打造成为在国内外具有较强影响力和较高知名度的商贸物流集散中心。滕州作为县级商贸集散地，2012年的货运总量仅次于浙江义乌，居全国县级第二位。西部经济隆起带具备发展商贸物流业的基础，关键是要引进先进的管理理念，培育壮大商贸物流企业，形成区域发展新优势。

（二）加快西部经济隆起带发展的保障措施

1. 完善基础设施保障

完善基础设施建设是加快西部经济隆起带发展的基础和前提。道路设施方面：一是要完善铁路建设，加快推进山西中南部到山东日照的运煤通道建设，加快推进济南到石家庄的客运专线建设，规划设计西部经济隆起带城际铁路建设，规划设计郑州到日照的高铁专线建设。二是加快推进高速公路和高等级公路建设，推进德州经聊城至菏泽，岚山经枣庄至菏泽等高速公路建设，做好104、105、327等国道的整修与改线工作，做好县城与乡镇之间连接公路的翻修工作，提高农村公路的通行能力。三是恢复内河航运，充分发挥京杭大运河的便利条件，争取早日实现京杭大运河全线通航，提升济宁、聊城等运河港口的建设水平和服务功能，做好运输船只的升级改造工作；严格控制污染物排放，确保南水北调东线水质安全。四是统筹推进机场建设，利用临沂、济宁现有机场的基础，增加班次和直飞地点，打通西部经济隆起带与外部联系的航空通道，规划新建聊城机场、菏泽机场等。水利设施方面：一是加快推进节水灌溉设施建设，做好农田排洪沟渠建设，提高农田的抗旱排涝能力。二是做好农村安全饮水工程建设，将小城镇和农村的供水管网并入城市供水管网，构建城乡一体的供水设施。三是加快大中型水库综合整治和病险水库加固工作，确保库区居民生活生产安全。四是做好河道疏浚和小流域综合治理工作，提高城乡水灾害防御能力。通信设施方面，一是加快推进宽带网、数字网等通信设施向农村延伸，实现城乡全覆盖。二是加快推进"数字城市""智慧城市"建设，提高城市的信息化水平。

2. 强化人才科技保障

人才科技支撑能力不足是西部经济隆起带加快发展面临的一大瓶颈。培养和引进高层次人才，提高科技创新能力是加快西部经济隆起带发展的有效途径和根本举措。

人才方面：一是要注重培养。利用曲阜师范大学、聊城大学、临沂大学、济宁医学院、菏泽学院等高等教育资源，大力培养高层次人才。积极鼓励山东省中东部知名高校到西部经济隆起带设立分校，加速推进齐鲁工业大学在菏泽、青岛理工大学在临沂的校区建设。重视发展职业教育，统筹规划中等职业教育和高等职业教育，引导职业教育资源均衡分布，建设现代职业教育体系，支持德州建设全省职业教育示范发展区，鼓励和引导山东省中东部优势职业教育资源与西部丰富的劳动力资源相结合，支持西部经济隆起带打造职业教育优势品牌，培养更多的高层次专业技术人才。二是加大引进力度。省政府出台优惠政策，鼓励高层次人才和大中专毕业生到西部经济隆起带工作，设立留学人员创业孵化中心和留学人员创业园，吸引更多的海外高层次人才。三是开展东西帮扶。从山东省中东部高等院校、科研院所、企业、园区等选派一批优秀人才到西部帮扶交流，从西部经济隆起带选取一批青年干部到东部发达地区挂职锻炼。定期组织国家"两院院士""千人计划""长江学者""泰山学者"等高层次人才到西部地区开展服务。

科技方面：一是突出企业主导地位，提高企业研发创新能力，引导企业把技术进步作为核心动力，加大研发投入，采用先进工艺，淘汰落后产能。二是积极开展产学研相结合，鼓励高等院校、科研院所与企业开展对接，促进科研成果快速转化为现实生产力。

3. 创新财政金融保障

加快推进西部经济隆起带发展，需要加大财政金融政策扶持力度。

财政政策方面：一是由省财政出资，设立西部经济隆起带发展专项资金，用于支持该区编制发展规划，引进高端人才，发展职业教育，建设基础设施等。二是完善西部经济隆起带县级基本财力保障机制，清理、压减专项转移支付，加大对财政困难县一般性转移支付力度，对因财政体制改革集中的财政困难县收入予以全额返还。三是要创新转移支付制度，进一步完善上下级之间的政府财政转移支付制度，积极探索市、县（市、区）之间的横向转移支付制度。四是增加对粮食主产区和产粮大县的财政补贴力度，取消农业综合开发县级财政配套要求。

金融政策方面：一是设立西部经济隆起带发展投融资平台。二是创新融资模式，研究推出针对西部的集合资金信托、资产证券化、私募股权投资基金等。三是创造宽松的市场准入环境，推进市政公用事业产业化，促进投资主体多元化，采用BOT、TOT等多种方式，积极吸引社会资本全面进入城镇基础设施建设领域和公共服务领域。四是引导和鼓励全国性的商业银行和金融机构在西部经济隆起带地区设立分支机构。

4. 增强土地资源保障

建设用地指标不足无疑是制约西部经济隆起带发展的一大瓶颈。加快推进西部经济隆起带发展需要坚持集约节约的用地原则，挖掘存量土地，提高土地资源的利用效率，增强土地资源的保障能力。一是要利用好城乡建设用地增减挂钩政策，增加城镇建设用地数量。在实施过程中，要因地制宜，分类推进，在尊重农民意愿的前提下，引导和鼓励农民适当集中居住，要确保农民共享土地增值收益，并为农村社区发展预留空间，要确保农民的合法权益不受侵害。二是大力挖掘存量土地，补充城镇建设用地。对于废弃的工矿用地、学校、医院等，要通过购买、租赁、置换的方式，进行重新利用，对于长期闲置的土地，政府要收回，重新进行招拍挂出让，要盘活存量土地，提高土地资源的利用效率。三是要整顿各类开发区和经济园区，严肃处理乱占耕地和违法用地行为，并且要增加单位土地面积的投资强度，提高单位土地面积的产出率。四是省里分配指标时，要充分考虑西部经济隆起带的后发优势，在指标上给予倾斜和照顾，西部地区要争取将重大项目列入国家计划，并积极争取省里的"点供"指标。

典型分析篇

Typical Analysis

B.13
青岛：建设自由贸易港区打造开放型经济升级版

李苏满*

摘　要： 青岛保税港区坚持集约节约发展，不断提高区域经济实力，作为内地开放层次最高、政策最优惠、功能最齐全的特殊经济区域之一，向国际上通行的自由贸易港（园）区转型发展是必然要求。本文在充分阐释青岛建设自由贸易港区的重要意义和优势基础上，提出建设青岛自由贸易港区的初步构想是建设高水平的自由贸易港区，将其打造成为东北亚国际航运枢纽港的核心功能区和我国蓝色经济开放发展的先导区。

关键词： 青岛　自由贸易港区　开放型经济

---

* 李苏满，青岛保税港区管委会。

保税港区是经国务院批准，设立在国家对外开放的口岸港区和与之相连的特定区域内，具有口岸、物流、加工等功能的海关特殊监管区域。作为内地开放层次最高、政策最优惠、功能最齐全的特殊经济区域，其发展方向就是国际上通行的自由贸易园区。在国家深入推进重点区域改革的新形势下，抓住中日韩自由贸易区和山东半岛蓝色经济区建设的有利契机，以青岛保税港区为核心承载区域，建设国际先进自由贸易园区，是我国提高开放型经济发展水平的必然选择。

一 青岛保税港区基本情况

青岛保税港区于2008年9月7日经国务院正式批复设立，规划面积9.72平方公里。青岛保税港区是由保税区、保税物流园区和青岛港整合升级而成，符合国家保税港区战略要求，被称为海关特殊监管区域转型升级发展的"青岛模式"。2013年2月1日，按照"将保税港区的政策优势放大到拓展区全域"的要求，青岛市对青岛保税港区的管理体制进行了调整，将规划面积2平方公里的西海岸出口加工区整建制并入保税港区管理，在王台镇规划约33平方公里的保税功能拓展区，在董家口经济区依托港口规划约20平方公里的保税功能拓展区。调整后，青岛保税港区管辖的海关特殊监管区域总面积为11.72平方公里，保税功能拓展区面积约53平方公里，为向自由贸易园区转型发展奠定了良好的基础。

多年来，在各相关部门的正确领导下，青岛保税港区以科学发展观为指导，坚持集约节约发展，不断提高区域经济实力。

（一）转型发展实现突破

青岛保税港区的前身是成立于1992年的青岛保税区。由于体制、政策等因素制约，至1999年，青岛保税区各项经济指标名列全国15个保税区末位，面临被国家摘牌的境况。1999年后，青岛保税区在较短的时间内实现了跨越式发展，成为全国先进保税区，并率先提出向自由贸易港区转型的发展思路。2004年，成为全国第二家区港联动试点单位，青岛保税物流园区于2005年通过国家验收；2008年9月，顺利获批建设保税港区；2009年9月，一期3.42平方公里通过验收；2010年11月，海关代码实现统一，信息化系统正式启用，一期封关区域全面运营；2011年7月，《山东省青岛前湾保税港区条例》经省人大审议通过，这不仅是我国保税港区第一个地方立法，也是目前除保税区外我国制定出台的第一部海关特殊监管区域法规；2011年年底，二期2.02平方公里通过验收，封关验收总面积达5.44平方公里，前湾港南、北港区实现了互联互通。

（二）功能政策不断创新

青岛保税港区为适应国际市场和企业竞争模式的需要，相继拓展了国际物流、采购配送、保税展示、融资租赁和国际分拨等功能，创新开展各项业务。2012年建成境外烟叶国际采购与分拨中心、国际商品展示交易中心和中国轮胎出口分拨基地。2012年成功获批中国国际酒水进出口贸易产业总部基地和青岛汽车整车进口口岸功能，为山东省和青岛市外贸增长搭建了重要平台。保税港区发挥保税研发功能，培育了优先出锐、青岛软控、依爱电子等高新技术企业，建成两个国家级技术中心；发挥检测检验功能，建成棉花、轮胎、乳胶三个国家级重点实验室和橡胶、塑料两个区域性重点实验室，为我国产品增强国际竞争力发挥了重要作用。

（三）开放质量显著提升

多年来，与40多个国家和地区建立了经贸往来，累计吸引包括38个世界500强在内的近6000家企业入区经营，其中国际贸易业占79%、仓储物流业占8.5%、生产加工业占5%。截至2012年底，累计吸引投资69亿美元，累计实现营业收入283亿元，累计实现外贸进出口总额405亿美元，其中进口292亿美元。2012年全区第三产业实现增加值84.22亿元，占全区GDP的76.16%，服务贸易成为区域发展的主要动力。培育形成了以优先出锐、青岛软控、松下电子、奥科仪器、和美饲料、依爱电子、俪徕化工等为核心的高新技术产业，以珠宝技术研究、刀具刃具设计为重点的创意产业，以马士基、捷丰为龙头的物流产业，和以橡胶、棉花为主体的高端市场，产业结构向"高、

精、尖、特"方向发展。生产性项目用地投资强度为431万元/亩，土地产出率为788万元/亩，单位面积产出率位居全国同类园区前列。

（四）高端市场集群发展

创新"美元挂牌、保税交易"模式，积极构建大宗商品交易定价中心。形成了以橡胶、棉花、矿权交易为龙头，集贵金属、化工品、农产品交易于一体的国际交易市场体系。2012年，各类市场实现交易量2146万吨，交易额460亿元，橡胶市场成为世界第三大天然橡胶交易中心和中国唯一进口橡胶定价中心。

（五）带动效应持续增强

积极实施功能区开发战略，深化辐射带动作用，开发建设了青岛保税港区潍坊科技产业园，并在德州、临沂、诸城、菏泽、邹城、董家口等地建设保税港区功能区；通过项目带动，先后为联动区域引荐项目投资总额超过20亿元；通过信息互动，与山东省内海关特殊监管区域和半岛多数港口建立形式多样的协作关系；通过产业拉动，同淄博、滨州等地开展功能对接，发展保税物流业务取得重大进展，圣元乳业、优先出锐等企业每年为联动区域贡献税收近10亿元。把保税港区功能政策与口岸有效结合，极大地提高了港口竞争力。2012年保税港区完成货物吞吐量12142万吨，同比增长20%；集装箱吞吐量1113万标准箱，同比增长17.28%。吸引20多家国际航运巨头逐步将区域性分拨中心转移到保税港区，促成青岛港与18家国际知名航运公司签订中转协议，有效回拢国内流失到日韩港口的中转箱量。在保税港区政策的促进下青岛港吞吐量完成4.02亿吨，集装箱吞吐量完成1450万标准箱。在全球港口吞吐量明显放缓的"失速"之年，青岛港逆境突围实现了9.5%的增长，稳居全国第五、全球第七大港，与韩国釜山港的差距进一步缩小。

（六）贸易和投资便利化程度不断提高

一方面，在业务流程和运营管理上营造与国际惯例最为接近的便利化环境。不断研究探索，完善政策流程，推动与国际惯例接轨，拓展业务领域，

2011年以来相继开展出口拼箱、启运港退税、监管袋直通、电子封志等业务创新，实现了24小时零等待通关、空运进出境货物一次报关、一次查验、一次放行，为开展国际集装箱中转业务提供便利条件，为青岛港争取东北亚国际航运枢纽地位增添了新优势。另一方面，不断改善区域发展环境，建立企业诚信管理体系，大胆开展管理和服务的流程再造，创新诚信通关、分送集报等服务，不断提高行政和服务效率。

（七）外贸增长平台不断升级

由于土地资源的限制，青岛保税港区外贸可持续发展潜力不足。为了在不利的环境下促进贸易发展，我们积极搭建平台，吸引大项目和大资金促进对外经济发展。2012年3月25日，中国国际酒水进出口贸易产业总部基地获批，打造集酒水进出口贸易、检验检测、仓储分拨、展示交易、文化旅游等于一体的综合性酒水贸易体系，目前，酒水基地项目已进入实质性运作阶段，届时将带动青岛市酒水进出口贸易额大幅增长。做好汽车口岸发展规划和汽车园区总体规划，全力推进整车口岸开发建设各项工作，目前，整车进口业务已经启动，整车及相关零部件进出口业务前景广阔。

（八）发展环境不断提升

树立以企业为本的服务理念，参照国际惯例，以企业自主为核心，建立覆盖企业运作各个方面的诚信管理体系。主动适应跨国公司的需求，转变政府管理职能，努力优化企业的发展环境，在管理体制上，由管委会同海关、检验检疫、税务、工商、外汇、公安等监管部门，对区内事务进行统一组织协调，强化了行政管理合力。在运作方式上，以优化投资环境为抓手，加快改善港口、道路、公共交通等基础设施，强化区域的综合服务功能。同时，高度重视软环境建设，牢固树立"客户就是一切，一切为了客户""特殊区域特殊服务"的理念，推行"一口式管理、一站式服务"，努力为企业解决各种难题，促进企业更快发展。建成全省首个投资无费区、全程代理服务区，在全国保税区第一个通过ISO9001、ISO14001和OHSAS18000三项认证，经过多年实践，服务已成为青岛保税港区的基本理念，园区已经成为企业家投资的乐园。

二 自由贸易港区是我国开放战略的必然选择

自由贸易港区作为经济全球化和区域经济一体化的产物,已成为吸引外国直接投资、促进跨国经济合作与交流的重要平台。目前,全世界设立了600多个自由贸易港区,比较著名的有中国香港、新加坡、德国汉堡、荷兰鹿特丹等。随着我国对外开放广度和深度的不断拓展,选择合适地区设立自由贸易港区,已成为开放经济发展的必然选择。

(一)自由贸易园(港)区的内涵特点与发展趋势

1973年,世界海关组织(WCO)签订了第一个涉及自由贸易园区(free trade zone)的国际规范《京都公约》(《关于简化和协调海关业务制度的国际公约》),将自由贸易园区定义为"缔约方境内的一部分,进入这一部分的任何货物,就进口税费而言,通常视为在关境之外"。而世界贸易组织(WTO)框架下的自由贸易区(Free Trade Area)是指两个或两个以上独立关税领土区间相互取消关税或其他贸易限制而结成的集团。在发展过程中,自由贸易园(港)区呈现出以下几个特点:一是封闭隔离,面积基本在十几平方公里以内;二是境内关外,监管特点是一线放开,二线管住,区内自由,除特殊情况外海关不实施惯常的监管制度;三是充分自由,包括贸易自由、投资自由、运输自由、金融自由、人员进出自由等;四是政策优惠,包括减免各项税费、放宽投资和信贷政策、土地水电气等价格优惠;五是港区结合,一般设立在吞吐量较大的海港地区,如汉堡港、纽约港、鹿特丹港、釜山港等。

从设立之日起,世界自由贸易园区快速发展,已经成为推动全球国际贸易自由化和投资便利化的重要平台,发展趋势有以下几个方面:一是数量持续增加。1983年年底美国有自由贸易区92个,到1994年年底增至199个,2001年年底增至256个,遍及美国各港口城市。世界发展中国家的自由贸易区从20世纪80年代的40多个增长到2001年的775个,目前,世界上有135个国家和地区共设立了3000多个各种类型的自由贸易园区。二是影响逐渐扩展,定位逐渐提高。从开始时的以吸引国际投资为主发展到以服务贸易为主要功能的具有辐射带动作用的区域。三是功能趋向综合。转口贸易、出口加工、检测维修、国际物流、国际采购与分拨、国际展示等都成为自由贸易园区的综合功能。四是管理不断加强。对自由区的管理和支持力度加大，各国之间逐渐趋向规范化运作，海关的监管也开始以电子围网取代物理围网。

（二）我国海关特殊监管区域的发展历程及转型方向

1990年借鉴国际通行做法，我国建立了第一个海关特殊监管区域——上海外高桥保税区。20多年来，我国先后设立了保税区、保税港区等六大类102个海关特殊监管区域。2012年，全国各类海关特殊监管区域共实现进出口6068亿美元，占同年我国进出口总值的15.7%，成为我国对外开放的重要平台。然而在取得可喜成绩的同时，也暴露出了一些问题，例如这些区域条件不一、政策各异，在监管理念和开放程度方面与国际通行惯例存在不小差距等。随着我国加入WTO，与国际接轨的呼声越来越高，保税区等海关特殊监管区域的转型问题被提上日程。2002年，时任全国人大常委会副委员长成思危牵头组织对保税区的转型问题进行专题研究。2003年，在青岛召开的全国保税区发展高层论坛上形成了"区港联动—保税港区—自由贸易港区"的"三步走"发展思路。目前，全国范围内已经布局了14个保税港区，我国的海关特殊监管区域按照国家"功能整合、政策叠加"的要求，正努力向"三步走"转型发展思路的最终目标——自由贸易港区迈进。

（三）中国保税港区与国际通行自由贸易港区的差距

国际上通称的自由贸易园区和自由贸易港区从本质上讲，同属一种特殊经济区域，是一国境内实行贸易自由、投资自由、金融自由和运输自由的具有"境内关外"特点的区域。我国的保税港区往往具有设置于港口之内或紧邻港口的区位优势，故通常将转型发展方向称为"自由贸易港区"。我国的保税港区具备自由贸易港区的一般特点，例如在临近港口的特定区域进行封闭隔离，实行特殊的海关监管政策，在贸易、投资、金融等领域为经营者提供便利等，但与国际通行惯例相比，它还不是完全意义上的自由贸易港区。

首先，不能做到"境内关外"。所谓"境内关外"，即"一线"（国境线）放开，"二线"（国境线与已有贸易区的连接线）管住，货物等由国外进入自由贸易港区，被视为在关境之外，免于实施惯常的海关监管。而中国的保税港区目前属于"境内关内"，一线（国境线）并未完全放开，管制措施较紧。"境内关内"的海关特殊监管区与免于海关通常监管的"境内关外"的国际通行自由贸易港区，是我国保税港区与国际通行惯例的本质差别。其次，区内经济自由化程度低。经济自由化可以简单地总结为政府的政策、法规、制度对市场配置资源影响的最小化。自由贸易港区在贸易、投资、运输、金融等方面充分自由，而我国的保税港区在这些方面限制较多，监管复杂，区内自由化程度仍然较低。再次，立法保障有差距。国外自由贸易港区一般由国家统一立法设立并管理，而我国保税港区的现行管理以海关总署为主，实际运作中存在政策缺乏衔接且不稳定等问题。这些差距和问题，不仅直接影响保税港区自身的运行效率和抗风险能力，也制约着保税港区服务母城和带动地方经济发展作用的发挥。

（四）设立自由贸易港区对提升开放水平具有重要意义

自由贸易港区的目标是为提高本地区的国际贸易自由化、投资自由化、金融自由化、运输自由化程度创造条件，以消除货物、资金、人员等要素的流动障碍，提高资源的配置效率。自由贸易港区的设立有利于解决海关特殊监管区域功能交叉、开放程度低等问题，推进我国各类园区整合与转型发展；有利于延伸和优化供应链，带动港口腹地发展；有利于营造高效便捷的服务环境，为我国建立国际一流的国际航运中心和国际物流中心创造条件；有利于承接跨国公司产业转移，提升中国的对外开放水平；有利于为我国企业和地区参与国际竞争提供便利，提升我国的国际竞争力，在地区经济发展中发挥重要作用。设立自由贸易港区已成为我国开放战略的必然选择。从发展趋势上看，保税港区只是我国发展自由贸易港区的过渡性安排，其今后发展的目标是国际通行的自由贸易港区，改革的重点是叠加功能政策，管理上充分便利，政策上充分自由，推动其向综合化、便利化、国际化的模式加快转型发展。

三 建设青岛自由贸易港区的重要意义

（一）有利于提升我国海洋经济发展水平

海洋经济事关我国能源资源供给、海上运输和国土安全，具有重要的战略意义。山东半岛蓝色经济区拥有我国1/6的大陆海岸线，是我国大力发展海洋经济的试点区域。青岛作为这一战略区域的龙头城市，在集聚海洋经济要素、贯通国际国内市场、整合海洋经济政策等方面具有举足轻重的作用。建立青岛自由贸易港区有利于搭建以开放促进海洋经济发展的重要政策载体和创新平台，进一步放大山东半岛在海洋科研教育、海洋开发利用、海洋产业体系建立等方面的优势，大力促进海洋强国战略的实施，为我国海洋经济发展发挥示范和带头作用。

（二）有利于中日韩自由贸易区国家战略的推进

当前，全球经济格局发生重大变化，TPP、TTIP相继启动对我国自贸区战略升级形成巨大压力，加快我国参与的RCEP和中（日）韩东亚合作机制建设进程是主动应对挑战的根本之策。山东是日韩两国在中国的重要经贸合作伙伴，是韩国在华投资最多的省份。2012年，山东与日本的进出口贸易总额实现243亿美元，与韩国的进出口总额达到283亿美元。青岛与日、韩地缘相近，产业协作紧密，贸易往来频繁，经济合作基础牢固，按照高水平自贸区的自由化标准进行先行先试，为中日韩自贸区谈判提供必要的经验和实际案例，这将有助于通过中日韩自贸区的突破，加快我国力推的东亚经济一体化进程。另外，青岛具备与德国的产业合作优势，由两国政府主导的中德生态园前景广阔，对我国与其他国家的经济合作具有重要示范意义。

（三）有利于增强我国在东北亚地区的国际航运核心竞争力

在经济全球化迅速发展、跨境产业分工日趋扩大的背景下，作为全球制造业中心的东北亚地区汇集了巨大的航运需求，区域各国之间枢纽港地位之争异常激烈。长期以来,我国大量集装箱境外中转,2012年青岛港集装箱吞吐量1450万标准箱,中转箱量仅占14%;韩国釜山港吞吐量1703万标准箱,中转箱量比例高达50%,其中80%以上来自我国北方地区,致使我国港口沦为日韩港口的喂给港,造成我国航运市场机会和利益的大量流失。青岛在环渤海区域具有自然条件优、国际航线多、离国际主航道近、政策基础好、集装箱吞吐量与中转箱量大等独特的比较优势,若能联合同处环渤海的天津港,共同营造有利于国际中转和航运相关产业发展的自由贸易政策环境,健全现代航运服务体系,将带动周边港口抢抓更多国际航运与经济发展新机遇。

(四)有利于提升沿黄腹地等广阔内陆区域的开放型经济水平

长期以来,青岛港作为我国北方地区的主要出海口和物流大通道之一,在带动沿黄及其他内陆地区国际贸易发展方面发挥了无以替代的作用。2012年,沿黄九省区实现GDP 16万亿元,占我国经济总量的近1/3,构成了青岛对外开放的广阔经济腹地;青岛口岸实现外贸进出口总额1489亿美元,港口吞吐量突破4亿吨,是沿黄流域及其他内陆地区扩大开放的重要载体和平台。建设青岛自由贸易港区,可进一步打开内陆地区大进大出、快进快出的物流通道,将沿黄腹地和内陆地区对外开放推向新的前沿。

(五)有利于促进海关特殊监管区域转型升级

经过多年的探索发展,各类特殊区域在引进外资、承接国际产业转移、促进外贸增长等方面做出了积极贡献。但随着国际国内形势的不断变化,特殊区域类型偏多、功能单一、政策弱化、发展空间受限等制度瓶颈和政策障碍日渐凸显。十八届三中全会提出,加快海关特殊监管区域整合优化。目前,山东省共有各类海关特殊监管区域7家,门类全、数量多,整合升级需求迫切。青岛自由贸易港区可通过功能的提升、政策的突破、监管的创新,带动全省海关特殊监管区域转型升级,为全国海关特殊监管区域整合优化做示范,从而最大限度地释放"开放红利",形成开放型经济新的制高点。

（六）有利于促进我国文化产业国际交流

十八届三中全会提出，推动文化体制机制创新。山东是文化大省，齐鲁文化源远流长，孔孟思想影响深远；青岛是"音乐之岛""品牌之都""影视之城"，有着丰富的文化资源、深厚的文化底蕴和独具魅力的文化特色。青岛自由贸易港区可以在推进文化体制创新方面先行先试，从而进一步推动中国文化企业和文化产品"造船出海"，加快齐鲁文化率先"走出去"；可以促进高端国际文化贸易，建设面向世界、服务全国的国际化综合性文化市场；可以推动国际国内两种文化资源融合，建立与蓝色经济相应相随、互促互动的开放文化体系，打造具有国际竞争力的文化特区，为提高文化开放水平增创优势。

四　青岛建设自由贸易港区的优势

（一）区位优势突出

青岛位于亚欧大陆和太平洋的海陆交接地带，地处沿黄经济带、环渤海经济圈和东北亚地区的交汇点，是我国沿黄流域最大的出海口。青岛腹地广阔，陆向腹地覆盖华北、西北、东北等地区，并通过丝绸之路经济带辐射到东亚、西亚、东欧等地，海向腹地辐射到东北亚以及东南亚各国。

（二）港口条件优越

青岛港自然条件优越，航线网络、港口规模、码头等级、口岸设施、集疏运能力等软硬件基础均达到国际一流水平，可停靠世界最大18000TEU的集装箱船舶，是我国在东北亚地区最具优势的港口，距离国际主航道比天津、大连近400海里，与世界上130多个国家和地区实现贸易往来，是中国北方吞吐量最大的港口。山东省是我国港口数量最多的省份，目前拥有各类港口26个，占环渤海地区港口总数的65%，具备与日韩港口竞争的整体综合优势。

（三）产业基础雄厚

青岛开放型经济规模大，内外经济联系面广，国际化企业高度集聚，工业基础雄厚，建成家电电子、石化化工、汽车机车、船舶海洋工程等七大工业产业基地，形成十条千亿级产业链，服务业快速发展，培育形成一批服务业知名品牌，国际合作基础好，中德两国在青岛开展首个国家层面的生态产业全面合作，特别是以港口为载体的海洋经济发展迅速，2012年，全市海洋经济实现增加值1114亿元，对GDP的贡献达到15.3%。目前，青岛已累计吸引约130家世界500强企业投资入驻。青岛作为百年港城、品牌之都，驰名商标总数居全国副省级城市首位，中国名牌数量仅次于上海，居全国第二位，同时也是国内最具实力的大宗商品进口港和集散地，是全国第二大外贸口岸，集聚了新型业态，占据了产业高端，具备了支撑自由贸易港持续发展的产业基础。

（四）特殊区域运作经验成熟

2000年，青岛保税区在全国率先提出并积极探索保税区实施区港联动、向自由贸易区转型的特殊监管区域，并成为第一家按照"功能整合、政策叠加"的要求，通过保税区、保税物流园区整合临近港口形成的保税港区，创造了"青岛模式"。青岛提出的"以自由贸易港区为龙头，保税港区、综合保税区、出口加工区为节点，保税物流中心、保税仓库、出口监管仓为网点"发展"保税经济"的模式，已积累了比较成熟的经验。同时《山东省青岛前湾保税港区条例》为自由贸易港区建设奠定了法制基础。

五 青岛自由贸易港区的初步构想

以邓小平理论、"三个代表"重要思想、科学发展观为指导，认真贯彻落实党的十八届三中全会精神，适应经济全球化新形势，立足我国深化经济体制改革、加快完善开放型经济体系的总体要求，坚持以开放促改革、促发展、促创新，通过解放思想、先行先试、逐步完善、稳妥推进，重点加快体制机制和政策的改革与创新，建立符合国际惯例的投资、贸易、金融和航运物流规则体系，为提升沿黄流域对外开放水平、打造蓝色经济升级版积累经验、发挥试验与示范作用。

坚持以开放促改革、促发展、促创新，打造改革开放新高地；坚持以世界眼光建设高水平自由贸易港区，促进国际国内资源要素高效配置；坚持本土优势，突出地域特色，加快推进我国蓝色经济发展和东北亚国际航运中心建设；坚持陆海统筹，区域协调联动，与天津共同辐射带动环渤海经济圈和沿黄流域的发展；坚持总体规划、分步推进、试点政策可复制可推广。

重点推动外商投资管理体制、对外投资管理体制和行政审批体制改革、海关监管模式创新、国际航运物流能级提升、海洋等相关领域服务业扩大开放和陆海统筹联动，建立健全符合国际惯例的运作机制和管理体制。力争经过3~5年的努力，将青岛自由贸易港区建设成投资贸易便利、航运服务完善、金融功能健全、辐射联动效益突出、监管高效便捷、法治环境规范的自由贸易港，打造成东北亚国际航运枢纽港的核心功能区、我国蓝色经济开放发展的先导区、沿黄河流域升级版的出海大通道、海关特殊监管区域整合升级示范区、文化产业国际交流试验区。

B.14
日照：打造升级版临港经济加快建设海洋特色新兴城市

徐厚乾　王云剑　范开龙*

摘　要：

　　日照市作为山东半岛蓝色经济区的重要城市，发展临港经济的优势尤为突出，未来要在产业结构优化升级、加快培育高新技术产业和战略性新兴产业、加快港口建设等方面采取积极措施，打造升级版临港经济，加快建设海洋特色新兴城市。

关键词：

　　临港经济　海洋城市　优化升级

党的十八届三中全会，是在我国改革开放新的重要关头召开的一次重要会议。全会通过的《决定》，是我国在新的历史起点上全面深化改革的纲领性文件。当前及今后一个时期，日照市将深入贯彻落实十八届三中全会精神，抓住用好"蓝、红、金"国家战略机遇，深入实施"四大战略""双轮驱动"，全面深化各项改革，发挥市场在资源配置中的决定性作用，充分激发市场活力，打造升级版临港经济，加快建设海洋特色新兴城市。

一　加快临港工业结构优化升级，建设新型工业化产业示范基地

经过多年的建设，日照市临港工业已经具备一定规模。目前，全市临港工

---

* 徐厚乾、王云剑、范开龙，日照市人民政府调查研究室。

业已形成主要产能：钢1200万吨、汽车75万辆（含低速车）、发动机78万台、自动变速箱80万台、浆纸188万吨、大豆加工840万吨、油品加工1300万吨，部分产业已处于国内外同行业先进水平。日照市临港工业集群化、链条化发展也实现了新的突破。围绕钢铁产业，已建成京华、华钢、铸福等10余家较大规模的钢铁深加工企业；围绕五征汽车产业链，新建兴业、七星汽车零部件等规模以上配套企业37家；围绕现代威亚发动机，已建成模具、车桥、变速箱等20余家相关企业；围绕岚山石化产业园，形成石大科技、岚桥石化和金石沥青为龙头、港口罐区与生产厂区通过公共管廊联为一体的现代化化工园区。粮油加工、水产品、木器加工等产业不断发展壮大，形成了开发区大豆加工、岚山区木材加工等特色产业园区，产业集群效应凸显。日照市被列为全省五个现代石化产业基地之一，东港区海洋产业获得省级新型工业化产业示范基地，亚太森博建成了世界上单条规模最大、工艺技术装备最先进的制浆生产线，全市大豆加工能力居国内第二位。2013年前三季度，在晨曦石化等拉动下，石化产业产值增长144%，对全市工业增长贡献率达24.4%；受威亚发动机10万台生产线9月试产、现代派沃泰自动变速箱一期全部达产、二期8月投产的拉动，汽车制造业产值增长39.6%，占规模以上工业产值比重由上年同期13.9%提高到17.6%，年内有望取代钢铁成为全市第一大临港产业。2013年1～10月，日照市重点调度的38家临港工业企业完成工业总产值1113.1亿元，同比增长5.2%，占全市总量的52.2%。

未来日照市将围绕贯彻落实十八届三中全会精神，结合"转调创"工作目标，深入落实国务院《关于促进企业技术改造的指导意见》和省政府《六大传统产业转型升级指导计划》，加快实施《日照市"十二五"制造业发展规划》，以新型工业化产业示范基地建设为着力点，发挥沿海临港优势和特色，以大项目为抓手，坚持主导产业抓集群、传统产业抓升级、新兴产业抓规模，加快培育壮大钢铁、石化、汽车及零部件、海洋装备制造、浆纸印刷包装、粮油加工等千亿级、五百亿级产业集群，着力构建现代工业体系，加快工业结构优化升级。继续把日照钢铁精品基地建设作为"头号工程"，扎实做好配套服务工作，力争项目建设实现年度投资85亿元。日照钢铁在淘汰落后产能的基础上，抓好总投资180亿元的钢铁深加工及新材料项目建设，推动钢铁产业向高端高质高效方向发展。积极推进威亚发动机四工厂、派沃泰变速箱三期、五征集团60万套农业机械、亚太森博30万吨高档液体包装纸板、创华公司年产260万条高性能轮胎、万方板业60万吨精密薄板、金禾博源高纯度柠檬酸清洁化生产、海恩公司高端精密切割工具、莒县贝尔特输送设备等100项重点工业项目建设，努力推动工业经济转型升级。加快完善"以企业为主体、市场为导向、产学研相结合"的技术创新体系，增强工业发展内生动力。继续加大创新投入，加快项目实施，计划2014年完成技术创新项目265项，同比增加15项，完成技术创新投入23.4亿元，同比增长17%，新产品销售比重保持26%，再创市级以上技术中心19家。同时加大淘汰落后产能力度，严防"两高一资"和产能过剩项目反弹。

二 建设大宗货物交易中心，推动现代临港服务业提速升级

在临港服务业的带动下，2013年前三季度，日照市服务业扩容升级，增加值占GDP的比重达到36.8%，比上年同期提高1.3个百分点。物流总额达到3813.9亿元，同比增长20%，增幅居全省第一位，预计实现物流业增加值95亿元。金融业加快发展，存款余额、贷款余额、信用总量分别比年初增长21.5%、10.4%、22.5%，金融业增加值增长15.4%，在服务业7个季度核算行业中增速仅次于批发零售业，占服务业增加值的比重达14.6%，比上半年提高0.6个百分点，占比提高1个位次至第3位。在电子信息技术制造业保持平稳的基础上，软件业务收入达到7.2亿元，同比增长18.2%。全市接待国内外游客2658.5万人次，实现旅游总收入178.8亿元，分别增长12.1%和15.3%。2013年12月12日，日照港货物吞吐量突破3亿吨大关，同比增长11.3%，提前两年完成"十二五"生产目标。

日照市铁矿石、镍矿、大豆、原木等的进口量居全国首位，是全国重要的浆纸和食糖生产基地，北方最大的液化品集散中心，华东重要的建材生产基地；随着30万吨级原油码头的投产使用、国内技术最先进的输油管道的疏通建成，日照口岸原油进口业务快速增长，2013年前11个月，日照口岸累计进

口原油2094.3万吨，同比增长55.4%。今后日照市将依托港口和大宗散货集散优势，积极打造大宗散货现货交易平台，支持新商所蓝海商品交易中心和日照国际铁矿石交易中心做大做强，推动日照港与鲁证期货合作设立日照大宗商品交易中心，研究设立山东（日照）航运交易所，争取把日照建设成为区域性国际大宗商品集散中心、资源配置中心和衍生品交易中心，国家重要的大宗原材料交易及价格形成中心。同时，带动金融保险、航运物流、仓储包装、信息中介、检验计量、会展博览等相关配套服务业的发展。推动山东蓝色经济区产权交易中心在开展产权交易的基础上，拓展股权登记托管、股权质押融资业务，打造产权交易、股权登记托管和股权质押融资平台。加快培育本土电商企业，支持窝窝商城更好更快发展。引导大型商贸企业实施市场管理信息化、交易网络化、结算电子化，建设专业性、综合性电子商务平台。开工建设文化创意与服务外包产业园，推进临港物流园、钢铁物流园、空港物流园等现代物流项目建设。全面落实商贸流通企业用电、用气、用水、用热与工业同价政策，建立价格调节基金制度，降低流通费用、提高流通效率、稳定物价总水平。积极培育楼宇经济、总部经济、会展经济和研发设计、软件等生产性服务业，大力发展购物、餐饮、休闲、游乐等生活性服务业。

三 加快培育高新技术和战略性新兴产业，带动提升临港产业的层次与水平

2013年前三季度，日照市统计的工业领域高新技术企业总产值、增加值增幅分别达到27.7%和35.2%，分别高于规模以上工业增幅16.81和23.69个百分点，高于2012年全年增幅12.9和12.7个百分点，呈现加速趋势。重点规划实施的战略性新兴产业项目，开工建设76项，2013年已完成投资71.4亿元，占全市技改投资33.8%。其中电子信息和医药行业投资同比分别增长139.8%和205.9%，为今后发展奠定基础。高新技术和战略性新兴产业改建和技术改造投资同比增长23.8%，高于全部投资3.4个百分点，5个省级战略性新兴产业项目完成投资4.18亿元，占年度计划的78.7%。山东省环保地毯特种纤维开发及应用工程实验室和山东省海藻精深加工工程研究中心2家市级

创新平台升格为省级创新平台。

今后日照市将大力实施《关于加快战略性新兴产业发展的实施意见》《关于加快海洋科技创新促进蓝色经济区建设的实施意见》，进一步促进高技术和战略性新兴产业发展。坚持规划引领、产业聚集、市场培育、政策扶持多措并举，大力实施高技术和战略性新兴产业"双百"项目，推进光电、电子信息、工程装备、新材料、新能源汽车战略性新兴产业园区建设。积极推进分布式太阳能发电项目、燃气发电项目等新能源项目。大力推进产学研联合，引导企业与高校及科研单位广泛开展产学研联合，促进技术成果向企业转化，鼓励企业与国内外大企业共同建设技术开发中心和试验基地，加快引进消化创新和自主创新的结合。继续落实好财政扶持政策，积极争取省首台套、重点能力建设项目等优惠政策，鼓励企业加大科技经费投入。着力抓好企业质量管理工作，提升产品质量，提高产品知名度和市场占有率。切实抓好活点网络公司与IBM、国家数字家庭应用示范产业基地的合作项目，推进云计算大数据的建设进度，打造日照市云计算产业基地。

四 继续加强港口及集疏运体系建设，为临港经济快速发展提供保障

日照港现拥有石臼、岚山两大港区，48个生产性泊位，泊位等级达到30万吨级，年通过能力达3亿吨以上，已发展成为全国最年轻的多功能、综合性、现代化大港，全球重要的能源和大宗原材料中转基地。今后，日照市将按照临港经济发展需求，继续加强港口及集疏运体系建设。按照货物"北集南散"和铁路"南进南出"的要求，进一步调整优化石臼港区规划，同时继续完善岚山港区规划，并力争规划调整方案早日获批。认真研究LNG接收站项目布局工作，全面做好石臼港区南区航道工程、岚山港区南区主航道工程、岚山港区深水航道一期工程后期建设工作，加快日照钢铁精品基地矿石码头等重点泊位工程建设。积极推进日照民用机场、山西中南部铁路通道、青日连铁路等事关全市长远发展、社会高度关注的重大项目，争取早日开工建设岚临高速、日潍高速和日照机场沈海高速连接线工程。

B.15 潍坊：推进工业化与信息化融合发展

潍坊市工业化与信息化两化融合课题组

摘　要： 推进工业化与信息化深度融合是我国在新时期的战略抉择，是国家从工业大国发展成为工业强国的必由之路，是推动改革深化、释放制度红利的主要途径。本文通过建立两化融合评估体系，对潍坊市两化融合发展水平做出了正确评估，制定了科学有效的两化深度融合推进措施，大力推进了潍坊市两化融合发展的广度与深度。

关键词： 两化融合　工业转型　潍坊

推进工业化与信息化深度融合是我国在新时期的战略抉择，是国家从工业大国发展成为工业强国的必由之路，是推动改革深化、释放制度红利的主要途径。就潍坊而言，作为一个传统工业大市，改造升级传统产业、加快发展新兴产业是打造升级版的必然选择。因此，推动信息化和工业化深度融合，以信息化带动工业化，以工业化促进信息化，对于实现全市"四个基地、一个体系、三个基础支撑"的中长期规划，对于拓展发展途径，调整经济结构，实现工业转型升级，具有十分重要的意义。为准确衡量潍坊市两化融合发展水平，深入研究分析发展形势，梳理发展体系脉络，制定科学有效的两化深度融合推进措施，助力潍坊市工业转型升级、经济结构优化调整和发展方式转变，2013年7月，潍坊市两化融合调研工作组着手开展潍坊市两化融合发展水平调研及评估工作，并编制两化融合专项行动计划，建立两化融合评估指标体系，大力推进潍坊市两化融合发展的广度与深度。

一 潍坊市工业化与信息化发展概况

潍坊市位于山东半岛中部，全市总面积16140平方公里，现辖4区6市2县，另有高新技术产业开发区、滨海经济技术开发区、峡山生态经济发展区等经济开发新区，其中滨海经济技术开发区在2010年4月被国务院批准为国家级经济技术开发区。据2010年第六次人口普查统计，潍坊市全市常住人口为908.62万。

近年来潍坊市经济实现了平稳较快发展。2012年潍坊市实现地区生产总值（GDP）4012.43亿元，同比增长10.6%。其中，四季度GDP分别增长9.1%、9.6%、10.5%、10.6%，呈现平稳上升态势。其中，第一产业实现增加值390.52亿元，同比增长5.2%；第二产业实现增加值2166.17亿元，同比增长11.7%；第三产业实现增加值1455.74亿元，同比增长10.5%。第一、二、三产业对经济增长的贡献率分别为4.9%、61.9%和33.2%，分别拉动GDP增长0.5、6.6和3.5个百分点。2012年，人均GDP达到43681元，增长9.8%。三次产业比重由2011年的10.14∶55.38∶34.48调整为2012年的9.73∶53.99∶36.28，第三产业比重提高1.8个百分点，产业结构进一步优化。①

潍坊拥有坚实的工业和信息产业基础，支撑两化融合发展。潍坊是山东省的工业大市，工业经济总量在山东省排名第三。产业方面，潍坊六大支柱产业产值占工业总产值的比重超过80%；企业方面，潍坊拥有潍柴、晨鸣纸业、福田雷沃重工等中国500强企业；产品方面，潍坊许多工业产品在全国甚至全球都具有一定影响力。近年来，潍坊电子信息产业高速发展，信息技术在工业领域各环节的渗透不断加快，在主导产业的应用程度不断提高。同时，潍坊充分发挥本地高等院校和科研院所的作用，打造两化融合公共服务平台，为两化融合提供技术、人才等支持。②

---

① 潍坊市统计局：《2012年潍坊市国民经济和社会发展统计公报》，潍坊统计信息网。
② 《"两化融合"为潍坊经济插上腾飞翅膀》，《潍坊日报》2013年5月22日。

二 潍坊市两化融合发展总体水平评价

从山东省整体发展情况来看,潍坊市在2012年的山东省两化融合调研排名在各地市中处于中游偏下,在基础环境建设、两化融合保障推进机制、工业应用普及和促进产业转型提升等方面均与先进市存在一定差距。

(一)区域两化融合水平

调研结果显示,潍坊市两化融合综合得分38.49,其中基础环境指数得分33.51,工业应用指数为49.18,应用效益指数为32.24。社会信息化基础建设水平相对较低,已经成为阻碍两化融合发展的主要因素之一,两化融合工业应用对企业效益的提升、地方信息产业的带动和现代产业体系的形成作用效果并不显著。

1. 基础环境

从评估结果来看(见表1),2012年潍坊市"两化"融合基础环境得分主要集中在0~51.65之间。其中滨海区、坊子区、昌邑市、诸城市和昌乐县的基础环境明显优于潍坊全市平均水平,中小企业信息化服务体系比较完善,当地对"两化"融合的专项引导资金等财政支撑力度较大。

表1 2012年潍坊市"两化"融合基础环境评估结果

区、县、市	城域网出口带宽	固定宽带普及率	固定宽带端口平均速率	移动电话普及率	3G网络普及率	"两化"融合专项引导资金	中小企业信息化服务平台数	总分	排名
滨海区	30.71	80.15	57.23	79.79	90.32	0.00	100	51.65	1
坊子区	45.48	56.54	64.51	12.92	77.22	100.00	0.00	49.43	2
安丘市	76.73	56.48	52.98	32.04	53.67	16.85	35.81	45.12	3
昌邑市	46.87	66.07	39.24	55.13	42.19	0.00	35.81	43.43	4
诸城市	71.22	44.98	60.68	54.44	25.98	0.00	35.81	42.73	5
昌乐县	12.12	39.02	46.44	49.64	36.48	21.69	59.63	42.70	6
寿光市	100.0	62.67	10.53	52.50	34.81	0.00	35.81	40.94	7
青州市	58.32	42.66	52.98	62.51	50.00	0.00	0.00	37.97	8
高密市	22.50	51.09	22.26	48.26	25.83	0.00	35.81	32.64	9
临朐县	46.87	35.02	46.44	44.61	31.34	0.00	0.00	28.93	10

续表

区、县、市	城域网出口带宽	固定宽带普及率	固定宽带端口平均速率	移动电话普及率	3G网络普及率	"两化"融合专项引导资金	中小企业信息化服务平台数	总分	排名
寒亭区	22.50	25.54	74.45	37.34	—	0.00	0.00	23.77	11
奎文区	—	—	—	—	—	16.85	35.81	9.28	12
潍城区	—	—	—	—	—	0.00	35.81	7.26	13
峡山区	—	—	—	—	—	0.00	0.00	0.00	14
高新区	—	—	—	—	—	0.00	0.00	0.00	14

资料来源：潍坊市两化融合调研工作组整理，2013年8月。

2. 工业应用

从评估结果来看（见表2），2012年潍坊市"两化"融合工业应用得分主要集中在22.58~66.91之间。其中奎文区、高新区、滨海区、诸城市和高密市的基础环境明显优于潍坊全市平均水平，企业的ERP、MES、PLM、SCM和电子商务普及应用水平比较高，多个业务环节的信息化应用开始走向综合集成和产业链协调。而青州、昌邑、寒亭、峡山等区县的大部分企业的信息化普遍处于单项应用阶段，有的企业甚至尚未开始应用信息技术。

表2 2012年潍坊"两化"融合工业应用评估结果

所属地区	基础建设	单项应用	综合集成	协同创新	总分	排名
奎文区	6.31	31.05	12.60	3.68	66.91	1
高新区	6.58	28.47	9.72	1.95	59.34	2
滨海区	7.16	26.96	8.44	1.33	56.21	3
诸城市	6.24	25.18	8.79	1.71	55.41	4
高密市	5.29	24.57	8.40	2.24	54.54	5
昌乐县	6.41	25.56	7.97	1.34	53.77	6
临朐县	5.54	23.66	7.56	1.49	51.29	7
潍城区	5.55	23.43	6.85	1.25	49.51	8
寿光市	6.17	21.81	6.63	1.22	49.35	9
安丘市	5.84	19.53	7.25	1.28	48.38	10
坊子区	5.83	19.87	6.38	0.99	46.40	11
青州市	5.07	17.79	6.27	1.24	44.58	12
昌邑市	4.86	18.10	5.64	1.09	42.99	13
寒亭区	4.00	12.50	4.62	1.16	36.41	14
峡山区	2.66	8.53	2.90	0.13	22.58	15

数据来源：潍坊市两化融合调研工作组整理，2013年8月。

（二）行业两化融合水平

（1）从规划、组织和制度看。潍坊市行业两化融合的制度和规划情况较好，没有设立信息化部门和没有信息化规划的企业均不到20%。但对信息化建设的领导重视程度还不够，约43.48%的企业无信息化专职主管领导，约56.52%的企业的信息化专职主管领导为中层管理者或高层管理者。信息化规划制定方面，有13.04%的企业没有制定相关信息化规划；有51.72%的企业将信息化规范分散在业务规划中；另有35.24%的企业有企业级的信息化专项规划。

（2）从投入看。目前潍坊市两化融合的资金投入偏低，且分布不均衡。大型企业自动化和信息化投入较高，而中小企业受自身规模限制，自动化和信息化投入偏低。此外，中小企业由于对自动化，特别是信息化对生产带动作用的认识不够，也导致增加自动化和信息化投入的积极性不高。

在参与调研的400多家企业中，仅有不到20%的企业自动化生产设备资产占企业生产设备总资产的比例超过50%，绝大多数企业的自动化投入偏低；约有一半的企业没有信息化建设的投入，有47.83%的企业有信息化的建设投入和运维投入，另有1.37%的企业仅有信息化建设投入，没有相应的运维投入。

（3）从基础设施建设看。受两化融合总体投资水平较低的影响，潍坊市企业两化融合基础设施的建设水平受到了一定的限制，整体基础设施水平有待提高，尤其是在提升数字化生产设备数量与联网比例方面。

（4）从应用状况看。潍坊市工业企业两化融合单项业务应用有了一定的基础，其得分率（46.30%）虽然低于总得分率（48.33%）和基础建设得分率（47.93%），但仍处于较理想水平，高于综合集成的43.15%的得分率和协同创新的31.73%。

行业分布上，生物医药、食品加工、石油化工等行业的单项业务应用水平较高，而纺织服装、非金属矿物加工和造纸包装的单项业务应用水平较低（见图1）。

综合集成应用正在向较高水平发展，行业两化融合正处于从单项业务应用向多业务综合集成转变的阶段。从评估得分情况看，潍坊工业企业两化融合综

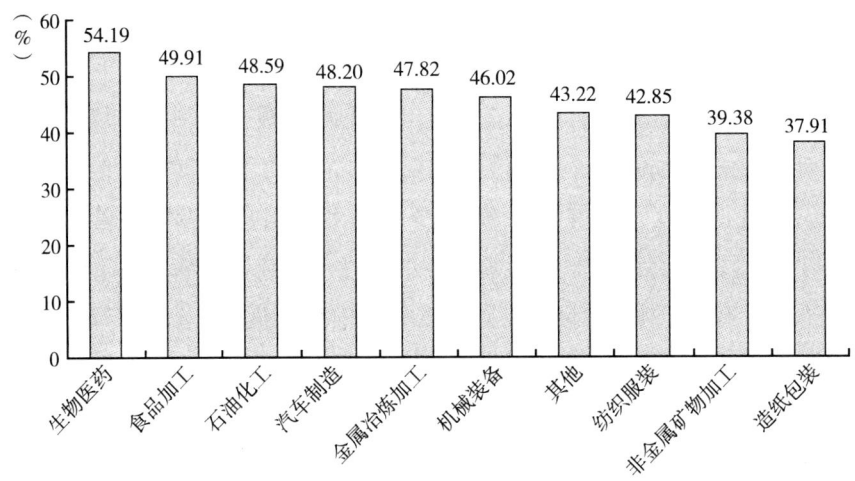

图1 潍坊市两化融合分行业单项业务应用得分率

资料来源：潍坊市两化融合调研工作组，2013年8月。

合集成应用得分率（46.30%）介于单项业务应用（47.93%）和协同创新（31.73%）之间，并且已经接近单项业务应用的得分率。

行业分布上，汽车制造、生物医药、机械装备等行业的综合集成应用水平较高，而纺织服装、造纸包装和非金属矿物加工的综合集成应用水平较低（见图2）。

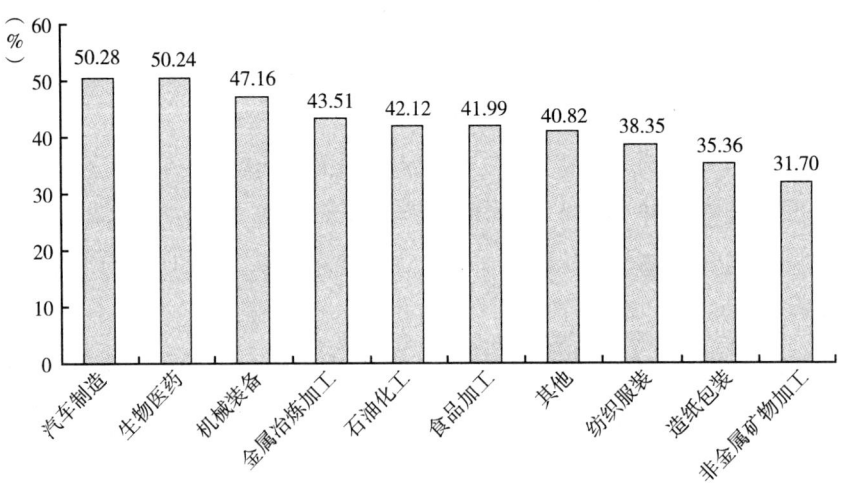

图2 潍坊市两化融合分行业综合集成应用得分率

资料来源：潍坊市两化融合调研工作组，2013年8月。

(5) 从协同与创新看。目前潍坊市行业两化融合协同与创新水平较低，处在从单一企业应用向产业链协同应用转变的初始阶段。根据调研情况，在产业链协同创新领域，114家企业没有得分，占企业总数的26.08%，单项得分率也仅为31.73%，远小于总得分率。后续可以考虑制定政策措施引导产业链信息化协同，应当从支柱产业、龙头企业抓起。

行业分布上，汽车制造以超过50%的得分率遥遥领先，而其他行业均未超过40%。协同与创新水平最低的造纸包装和非金属矿物加工行业的得分率还不到15%（见图3）。

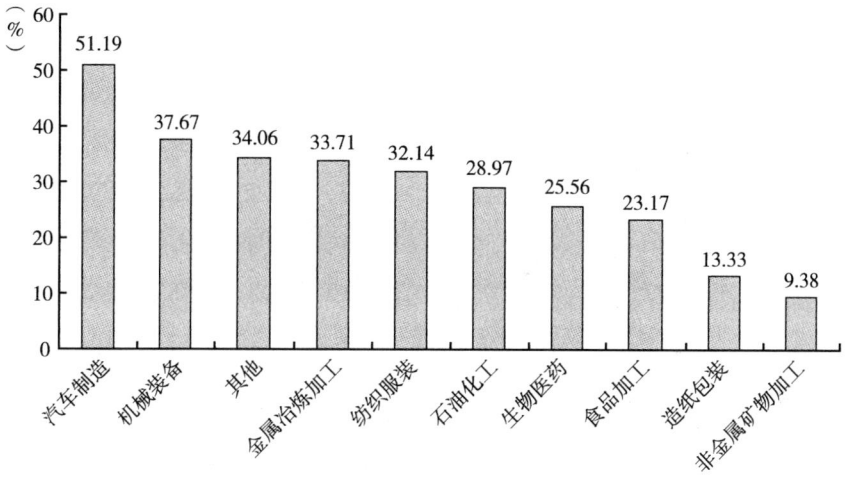

图3　潍坊市两化融合分行业协同与创新得分率

资料来源：潍坊市两化融合调研工作组，2013年8月。

（三）企业两化融合水平

大多数企业仍处于信息化单项应用逐步普及并开始向系统综合集成应用过渡阶段，信息化对工业化水平提高的促进作用和成效尚未充分体现。潍柴、歌尔、福田雷沃等大型企业已基本达到两化深度融合应用阶段，通过集团内部统一的信息化顶层设计、开发、建设，借助信息技术手段系统性提升企业研发设计、生产、销售全生命周期管理水平。但也应看到，中小企业对信息化应用的普及和重视程度仍存在较大差距，人员、资金、技术等关键因素限制了两化融合在中小企业层面的开展。由于对接和引导机制的不完善，潍坊市信息产业和信息服务业在企业两化融合发展过程中还没有发挥应有的作用。

（四）潍坊市两化融合现状总结

结合前文的数据分析及两化融合的关键要素，调研组认为潍坊市目前两化融合整体处于工业化水平较高但信息化发展和支撑能力相对不足的状态（见图4）。

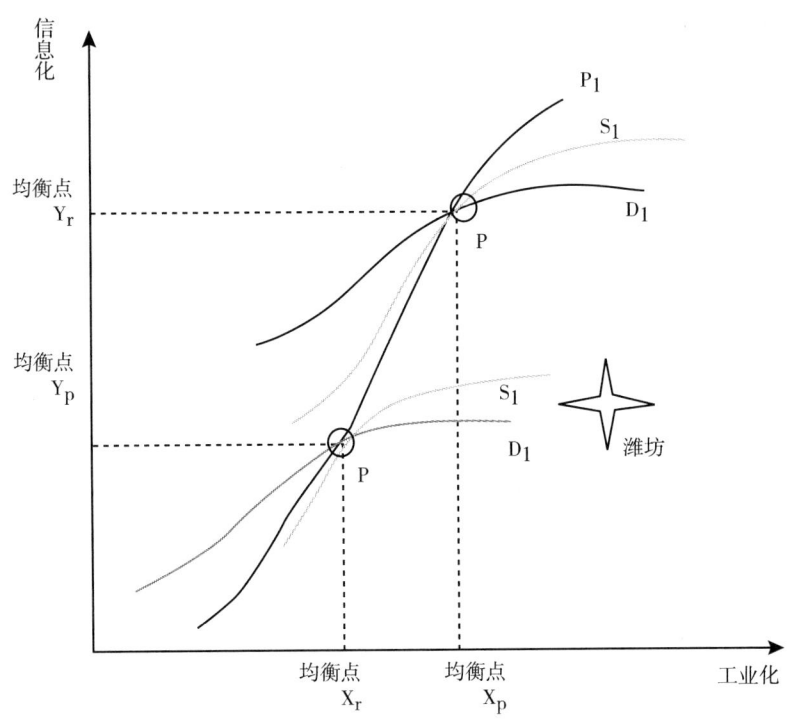

图4　潍坊市两化融合 DSP 模型分析

资料来源：潍坊市两化融合调研工作组整理，2013年8月。

三　潍坊市两化融合存在的问题

以信息化带动工业化，以工业化促进信息化，双轮驱动才能实现均衡、健康发展。潍坊目前面临的主要问题就是信息化带动工业化的作用没有充分发挥,而工业化促进信息化的驱动力相对不足。

(一)企业对两化深度融合的认识和重视程度偏低、推动力度不够

在调研企业中,仅有24.9%的企业设立了独立的信息化部门,35%的企业有信息化专项规划,50%的企业没有信息化建设投入,21.7%的企业百人计算机拥有量在10台以下,25.4%的企业尚未建立企业主干网络,近70%的企业数字化生产设备数量占生产设备总数量的比例不到50%,75%的企业中联网的数字化生产设备数量占数字化生产设备总数量的比例不到50%。大部分骨干企业信息化水平尚停留在单项应用阶段,亟须在综合集成、协同创新上实现突破;中小企业两化融合水平亟须提高,缺少公共支撑服务平台。

(二)推动两化融合缺少系统的规划和引导激励政策,企业开展两化融合的驱动力不足

从全市来看,推动两化融合的措施手段还需进一步强化,需要进一步凝聚形成各级推动两化深度融合的强大合力。从区域层面来看,16个县、市、区中有6个尚未编制本区域的两化融合规划(行动计划),仅有4个建立了两化融合专项引导资金。从企业层面来看,一方面,真正在内部建立并施行信息化规划的企业不足样本总量的36.36%;另一方面,企业经济效益指标普遍比信息化建设指标要高出20%,信息化的作用未能充分发挥,企业还没有切身体会到两化融合的重要性。

(三)两化融合的复合型人才不足

政府部门专业信息化技术和管理人员缺乏,既懂管理又懂信息技术的企业复合型人才不足,在一定程度上制约了政府和企业信息化的应用。从调研情况看,企业专职信息化人员占企业员工总数的比例平均仅为0.94%,6个县市区全年没有组织面向两化融合人才的任何形式培训,12个县、市、区没有就两化深度融合组织开展相关活动,两化融合人才的成长和培育环境受限。此外,作为两化融合人才最大储备来源的软件从业人员,全市总计仅有3.6万人。

（四）信息基础设施尚需加快完善

信息基础设施是两化融合的硬件基础，在很大程度上决定了两化融合其余指标的发展上限。全市信息基础设施发展水平指数仅为33.9，比全市两化融合发展水平指数还要低近10个百分点，"拉后腿"效应十分明显。

（五）本地信息产业对两化融合支撑能力不足

企业主要依靠来自国内先进地区甚至是国外软件与信息服务企业的技术支撑，很少借助或使用潍坊市本地信息产业企业提供的服务。一方面产业高端化发展需要借助国内外先进技术经验，另一方面也是由于本市范围内没有具有较高水平和一定规模的嵌入式软件厂商。信息产业的发展与本地企业的需求相对脱节。

（六）两化融合专业服务企业、机构的作用尚需进一步发挥

从示范引领和公共服务方面来看，有5个县、市、区没有开展两化融合试点/示范项目，9个县市区没有建立任何中小企业公共服务平台；从产业发展来看，全市高新技术企业数量只有259家，电子信息产业产值约为350亿元，软件业务收入约为3亿元，嵌入式工业软件销量甚微。

四 潍坊市两化融合发展对策

基于本次调研评估结果，结合国家、省两化融合政策导向，潍坊市推进两化深度融合，要以促进工业转型升级为主攻方向，以创新驱动为动力，改造提升传统产业，培育壮大战略性新兴产业，大力发展生产性服务业，打造新的经济增长极；加快企业内部关键业务集成、企业间业务协同和发展模式创新，提升企业综合竞争力；实施"两化"深度融合十大工程，全面提高县（区市）、行业、企业的"两化融合"发展水平，打造潍坊工业经济升级版。

（一）明确推进原则

一是政府推动、企业主体。加大政府扶持和推动力度，完善信息化基础设

施,健全信息化公共服务和支撑体系。发挥企业主体作用,强化信息技术在企业运营环节的深度应用。二是分类指导、示范带动。对不同区域、不同行业、不同规模的企业进行分类指导,推进优势行业、重点企业的信息技术应用,培育示范项目和示范企业,促进信息化和工业化融合的推广普及。三是创新优先、绿色发展。把增强创新发展能力作为改造提升传统制造业的优先目标,逐渐形成产业竞争新优势,同时,把节能减排作为"两化"深度融合的重要突破,加快信息技术与资源综合利用技术以及能源节约技术的融合发展,促进形成可持续的产业结构和生产方式。

(二)明确融合领域

1. 传统产业

(1)机械装备行业。推进智能制造发展,加快重点领域装备智能化,生产过程和制造工艺的数字化改造。农机装备、工程机械、汽车生产、节能环保装备等领域依托重大项目,提高装备信息化水平,实现计划、调度、生产、物流等环节数据的无缝连接与信息共享,对整个生产过程进行动态优化管理。加快产品研发设计与制造工艺系统的综合集成,促进装备制造业向高端发展、从生产型制造向服务型制造转变,打造"中国动力装备城"。

(2)石油化工行业。支持石油化工行业自动控制系统的研发及其产业化,推广在线计量、在线监控和管理系统,实现生产过程中的安全监测和重大危险源监控。优化生产流程和生产工艺,实现企业内部信息资源的共享和系统的整合,提高产业链上下游企业的业务协同能力,进一步提高产业链整体竞争力。

(3)纺织服装行业。以服装制造业为重点,积极开发和推广适合行业特点的一系列计算机辅助信息技术。重点提升行业专用装备的数字化控制水平,推广在线监控系统。支持重点企业完善研发设计、生产控制、供应链及客户关系等各个环节信息化应用集成,形成面向消费者个性化、大规模定制的新型业态。支持骨干企业开发和推广适合供应链上下游中小企业特点的电子商务平台,发展面向全产业集群的中小企业、专业市场的公共信息服务平台。

(4)食品加工行业。围绕"中国食品谷"这一核心项目,在特色农产品深加工领域建立生产过程监控、质量控制、快速检测等系统,加速健全控制农产品质量安全的生命周期管理体系。进一步强化食品药品安全管理,利用无线射频识别(RFID)、标码等物联网技术,打造集采购、生产、加工、流通于一体的全程质量安全追溯系统。积极推进食品加工行业电子商务平台建设。①

2. 支撑产业方面

电子信息产业,是潍坊的支撑产业,大力推动集成电路设计与整机制造联动发展,大力发展高端智能工业电子产品,壮大发展高端电声器件、光电子器件、RFID芯片等新型电子元器件产业;重点发展以工业软件、嵌入式软件等为主的软件与信息服务业企业,围绕工业重点行业应用形成重大信息系统产业链配套能力,提高对本地两化融合发展的支撑能力。促进呼叫中心公共技术平台、动漫公共技术平台等平台建设。深化信息技术的防护、监测、预警等应用;发展电信增值和互联网增值服务,优化提升信息传输服务业。②

(三)实施"十大工程"

1. 示范园区引领工程

一是围绕"两化融合"中心任务,因地制宜建设数字化产业园区、生产性服务业功能园区和创意产业园区等"两化融合"示范园区。二是编制园区信息化建设规划指南,针对园区的不同特点和信息化发展的不同水平,编制园区信息基础设施、公共平台、信息安全等信息化建设的指南和服务规范。三是加强园区各类基础设施建设,实施重点园区以及产业集群发展中的信息通信保障工程和信息化配套建设。四是开展智能制造示范试验区、智能工厂试点建设,大力发展和推广应用工业机器人、柔性生产线等智能制造技术,引导鼓励企业在模具开发、产品设计等领域应用3D打印技术。

2. 产业集群支撑工程

一是在制造业支持一批重点行业优势骨干企业围绕产品创新、节能减排、产品质量管理及追溯等方面开展智能化、网络化、数字化和集成化的升级改造。二是在服务业支持一批物流、商贸、旅游等行业骨干企业围绕经营管理、

---

① 《福建省"十二五"信息化和工业化融合专项规划》,2012年3月11日。
② 《市政府转批关于推进信息化与工业化融合促进产业能级提升实施意见》,中国公告公示网,2010年6月20日。

供应链管理、电子商务创新开展信息化建设。三是围绕潍坊九大产业集群，分批次制定实施产业两化深度融合专项行动计划，推广一批行业信息技术和产品，组织一批试点项目给予重点支持，利用信息技术优化产业链，构建产业集群信息链。

3. "十百千万"工程

一是十家重点企业。重点培育十家电子信息产业骨干企业，专攻电子制造、工业控制、行业应用、信息服务以及新一代信息技术应用，为"两化融合"提供技术支撑。二是百家示范企业。重点培育100家两化融合处于创新和集成提升阶段的企业，推动实现产品协同创新和产业链协同。三是千家升级企业。重点培育1000家两化融合由单项应用向综合集成发展的企业，进一步推进关键业务环节的深化应用，实现从单向覆盖阶段向集成提升阶段的全面提升。四是万名企业人员信息化培训计划。三年内分批分期培训10000名企业信息化专业人员。

4. 中小企业助推工程

一是利用信息化推进中小企业成长，大力扶持和培育信息化应用的样板企业，财政划拨专项资金投入中小企业信息化建设。二是建立和完善中小企业公共服务平台，鼓励IT企业和信息咨询机构通过平台为中小企业提供优质服务。三是推进IT企业与中小企业开展合作，为中小企业量身打造信息化解决方案。

5. 公共服务平台工程

一是打造专注于技术研发和应用的公共服务平台，提升信息化对行业技术研发的贡献度。二是建设公共信息服务平台，重点推进物流、电子支付、产权交易等第三方服务平台建设。三是重点培育专业化的高端咨询服务机构，引导和鼓励其为企业技术创新及其产业化提供高质量、多形式的咨询服务。

6. 电子商务与信息化物流工程

一是在重点行业推进电子商务应用，提高行业物流信息化水平。重点支持机械装备、石油化工、汽车制造、食品加工、电子产品等专业物流和供应链服务业发展。二是完善电子商务支撑体系，着力推进支付、物流等电子商务环节，以及投诉服务、法律援助等公共服务环境建设。三是提升政府引导和服务能力，提高政府采购电子化水平。依托潍坊市良好的地理位置和交通运输条件，充分发挥陆路运输、空港、航运等多种运输综合优势，推动物流信息化发展，壮大第三方物流服务业，加快物流信息化相关应用建设步伐，增强面向工业领域供应链协同需求的物流响应能力。

7. 节能减排提升工程

一是推动重点耗能企业逐渐实现数字化能源管理，改造企业生产的传统工艺和流程，推进能源综合创新利用和污染源动态监控。二是建设潍坊市能效中心，借助电子信息领域的最新技术，加快建设能源利用效率评价系统，提高行业节能管理信息化水平。三是以机械装备、汽车制造、石油化工等行业为重点，创建两化融合促进节能减排示范区，重点开展一批信息技术促进节能减排的示范项目。四是积极争取国家电力需求管理试点，优化潍坊市电力供需结构。

8. 基础设施强化工程

一是优化基础信息通信网络的建设。引导通信运营商加快宽带网络升级改造，推进光纤入户，统筹提高城乡宽带网络普及水平和接入能力。大力支持运营商建设下一代移动通信（3G、4G）作为"无线城市"主体网络，以WLAN作为热点区域高速接入的补充，实现无线互联网全覆盖。二是提升信息通信设施的服务能力。三是加快推动"三网融合"，加大广电网络融合改造力度，提升骨干网传输和交换能力，启动接入网数字化、双向化改造工程，完善IPTV等融合业务运营体系，培育发展双向业务市场。

9. 信息安全保障工程

一是着力加强信息安全基础性工作，特别是重点行业和企业的安全责任落实工作。二是加快健全区域信息安全防护的各项基础设施，打造信息安全综合测评认证系统。三是夯实"两化融合"的信息安全保障技术基础，加大信息安全相关技术和产品的创新投入。①

10. 专业人才培训工程

一是做好信息化专门人才的培养和培训，实施"两化融合"人才培养工

---

① 《市政府转批关于推进信息化与工业化融合促进产业能级提升实施意见》，中国公告公示网，2010年6月20日。

程；开展对中小企业管理和技术人员的知识技能培训。二是建立人才实训平台，建立工业控制、软件开发、电子商务等专业的项目实训基地。

（四）强化保障措施

一是加强组织领导。建立"两化融合"议事协调机构，负责制定两化融合支持政策措施，协调解决两化融合推进过程中的各类问题，协调重大事项，制订及监督落实两化融合年度计划。建立部门间沟通、协同推进工作机制，定期研究推进工作中的重大问题，形成"两化融合"推进合力。二是完善配套政策。把两化融合绩效评估纳入市委、市政府对县（市区）的年度考核体系。每年制定两化融合水平评估方案并进行效果评估，将评估结果作为考评的重要依据，同时依托网站进行公开发布和跟踪评价。三是构建服务体系。推动政府信息化与企业信息化无缝对接，制定公共信息资源共享管理办法，进一步发挥政府在政策引导、市场监管、公共服务和营造环境等方面的支持作用。建立高层次的两化融合专家咨询机构，围绕两化融合和信息化推进中的重点问题，定期为企业提供专业化、综合性的咨询服务。四是加大财政支持。发挥财政资金的倍增作用，形成政府、企业和社会各方面多元化的投入机制。设立工业化与信息化融合专项资金、高新技术产业发展基金、应用技术研究与开发资金、技术创新专项资金、信息产业发展专项资金等专项资金，每年用于支持企业"两化融合"的资金不少于总额度的15%。市直部门在安排资金时要优先支持"两化融合"项目。建立"两化融合"项目储备制度，积极争取上级在两化深度融合、新一代信息技术发展等方面的政策资金支持。

B.16
东营：坚持改革创新 推进高效生态经济转型升级

张月锐*

摘　要： 作为黄河三角洲高效生态经济区的主体城市，东营市自2009年以来围绕国家战略规划和改革试点的总体要求，坚持以改革创新为动力，立足推进高效生态经济持续快速健康发展，加快在重点领域和关键环节上的改革力度，高效生态经济保持了蓬勃发展的势头。

关键词： 高效生态经济　体制机制　创新　改革

黄河三角洲高效生态经济区上升为国家战略后，东营市又被山东省政府批准为进行高效生态经济改革的试点。几年来，东营市围绕国家战略规划和改革试点的总体要求，坚持以改革创新为动力，立足推进高效生态经济持续快速健康发展，加快在重点领域和关键环节上的改革力度，高效生态经济保持了蓬勃发展的势头。

一　突出产业对接和承载能力建设，助推高效生态经济产业体系形成

（一）理顺园区管理体制

针对东营经济技术开发区上升为国家级开发区的需要，修订了扩区工作方

---

* 张月锐，东营市政府研究室。

案，规范区内派驻机构，赋予部分市级管理权限，强化了管委会工作职能。东营港经济开发区实施"港区一体、港城联动"战略，确立了与属地县区"班子专兼结合、两区独立运行"的管理模式，将有关社会事务交由河口区承担，建立起办事高效、运转协调的全新管理体制；17个市直部门按要求将项目审批管理、建设管理、人员调配等方面的权限及时下放，真正赋予港区管委会市级经济管理权限和县级行政管理权限。加快推进了现代渔业示范区、黄河口生态旅游区、现代畜牧业示范区和农业高新技术产业示范区等园区管委会的实体化进程，健全完善了胜利经济开发区、东营西郊现代服务区、河口蓝色经济开发区、湖滨新区、广饶滨海新区和大王经济开发区等重点园区的管理体制，为园区经济加速发展提供了强有力的组织保障。

（二）创新接续产业培育机制

面对资源型城市转型与传统产业升级的迫切要求，探索油气资源开发与高效生态经济产业对接发展模式。围绕石油装备、石油化工等产业，以引导产业集聚、引进战略合作为重点，建立了改造提升机制。目前，东营石油装备主营业务收入占全国同行业的1/3，成为全国最大的石油装备制造基地；地方炼油能力3770万吨，居全国首位。围绕化工、橡胶轮胎、造纸、纺织等传统优势产业，采取扶持龙头、扩大规模、分类集中等引导扶持措施，加快结构优化与布局调整，建立了集群化发展机制。目前离子膜烧碱产能居全省第一位，新闻纸产能居全国第一位，轮胎子午胎产能占全国的1/4。围绕汽车零部件、电子信息、新材料、新能源等先进和新兴产业，以高精尖人才引进和关键技术创新转化为突破，建立了高端产业培育机制。山东沃飞裸眼3D电视、科岭增程式电动车等项目相继投产，高新技术产业产值所占比重由2008年的30%上升到35.28%。按照生产性服务业与生活性服务业并重的方针，率先突破生态旅游、现代物流和金融保险三大产业，形成带动服务业全面发展的机制。抓住东营被列为国家、省级现代农业示范区的机遇，以提高品质、增加效益为核心，加快发展优势特色农业，建成高标准海参养殖面积16万亩，成为目前全国规模最大、标准最高的单片滩涂养殖，10万亩淡水养殖已成为黄河口大闸蟹产业核心基地，打响了"黄河口"这一地理标志品牌；工厂化食用菌年生产能力达35万吨，成为全国最

大的工厂化食用菌生产基地。目前，地方经济占全市经济的比重由2008年的56%提高到72%，传统产业80%以上的技术装备达到国内先进水平。

（三）健全循环经济促进机制

按照减量化、再利用、资源化的要求，规划布局以循环企业为支点、以循环经济产业为支柱、以循环经济园区为支撑的生态循环经济体系，争创国家级循环经济城市。先后出台《东营市节能减排综合性工作实施方案》《节能评估审查办法》《东营市节能降耗预警机制的实施意见》和《东营市循环经济工作实施方案》，市县两级设立了节能专项资金，有效推进了工作的深入开展。大力推进自愿与强制相结合的清洁生产审核机制，引导企业不断自主加快循环经济节点项目建设，实现企业内部、企业之间实现资源共享共用与废弃物综合利用，进一步完善、延伸了石油化工、橡胶轮胎等10个循环经济链条。组织实施循环经济"四个3"工程（建设3个循环经济示范县、3个示范园区、30个示范企业、30个重点项目）。东营经济技术开发区获全国循环化改造示范试点园区、全省循环经济示范园区称号。

（四）创新油地经济融合机制

在深化油地合作方面，地方政府与胜利油田建立了联席会议制度，以项目共建为联系纽带，从调研分析、决策制定、生产经营三个方面构建联合工作机制。围绕胜利油田存续企业的改制发展问题，专门出台了引导和鼓励国有股份退出和强化油地企业合作的倾斜政策。目前所有63家存续企业全部退出国有股，已成为东营市石油装备制造业的主力军。油地双方协调配合，组织实施项目近400项，组建了一批油地结合企业，共管共建了一批总投资100多亿元的基础设施，初步构筑起特色鲜明的区域经济融合新格局。

二 围绕资源节约和生态建设的体制机制创新，促进资源型城市加快转型

（一）积极构建节能减排和环境保护的市场机制

成立了山东黄河三角洲地区产权交易平台，制定出台了污染物减排量回

购、排污权抵押贷款、消减指标公开竞拍等配套制度，初步为企业排污权交易搭建了"阳光化"运作平台，有效推动了市场化交易的进程。积极推进东营国际碳排放交易所筹建工作，为区域乃至全球性碳市场做好铺垫。完善项目准入和退出机制，通过严格落实环评审批、节能减排目标责任和"一票否决"制度，提高了节能环保的市场准入门槛，优化了落后产能的淘汰流程。完善多部门协同监控管理体系，环境监控信息共享平台建设顺利。五年来，山东省下达东营的资源节约和环境保护等约束性指标任务均圆满完成，2012年万元GDP能耗同比下降4.21%，超出预期目标0.51个百分点；认定资源综合利用企业28家，年综合利用产值26亿元，粉煤灰等主要工业固体废弃物利用率达98%。

（二）积极探索生态补偿机制

将生态补偿作为重要内容列入综合及行业规划，明确了填补生态补偿、环境损害赔偿等"立法空白"时间表。落实《小清河流域生态环境综合治理规划方案》，利用小清河生态补偿资金，加大在跨境流域污染治理、建设人工湿地水质净化工程、构建再生水循环利用体系等方面工作力度，为小清河水质持续改善打下了基础。各县区全部出台了县级生态公益林管理及生态效益补偿办法，市域内10余万亩生态公益林的所有者或经营者均享受县级生态效益补偿，7万余亩生态公益林拥有者享受市级生态效益补偿，成为全省首家设立市、县两级森林生态效益补偿制度的市。

（三）健全生态建设主导机制

坚持把生态环境建设放在突出位置，提出"政府主导、全民参与、科学规划、政策扶持"的引导激励机制，着力打造"生态之城"。以全面实施生态市建设规划为导向，重点实施了湿地修复、"三网"绿化、生态林场建设等重大工程，成为生态文明典范城市建设的新亮点。积极探索湿地恢复与保护制度，统筹推进湿地生态系统的保护、开发和利用，全力实施湿地修复工程。①探索"适时造林、适地植树"营林模式，"三网"绿化工程新增绿化面积87

---

① 东营市统计局：《2012年东营市国民经济和社会发展统计公报》，2013。

万亩，开创了在盐碱荒滩上高标准、大规模工程造林的新篇章。探索"企业得利、农民得益、政府得绿"造林机制，在全市范围内打造出健康优美的生态格局。几年来全市生态功能不断提升，林木覆盖率逐年提高，湿地生态成为东营的重要品牌和战略资源，城乡生态建设工作成效显著。

三 深化要素资源优化配置改革，探索符合产业需求的动力机制

（一）力推土地开发利用与管理机制创新

东营市未利用地总面积达400万亩，是中国东部沿海土地后备资源最多、开发潜力最大的地区之一。为充分发挥这一资源优势，全面开展了土地利用体制机制创新。严格实施国土资源部"首批低丘缓坡荒滩等未利用地开发利用试点市"项目（包括7个共32万亩土地开发整理项目和1个总规模3万亩的建设用地开发项目），确保高标准完成并做出示范，力争逐年扩大试点、增加用地规模。积极探索建立耕地占补平衡指标易地交易机制，专门成立了未利用地开发利用公司，成功与青岛市交易1.23万亩。积极推进宜农未利用地综合开发利用，2012年组织实施了4个未利用地开发项目，建设规模25.6万亩，新增耕地10.32万亩。加快建立产权明晰、用途管制、集约节约、严格规范的农村土地使用制度，集体土地所有权登记发证率实现100%。强化土地利用的管控与引导，建立土地集约利用评价考核机制，合理安排土地指标使用时序和布局，为全市重点工程和重大项目落地提供保障。

（二）深化财税体制改革

规范完善政府间财政分配关系，调整各级财力结构，深化综合预算改革，加快形成公共财政预算、政府性基金预算、国有资本经营预算统筹协调机制，提高政府集中财力办大事的能力。支持大项目建设，以两个开发区为重点，在体制、政策、资金上给予倾斜，着力培育新的财源增长点。设立黄蓝经济区建设专项资金，主要扶持重点园区基础设施建设、优先发展项目建设、新兴产业

培育等。实施"突破利津"战略,重点从财税政策、资金、项目等方面加大扶持力度。积极搞好技术服务企业税收政策试点,进一步提高企业在税收方面的受益程度,激活了企业自主创新的原动力。大力推进"营改增"试点,引导经济结构调整和第三产业发展。

(三)推进金融和投融资创新

支持金融机构在东营市设立总部、分支机构或金融服务外包机构,目前全市金融组织总数已达253家(其中银行保险证券等传统金融机构70家,小额贷款公司、融资性担保公司等新兴金融组织183家),资产质量和经营效益居全省同行业前列。在全省率先开展了海域使用权、林权、流转土地使用权"三权"抵押和知识产权抵押融资试点,开辟了优化资本资源配置的新渠道。多层次推进资本市场体系建设,全市上市和挂牌企业总数达到28家,纳入上市、挂牌后备资源库企业达到133家;东营首单、全省第二笔中小企业区域集优票据成功发行,发行资金2.1亿元;成功引入青岛拥湾、北京亦庄等私募股权投资,累计金额达1.9亿元。黄河三角洲产业投资基金首批东营3个项目募资6.5亿元;建鲁鑫村基金对接建设项目28个,预计总投资201亿元;石油装备产业基金、华纳财富基金等筹建工作加快推进,地区吸纳金融资本、产业投资资本和国内外战略投资的能力不断增强。积极改善金融生态环境,建立健全金融稳定、处置非法集资等联席会议制度,金融机构征信系统、融资性担保体系逐渐完善。率先展开民间融资规范引导试点工作,出台实施了"1+5"配套文件及《申报指引》,极大地发挥了民间资本对实体经济的促进作用。

(四)探索人才工作机制创新

强化工作导向,结合新形势出台了人才发展规划,制定了人才发展专项资金管理办法等系列配套文件,实施了"百名博士进东营""名校英才进东营"等行动。从2011年开始,东营市每年专门从财政拨款1000万元资金,用于高端人才的引进、奖励和培养。确定两个开发区为"人才特区",专门设立创业专项资金,资助创业创新人才和组织设立公司。采取技术入股、合作开发、岗位聘用、人才租赁等方式，在金融管理、新能源、生物技术、新材料等领域引进了一大批高层专家与创业团队。①

四 强化创新驱动和开放带动作用，培育开放型经济发展新优势

(一) 深化科技创新机制

一是以企业为主体的技术创新体系逐步完善。工作重点逐步转向支持企业成长的全过程服务，首批选择33家企业进行重点培育，引导科技企业走创新发展、规范发展、融资发展之路。二是重大创新平台建设实现新突破。国家采油装备工程技术研究中心、国家石油装备高新技术产业化基地成功获批，中国石油大学国家大学科技园、"生态谷"、黄河三角洲可持续发展研究院、黄河三角洲青年创业基地等平台建设顺利，科研及项目合作全面展开。目前，共建成1家省级高新区、5家省级以上高新技术创业服务中心、8家省级以上示范生产力促进中心，孵化总面积达到35.9万平方米，在孵企业420家，初步形成了种类齐全、配置均衡的科技创新创业平台体系。三是积极探索多元化科技投入模式。与省高新技术投资公司签订全面合作协议，以33家科技型企业、79项成果为目标实施重点突破，促进了金融与科技的加速结合。2012年全市高新技术企业达到84家，占黄河三角洲区域总量的一半以上，高新技术产业产值同比增长32.92%。

(二) 优化涉外经济体制机制

东营市政府有关部门出台促进对外贸易稳定增长的意见，建立重点进出口企业联系制度、重点进出口产品监测制度；引导出口企业动态调整经营策略；大力扶持中小型出口企业发展。加快发展服务外包产业②，抓住国内服务外包梯度转移的机遇，推进软件园三期、石油化工技术服务园、电子信息技术服务

---

① 《人才工作：黄蓝经济区建设的第一支撑》，《东营日报》2011年9月5日。
② 谢在弟、高安利：《我市着力增强自主创新能力》，《东营日报》2013年9月2日。

园和呼叫中心平台建设，逐步完善公共技术服务支撑，提高园区对大型优势企业的吸引力。完善高层推进对外开放及招商引资工作机制，成功举办国际石油石化装备展、橡胶轮胎展、农博会等大型经贸活动。健全完善调度分析制度，提高了外资项目履约率。加强招商选资，与央企和世界500强战略合作深入推进，2012年实际利用外资1.6亿美元。加快推进企业对外直接投资①，加强对国家和地区相关政策、法律、环境的研究，指导企业建立健全境外安全防范制度，推动橡胶轮胎、纺织、造纸等产业向境外转移，鼓励和支持企业开展对外承包工程、开展跨国并购和投资设厂，拓展国外经济技术合作空间。2012年境外投资增长18%，对外工程营业额4.2亿美元。

五 加强和创新社会管理领域改革，培育全面发展的均衡机制

（一）创新统筹城乡发展机制

以工业化、新型城镇化、农业现代化为发展方向，以体制机制创新为根本动力，加快推进城市基础设施向农村延伸、公共服务向农村拓展、社会保障向农村覆盖、现代文明向农村传播、生产要素向农村流动。创新城乡规划编制工作机制，基本形成层次明晰、交融互补的规划体系。加大财政扶持力度，提高财政转移支付额度，在村级公益基础设施建设上，市财政"区别对待、分类补助、总额包干"。深化农村人口转移制度改革，建立城乡统一户口登记制度，认真落实"三投靠"、购房落户等户籍政策。为切实改善黄河南展区群众生产生活条件，实施总投资37.6亿元的展区搬迁改造工程，拆迁改造83个村，建设8个新型农村社区。

（二）深化社会领域改革

一是完善公共服务体系。推进劳动和社会保障体系改革，实现五大社会保

---

① 东营市政府：《2013年东营市政府工作报告》，2013年1月。

障体系多层次多领域全面覆盖。立足区域经济社会对人才智力资源的实际需求，合理配置教育资源，推进教育均衡发展。大力发展职业教育，统筹学校布局和专业设置，提高办学水平。二是积极探索政府和市场相结合的文化产业发展新机制，鼓励各种团体组织投身文化建设，全面提升文化软实力。加快推进国家基本药物制度、公立医院改革试点、健全基层医疗卫生服务体系等各项医改重点工作，在全省率先实现城镇居民医疗保险和新农合制度的整合，公立医院改革走在了全省前列。

六 创新推进高效生态经济转型升级的组织保障和推进机制

（一）组织机构健全有力

东营市委市政府高度重视高效生态经济改革试点，成立了市政府主要领导任组长的改革试点工作领导小组，下设办公室负责日常工作。《黄河三角洲高效生态经济区发展规划》《山东半岛蓝色经济区发展规划》批复后，专门成立了推进黄蓝经济区建设委员会，组建实体办公室，具体负责高效生态经济区建设的综合协调和指导监督，五个县区、市属开发区均成立了专兼职工作机构，进一步强化了对改革试点工作的组织领导。各级部门围绕改革试点重点领域和关键环节，建立起了领导负责、重要工作通报、重点工作督办、责任追究、效能查处的工作机制。制定出台了技术改造、自主创新等扶持政策，加大财政税收支持，积极探索公益性生态林补偿等新机制，为试点工作顺利开展提供了有力保障。

（二）工作部署严细到位

把推动国家规划落实作为试点工作的重要动力，与试点工作总体方案紧密结合，出台了《关于贯彻落实〈黄河三角洲高效生态经济区发展规划〉的实施意见》《关于全力实施国家战略推进黄蓝经济区融合发展的实施意见》，编制完成了59个专项规划，将改革试点工作的重点全部落实到各项规划中，并从土地、财税、投融资、海域使用、对外开放等方面梳理出145项重大政策和事项，认真抓好落实。召开了全市高效生态经济区试点工作会议、实施国家战略暨对外开放动员大会，就全面开展试点工作、贯彻落实国家《规划》做出安排部署，确定了构建现代产业体系、未利用地开发管理、实施生态市建设、发展循环经济等重点工作，层层落实责任，全力抓好落实。在全市范围开展"争当黄河三角洲开发建设排头兵"和"三争"（争政策、争项目、争资金）活动，以活动助推工作。

（三）督察考核力求实效

在全省率先建立起高效生态经济考核评价体系，出台了督察考核暂行办法及实施细则，确定了涵盖高效生态经济、海洋经济、生态建设和环境保护、集约节约利用资源、社会事业发展等5个方面86项考核指标。市委市政府督察室、市黄蓝两区建设办公室确定责任单位的阶段目标任务，定期督察调度，年度考核评价。探索形成了一套试点工作日常督导、专项督察和年终考评相结合的工作机制。

东营市全力推进高效生态经济发展，取得了明显成效。东营市被列为国家农业示范区，先后获得国家环保模范城市、国家卫生城市、中国优秀旅游城市、国家现代林业建设示范市、全国水土保持生态环境建设示范城市、中国温泉之城等称号。但作为典型的石油资源型城市，经济结构性矛盾还比较突出，石化等传统产业大而不强；基础设施相对滞后，现代化立体交通体系有待完善；自然生态脆弱，生态建设和环境保护任务繁重；城乡和区域发展不平衡，对外开放的层次和水平还不高。今后应在进一步总结完善各项改革措施的基础上，突出工作重点，真抓实干，实现高效生态经济新一轮发展跨越。

未来东营市发展总的思路是，坚持以党的十八大和十八届三中全会精神为指导，围绕"两个率先"的奋斗目标，以加快转变经济发展方式为主线，以实施黄蓝国家战略为抓手，巩固和深化改革试点成果，全力突破区域发展的重点难点，为黄河三角洲地区乃至全省、全国高效生态经济建设提供示范。

一是重点构建"一个龙头、三个增长极"的战略布局。① 广饶县担当"龙头",加快实施优势产业升级和新兴产业培育的"双轮驱动",打造成为引领县域经济发展的龙头、带动全市发展的龙头。东营经济技术开发区、东营港经济开发区和河口区、东营区和垦利县担当"三个增长极"。

二是加快构建高效生态产业体系。大力推进新型工业化。加快石化、橡胶轮胎、造纸等传统产业转型升级。推动石油装备、汽车及零部件等先进制造业高质高效发展,着力提升研发设计和配套能力。围绕电子信息、新能源、新材料、新医药等新兴产业,通过多种方式开展合作,带动突破发展。积极发展现代农业。以建设国家现代农业示范区为抓手,发展多种形式的规模经营,建设规模化、现代化的产业基地。大力发展现代服务业,推动传统服务业升级,将新技术向传统服务业渗透。

三是加快推进园区建设。按照全市规划布局,明确科学合理、前瞻性突出、错位发展的功能定位,形成各具特色的园区发展新格局。明确培育的重点产业,打造大型龙头企业,使其带动一批小型配套企业实现产业集聚,形成若干特色鲜明、有较强竞争力的产业基地。

四是突出抓好生态环境建设。深入实施水气污染治理,做好建筑扬尘、道路扬尘、企业烟尘的治理工作。加快推进垃圾资源化利用、无害化处理,推动发展循环经济。抓好生态林场的建设管理,完善水系,修复湿地,打造独具特色的水城景观,积极创建国家生态园林城市。

---

① 《刘士合同志在市委工作会议上的讲话》,《东营日报》2013年8月13日。

B.17 滨州：打造升级版生态经济

李莉 杨勇 于宙[*]

摘　要： 滨州地处黄河三角洲高效生态经济区、山东半岛蓝色经济区两个国家战略区域和环渤海经济圈、济南省会都市圈"两区两圈"的叠加地带，发展的机遇优势尤为明显，综合实力显著提升，但同时也面临减排压力大、非利用地利用难度大等诸多问题，未来要重点打造升级版生态农业、工业、服务业、基础设施和生态环境，加快建设生态、美丽、幸福的新滨州。

关键词： 生态经济　生态城市　对策

自《黄河三角洲高效生态经济区发展规划》上升为国家战略以来，滨州市立足"高效生态"定位，把生态优势作为滨州经济社会发展的核心竞争力，保护利用生态、扩大生态优势，在建设滨州经济升级版的过程中，加快推进生态建设，努力打造升级版生态城市经济。

一　生态经济的综合实力明显提升

近年来，滨州抢抓"两区一圈"建设的重大历史机遇，有力地推进了经济社会的快速发展，明显提升了生态城市经济的综合实力。

---

[*] 李莉、杨勇、于宙，滨州市发改委。

（一）整体实力不断攀升

2013年，滨州市地区生产总值、固定资产投资分别实现2155.73亿元、1517.18亿元，同比分别增长9.8%、19.6%。三次产业结构由2012年的9.5∶52.6∶37.9调整为9.8∶51.3∶38.9，人均生产总值达到56770元（按年均汇率折算为9166美元），同比增长9.3%。地方财政收入实现277.10亿元，同比增长4.1%。金融机构本外币存款余额1926.84亿元，同比增长13.5%；贷款余额1691.99亿元，增长12.5%。城镇居民人均可支配收入实现28363元，同比增长9.9%；农民人均纯收入实现11358元，增长13.1%。[①]

（二）生态城市特色彰显

滨州实施了沿海防护林带、水系生态绿化、湿地修复与保护、生态林场建设等重点工程，累计完成成片造林66.9万亩，建成万亩生态林场5处，遍及城乡的林网、水网已经形成。建成了3处国家级水产种质资源保护区，全市湿地公园面积达11万亩。贝壳堤岛与湿地系统自然保护区被列为国家级自然保护区，徒骇河城市湿地公园被评为"国家级城市湿地公园"。24家电厂全部安装脱硫装置，空气质量由2005年的全省第16位上升到2012年的全省第5位。大力实施节能减排，万元GDP能耗同比下降3.7%以上。截至2013年年底，博兴、邹平建成国家级生态示范区，国家或省级环境友好企业有14家、50个乡镇建成省级环境优美乡镇。

（三）生态工业异军突起

坚持"双轮驱动"，积极运用信息技术、高新技术改造提升传统产业，鼓励企业自主创新、产品研发、品牌创建。2013年，规模以上工业增加值12.6%，高出全省平均值1.2个百分点；新增规模以上企业218家、总数达1133家，有5家企业进入中国企业500强，6家企业进入中国制造业500强；全市省级以上科研载体59家；高新技术产业产值实现1592.93亿元，

---

① 滨州市统计局：《2013年滨州市国民经济和社会发展公报》，2014年3月。

同比增长13.9%,高新技术企业发展到70家;主营业务收入过百亿元企业总数达14家。

(四)生态农业扎实推进

大力培育现代农业经营主体,积极引导和支持大型工业企业和社会资本进驻农业园区、建设标准化基地。2010年正式成立黄河三角洲(滨州)国家农业科技园,2011年成功纳入国家"一城两区"发展规划,并与杨凌示范区、西北农林科技大学深入开展合作。以此为引领,在全市重点培植了71家高效生态农业示范园区;在黄河两岸各10公里区域内规划建设了沿黄高效生态农业示范带,已建成绿色农产品生产基地101个;新认证无公害农产品、绿色食品、有机农产品和农产品地理标志39个,"三品一标"总数达到476个。①

(五)现代服务业优化提升

2013年,滨州市服务业实现增加值838.61亿元,同比增长8.6%。服务业发展呈现规模效益提高、结构优化"双提升"和重点行业保持较高水平三大特点。现代服务业已发展成商贸、旅游、金融、信息、物流等多元化、现代化生活型和生产型服务业共同发展的格局,现代服务业在服务业中的比重优化提升,发展后劲十足,成为滨州经济增长的重要引擎。

二 升级版生态经济面临更严峻的挑战

升级版生态城市经济对滨州发展生态经济提出了更高的要求,也面临更严峻的挑战。

(一)减排压力增大

滨州要加快发展,大力实施"工业兴市"战略,加快项目引进,建设新

---

① 滨州市统计局:《2013年滨州市国民经济和社会发展公报》,2014年3月。

的加工制造业基地，污染物排放总量必将有较大的增长，而结构减排、工程减排潜力有限，要实现主要污染物排放量的大幅度削减，面临的压力较大。

（二）未利用地利用难度增大

滨州市的未利用地多数集中在北部沿海的沾化、无棣两县和北海经济开发区（临港产业区），北部沿海水资源短缺，地下水盐分含量高，加上海咸水入侵等因素影响，有大片区域的不稳定耕地已退化为荒碱地，且未利用地开发利用专项规划部分不符合土地利用总体规划，未利用地开发为建设用地受限制。

（三）交通运行压力增大

交通基础设施总量不足，与《规划》要求仍有一定差距。港口和铁路建设仍处于起步阶段，要实现交通基础设施建设的长足发展，改变以公路运输为主的单一运输方式，形成成熟的无缝衔接综合交通运输体系，仍需较长时间的发展。

（四）引进科技人员的压力增大

滨州科技人才不足，现拥有科技人员1.07万人，仅占山东省的2.9%；高素质企业家、高科技自主创新人才、高技能人才相对匮乏；高等院校、科研机构少，对各类高层次人才的吸纳和承载能力不足；人才工作制度和机制不够健全，人才管理的体制机制性障碍尚未实现根本突破，人才环境有待于进一步优化。

三 打造升级版生态经济的对策建议

滨州市打造升级版生态经济就是要充分发挥"两区一圈"战略的叠加优势，以科学发展观为指导，以转方式调结构和提高发展质量为核心，加大参与区域分工合作，壮大各类优势产业集群，全力提高可持续发展能力，重点打造升级版生态农业、工业、服务业、基础设施和生态环境，加快建设生态、美丽、幸福的新滨州。

（一）促进农业高效发展，打造升级版生态农业

以打造黄河三角洲高效生态农业示范基地为目标，以发展高产、优质、高效、生态、安全、品牌现代农业为重点，因地制宜，发挥优势，突出特色，加大农业结构调整力度，打造升级版生态农业。一是特色种植业以"渤海粮仓科技示范工程"为核心试验区，探索低产农田粮食增产技术模式，推进规模开发、集约高效发展。加快特色蔬菜基地建设，建设10万亩蔬菜基地。开展邹平山药、博兴富硒西红柿、惠民无籽西瓜等品质改良和开发利用，全力推进小枣、冬枣产业二次创业。二是绿色畜禽业以"大规模、高档次、现代化"为标准，建设现代化的畜牧养殖基地，打造全国重要的现代畜牧业示范区。培育一批效益高、潜力大的具有地方特色的畜禽品种，重点引进和新建一批乳制品、猪肉、禽肉等精深加工企业。建立起以乡镇检验为基础、县级日常监管检测为主体、市级仲裁复查检测为补充的畜产品质量安全检验检测体系。加强技术推广服务能力建设，促进畜牧业科技成果转化。三是生态渔业方面，发挥海域优势，大力实施生态海洋渔业重点工程，大幅提高生态渔业的综合生产能力和综合效益，重点发展水产增殖业、健康养殖业、远洋渔业和休闲渔业。调整渔业养殖结构，构建"北特南优"养殖格局，加大对虾、文蛤、南美白对虾等海淡水养殖标准化生产示范基地建设。大力发展现代远洋渔业，实施海外渔业工程。加快完善水产原良种体系和疾病防控体系，打造一批良种基地和出口海产品安全示范区。加快推进无棣大口河入海口一级渔港、沾化中心渔港建设，形成布局合理、功能完备的现代渔港体系。建设完善海产品专业交易园区，升级改造水产品市场。

（二）促进工业高端发展，打造升级版生态工业

以信息化促进工业化：依靠科技进步，突出循环经济理念，走科技含量高、经济效益好、资源消耗低、环境污染小的新型工业化道路，打造升级版生态工业。纺织家纺：改造提升纺纱织造、印染，加快发展家纺、服装、装饰品、产业用纺织品等。研发培育自主品牌，建立产业链条完善的特色纺织产业链。化工：围绕石油炼化，提高原油二次、三次加工能力。大力推进海水淡

化、苦卤等综合利用,改进生产工艺,延伸盐化产业链。推广煤的清洁高效开发利用、液化及以煤炭为原料的多产品联产。加快促进油化工、盐化工、煤化工结合发展,打造成全国重要的新型生态化工基地。装备制造:推进以风电装备、表面工程成套装备、高端建材机械装备、汽车零部件和通用航空制造为主的高端装备制造产业园区建设。铝深加工:调整铝产品结构,以轻质、高强、大规格、耐高温、耐腐蚀的高附加值产品为发展方向,重点发展航空用高抗损伤合金、高强度铝材、轨道交通大型铝合金型材等系列产品;支持涉铝企业向集团化发展,实现铝工业企业组织结构调整和产业优化升级。生物医药:大力发展用于重大疾病防治的生物技术药物、新型疫苗和诊断试剂、化学药物、现代中药等医药新品种。加快海洋生物技术及产品的研发和产业化,培育一批具有自主知识产权的海洋生物骨干企业和名牌产品,建设以海洋为特色、在省内有重要影响的生物医药产业基地。新材料:鼓励、支持和引导优势资源向新材料产业聚集,强化产业集聚和产业链延伸配套,突出新材料的多领域应用,加快新材料产业化基地和园区建设,实现新材料产业规模化发展和总量膨胀。

(三)促进服务业高速发展,打造升级版现代服务业

现代物流业:科学规划物流业发展布局,引导物流资源加速整合,支持发展第三方物流,打造服务京津冀和环渤海地区重要的区域性物流中心和配送基地。文化旅游业:以资源高效利用和生态环境改善为主线,深入挖掘整合黄河与海洋文化资源,构建黄河生态旅游区、风情体验旅游区、历史文化休闲旅游区、滨海湿地旅游区"四大区块"。会展业:依托滨州区位优势及特色产业资源,着重发展特色农产品、海洋产品、交通运输装备等领域的生态高效特色会展活动。加快会展场馆设施配套,形成全市大中小结合、布局合理、协调有序的会展场馆体系。商贸业:发挥产业和资源优势,对基础好、潜力大、前景广的专业市场进行精心培育,促其形成规模、做大做强,建设培育集连锁经营、网上交易、电子商务、物流配送功能于一体的规模过50亿元的大中型商品交易市场和集散中心。商务服务业:依托城市化和新型工业化发展,培植壮大会计、审计、律师、租赁、咨询、资产评估、公证、

工程设计、广告、市场研究、产权交易、贸易代理、技术转让等商务服务业，大力推广代理、代办、经纪、拍卖、担保等商务服务方式。外包服务业：促进企业提升核心竞争力，启动服务外包的市内需求。积极对接天津滨海新区、省会城市群经济圈，最大限度地承接服务外包业务，发展壮大滨州服务外包企业规模。

（四）加强基础设施建设，打造升级版基础设施

加快推进基础设施建设，形成快捷畅通的交通网络和高效清洁的能源体系，增强经济社会发展的支撑能力。加快滨州港建设，建成具有现代化装卸设施、管理设施、仓储设施的地区性综合港口，打造省会城市群经济圈的出海大通道。加快漳卫新河、徒骇河、德惠新河、马颊河、秦口河、小清河等重点河道和中小河流综合治理，加快防潮堤工程建设，加强大中型灌区续建配套与节水改造项目建设，积极推进雨洪水资源开发利用工程建设，提高防洪和水资源保障能力。新建、扩建中型及以上规模水库27座、小型水库30座，新增蓄水能力3亿立方米。优化能源结构，大力推进大唐滨州热电、国电博兴电厂、滨州沿海风力发电场等项目建设，加快发展太阳能、生物质能等新能源，加快燃气管道建设，多渠道、多途径增加能源供给。[①] 依托中石油的沧淄线、泰青威线，中石化的济青二线、（天）津（邹）平LNG线，建设覆盖全市、多线相连的供气网络，形成三气源或多气源的供气格局。

（五）推进生态文明建设，打造升级版生态滨州

以创建"国家园林城市"为目标，继续实施"碧水蓝天"工程，建设优良人居生态环境，推进生态县区、生态乡镇、生态村建设。大力推进绿化建设，加强风沙治理、生态林场、绿色生态廊道建设工程、防护林体系工程建设，完善沿海、沿黄生态防护屏障，维护生物多样性。加强对湿地、自然保护区、森林公园、水源地的保护，重点建设滨州贝壳堤岛与湿地国家级自然保护区、徒骇河城市湿地公园、冬枣生态旅游园区、黄河岛国家湿地公园、

---

① 《滨州"大手笔"融入经济圈》，《济南日报》2013年11月15日。

黄河生态廊道、鹤伴山国家森林公园等项目。优化滩涂围垦布局，积极探索高效、节约的滩涂资源利用模式，优先用于耕地占补平衡和生态保护与建设。按照"控新增、减存量、调结构"的思路，抓好节能减排工作。实施小清河、潮河等重点区域污染治理工程。落实《滨州市2013—2020年大气污染防治规划》，全面改善环境和空气质量。加强环境联合监管，落实环境同治措施。

中国皮书网

www.pishu.cn

发布皮书研创资讯,传播皮书精彩内容
引领皮书出版潮流,打造皮书服务平台

栏目设置:

- □ 资讯:皮书动态、皮书观点、皮书数据、皮书报道、皮书新书发布会、电子期刊
- □ 标准:皮书评价、皮书研究、皮书规范、皮书专家、编撰团队
- □ 服务:最新皮书、皮书书目、重点推荐、在线购书
- □ 链接:皮书数据库、皮书博客、皮书微博、出版社首页、在线书城
- □ 搜索:资讯、图书、研究动态
- □ 互动:皮书论坛

中国皮书网依托皮书系列"权威、前沿、原创"的优质内容资源,通过文字、图片、音频、视频等多种元素,在皮书研创者、使用者之间搭建了一个成果展示、资源共享的互动平台。

自2005年12月正式上线以来,中国皮书网的IP访问量、PV浏览量与日俱增,受到海内外研究者、公务人员、商务人士以及专业读者的广泛关注。

2008年、2011年中国皮书网均在全国新闻出版业网站荣誉评选中获得"最具商业价值网站"称号。

2012年,中国皮书网在全国新闻出版业网站系列荣誉评选中获得"出版业网站百强"称号。

权威报告 热点资讯 海量资源

当代中国与世界发展的高端智库平台

皮书数据库　www.pishu.com.cn

　　皮书数据库是专业的人文社会科学综合学术资源总库，以大型连续性图书——皮书系列为基础，整合国内外相关资讯构建而成。该数据库包含七大子库，涵盖两百多个主题，囊括了近十几年间中国与世界经济社会发展报告，覆盖经济、社会、政治、文化、教育、国际问题等多个领域。

　　皮书数据库以篇章为基本单位，方便用户对皮书内容的阅读需求。用户可进行全文检索，也可对文献题目、内容提要、作者名称、作者单位、关键字等基本信息进行检索，还可对检索到的篇章再作二次筛选，进行在线阅读或下载阅读。智能多维度导航，可使用户根据自己熟知的分类标准进行分类导航筛选，使查找和检索更高效、便捷。

　　权威的研究报告、独特的调研数据、前沿的热点资讯，皮书数据库已发展成为国内最具影响力的关于中国与世界现实问题研究的成果库和资讯库。

皮书俱乐部会员服务指南

1. 谁能成为皮书俱乐部成员？
- 皮书作者自动成为俱乐部会员
- 购买了皮书产品（纸质皮书、电子书）的个人用户

2. 会员可以享受的增值服务
- 加入皮书俱乐部，免费获赠该纸质图书的电子书
- 免费获赠皮书数据库100元充值卡
- 免费定期获赠皮书电子期刊
- 优先参与各类皮书学术活动
- 优先享受皮书产品的最新优惠

卡号：3852744534680271

3. 如何享受增值服务？

（1）加入皮书俱乐部，获赠该书的电子书

　　第1步 登录我社官网（www.ssap.com.cn），注册账号；

　　第2步 登录并进入"会员中心"—"皮书俱乐部"，提交加入皮书俱乐部申请；

　　第3步 审核通过后，自动进入俱乐部服务环节，填写相关购书信息即可自动兑换相应电子书。

（2）**免费获赠皮书数据库100元充值卡**

　　100元充值卡只能在皮书数据库中充值和使用

　　第1步 刮开附赠充值的涂层（左下）；

　　第2步 登录皮书数据库网站（www.pishu.com.cn），注册账号；

　　第3步 登录并进入"会员中心"—"在线充值"—"充值卡充值"，充值成功后即可使用。

4. 声明

　　解释权归社会科学文献出版社所有

皮书俱乐部会员可享受社会科学文献出版社其他相关免费增值服务，有任何疑问，均可与我们联系
联系电话：010-59367227　企业QQ：800045692　邮箱：pishuclub@ssap.com.cn
欢迎登录社会科学文献出版社官网（www.ssap.com.cn）和中国皮书网（www.pishu.cn）了解更多信息

社会科学文献出版社　皮书系列

"皮书"起源于十七、十八世纪的英国,主要指官方或社会组织正式发表的重要文件或报告,多以"白皮书"命名。在中国,"皮书"这一概念被社会广泛接受,并被成功运作、发展成为一种全新的出版形态,则源于中国社会科学院社会科学文献出版社。

皮书是对中国与世界发展状况和热点问题进行年度监测,以专业的角度、专家的视野和实证研究方法,针对某一领域或区域现状与发展态势展开分析和预测,具备权威性、前沿性、原创性、实证性、时效性等特点的连续性公开出版物,由一系列权威研究报告组成。皮书系列是社会科学文献出版社编辑出版的蓝皮书、绿皮书、黄皮书等的统称。

皮书系列的作者以中国社会科学院、著名高校、地方社会科学院的研究人员为主,多为国内一流研究机构的权威专家学者,他们的看法和观点代表了学界对中国与世界的现实和未来最高水平的解读与分析。

自20世纪90年代末推出以《经济蓝皮书》为开端的皮书系列以来,社会科学文献出版社至今已累计出版皮书千余部,内容涵盖经济、社会、政法、文化传媒、行业、地方发展、国际形势等领域。皮书系列已成为社会科学文献出版社的著名图书品牌和中国社会科学院的知名学术品牌。

皮书系列在数字出版和国际出版方面成就斐然。皮书数据库被评为"2008~2009年度数字出版知名品牌";《经济蓝皮书》《社会蓝皮书》等十几种皮书每年还由国外知名学术出版机构出版英文版、俄文版、韩文版和日文版,面向全球发行。

2011年,皮书系列正式列入"十二五"国家重点出版规划项目;2012年,部分重点皮书列入中国社会科学院承担的国家哲学社会科学创新工程项目;2014年,35种院外皮书使用"中国社会科学院创新工程学术出版项目"标识。

法律声明

"皮书系列"(含蓝皮书、绿皮书、黄皮书)由社会科学文献出版社最早使用并对外推广,现已成为中国图书市场上流行的品牌,是社会科学文献出版社的品牌图书。社会科学文献出版社拥有该系列图书的专有出版权和网络传播权,其LOGO( )与"经济蓝皮书"、"社会蓝皮书"等皮书名称已在中华人民共和国工商行政管理总局商标局登记注册,社会科学文献出版社合法拥有其商标专用权。

未经社会科学文献出版社的授权和许可,任何复制、模仿或以其他方式侵害"皮书系列"和LOGO( )、"经济蓝皮书"、"社会蓝皮书"等皮书名称商标专用权的行为均属于侵权行为,社会科学文献出版社将采取法律手段追究其法律责任,维护合法权益。

欢迎社会各界人士对侵犯社会科学文献出版社上述权利的违法行为进行举报。电话:010-59367121,电子邮箱:fawubu@ssap.cn。

社会科学文献出版社